"十三五"职业教育国家规划教材

微课版

财务报表分析

（第七版）

新世纪高职高专教材编审委员会 组编

主　编　刘章胜　王延召
副主编　张红星　唐　丽　廖石云

大连理工大学出版社

图书在版编目(CIP)数据

财务报表分析 / 刘章胜，王延召主编. -- 7版. -- 大连：大连理工大学出版社，2022.1(2023.1重印)
新世纪高职高专大数据与会计专业系列规划教材
ISBN 978-7-5685-3713-1

Ⅰ.①财… Ⅱ.①刘… ②王… Ⅲ.①会计报表－会计分析－高等职业教育－教材 Ⅳ.①F231.5

中国版本图书馆CIP数据核字(2022)第021601号

大连理工大学出版社出版

地址：大连市软件园路80号 邮政编码：116023
发行：0411-84708842 邮购：0411-84708943 传真：0411-84701466
E-mail：dutp@dutp.cn URL：https://www.dutp.cn
辽宁星海彩色印刷有限公司印刷 大连理工大学出版社发行

幅面尺寸：185mm×260mm	印张：12	字数：307千字
2006年8月第1版		2022年1月第7版
2023年1月第4次印刷		

责任编辑：郑淑琴   责任校对：王 健
封面设计：对岸书影

ISBN 978-7-5685-3713-1   定 价：38.80元

本书如有印装质量问题，请与我社发行部联系更换。

前言 Preface

《财务报表分析》(第七版)是"十三五"职业教育国家规划教材、"十二五"职业教育国家规划教材,也是新世纪高职高专教材编审委员会组编的大数据与会计专业系列规划教材之一。

本次修订,我们努力遵从和秉持"传承与创新并重,原理与实务并蓄,分析与判断兼容,定量与定性统一"的原则,在参考国内相关教材的基础上,结合多年的教学经验和学生的反馈意见,扬长避短,在结构和内容上做了一些修改和补充。

本次修订的基本原则与内容:

1.根据教育部《职业院校教材管理办法》(教材〔2019〕3号)和《教育部关于印发〈高等学校课程思政建设指导纲要〉的通知》(教高〔2020〕3号)的要求,在教材中增加了"思政目标"内容,其宗旨在于培育学生经世济民、诚信服务、德法兼修的职业素养。

2.本次修订以《财政部关于修订印发2019年度一般企业财务报表格式的通知》(财会〔2019〕6号)为依据,以现行会计准则为准绳,以中级会计专业技术资格考试大纲为参考标准,结合学生学习及知识结构的顺序性和相关性,对部分项目的结构和内容进行了调整和完善。

3.根据我国经济形势的变化并结合上市公司信息披露情况,对教材中的主要案例进行了更换。

4.根据国务院国资委考核分配局编制的《企业绩效评价标准值2021》,对业绩评价标准和指标的计算进行了修订。

5.针对教材中文字表述及计算等方面的错误或不准确的内容,进行了全面复查与修订。

本教材的主要特点:

1.传承性和创新性。本教材既保持固有的、成熟的财

务报表分析理论框架和方法体系，又果敢吸纳相关内容的最新成果，使其做到传承性和创新性相结合。

2.实用性和全面性。本教材不仅注重基本理论的阐述，而且结合案例或例题进行具体分析，力求内容全面、方法系统、阐述透彻、深入浅出，有助于读者对相关知识点的掌握及系统性内容的把握，并达至集腋成裘、厚积薄发的目的。

3.引导性和启发性。本教材按照"项目导向、任务驱动"的原则，注重"问题导向的学习"和"启发式教学"的需要，各项目后均安排了适量的练习题，并根据项目及任务的内容配以相应的案例。案例大多源于公司组织实践，取材集中、选例经典、贴近实际，既有成功经验的介绍，也有失败教训的汲取，旨在启发读者主动思考、独立判断。

本教材结构清晰，内容全面，通俗易懂，既可作为高职高专财经类专业学生的学习用书，也可作为企业财会人员在岗培训和自学的参考用书。

本教材由永州职业技术学院刘章胜、河南经贸职业学院王延召任主编，山西财贸职业技术学院张红星、永州职业技术学院唐丽、廖石云任副主编，湖南湘邮科技股份有限公司苏映江参与了本教材的编写。全书由刘章胜负责拟定大纲并总纂定稿。具体编写分工为：刘章胜编写项目五、项目九，王延召编写项目二、项目三，张红星编写项目一，唐丽编写项目四，廖石云编写项目六、项目七，苏映江编写项目八。

在编写本教材的过程中，编者参考、引用和改编了国内外出版物中的相关资料以及网络资源，在此表示深深的谢意！相关著作权人看到本教材后，请与我社联系，我社将按照相关法律的规定支付稿酬。

为方便教师教学和学生自学，本教材配有课件及答案，如有需要，欢迎访问教材服务网站。

本教材是各相关院校倾力合作与集体智慧的结晶，尽管我们在教材的特色建设方面做出了许多努力，限于编者的经验和水平，书中仍可能存在疏漏之处。恳请各相关教学单位和读者在使用的过程中给予关注并提出改进意见，以便我们进一步修订和完善。

编 者

2022年1月

所有意见和建议请发往：dutpgz@163.com
欢迎访问职教数字化服务平台：https://www.dutp.cn/sve/
联系电话：0411-84707492　84706671

目 录 Contents

项目一　认知财务报表分析 ·· 1
　任务 1　财务报表分析的起源与发展 ··· 2
　任务 2　财务报表分析的内容和目的 ··· 5
　任务 3　财务报表分析的程序和方法 ··· 8
　项目小结 ·· 20
　练习题 ··· 21

项目二　资产负债表分析 ·· 24
　任务 1　资产负债表分析的目的和内容 ··· 25
　任务 2　资产负债表水平分析 ·· 29
　任务 3　资产负债表垂直分析 ·· 35
　任务 4　资产负债表项目分析 ·· 43
　项目小结 ·· 50
　练习题 ··· 50

项目三　利润表分析 ·· 54
　任务 1　利润表分析的目的和内容 ·· 55
　任务 2　利润表综合分析 ·· 58
　任务 3　利润表项目分析 ·· 61
　项目小结 ·· 66
　练习题 ··· 67

项目四　现金流量表分析 ·· 70
　任务 1　现金流量表分析的目的和内容 ··· 71
　任务 2　现金流量表项目分析 ·· 74
　任务 3　现金流量表总体分析 ·· 79
　任务 4　现金流量表水平分析 ·· 82
　任务 5　现金流量表结构分析 ·· 84
　项目小结 ·· 87
　练习题 ··· 87

项目五　企业偿债能力分析　91
任务1　偿债能力分析的目的和内容　92
任务2　短期偿债能力分析　94
任务3　长期偿债能力分析　101
项目小结　106
练习题　106

项目六　企业盈利能力分析　110
任务1　盈利能力分析的目的与内容　111
任务2　商品经营盈利能力分析　113
任务3　资本经营盈利能力分析　115
任务4　资产经营盈利能力分析　116
任务5　上市公司盈利能力分析　117
任务6　盈利质量分析　120
项目小结　124
练习题　125

项目七　企业营运能力分析　129
任务1　营运能力分析的目的与内容　130
任务2　总资产营运能力分析　131
任务3　流动资产营运能力分析　133
任务4　固定资产营运能力分析　137
项目小结　139
练习题　140

项目八　企业发展能力分析　143
任务1　发展能力分析的目的和内容　144
任务2　单项发展能力分析　145
任务3　整体发展能力分析　150
项目小结　152
练习题　153

项目九　财务报表综合分析与评价　156
任务1　财务报表综合分析与业绩评价　158
任务2　杜邦财务分析法　159
任务3　企业综合业绩评价　162
任务4　撰写财务报表分析报告　171
项目小结　180
练习题　180

参考文献　185

项目一

认知财务报表分析

知识目标

- 了解财务报表分析的起源与发展；
- 熟悉财务报表分析的内容和目的；
- 掌握财务报表分析的程序和方法。

能力目标

- 培养学生能站在不同利益相关者的角度进行财务报表分析；
- 培养学生学会灵活运用财务报表分析方法解决实际问题，实现财务报表分析目标。

思政目标

- 培养学生自觉遵守国家的各项经济政策、法规、制度；
- 培养学生具有"诚实守信，操守为重，坚持准则，不做假账"的良好会计职业道德和会计职业操守。

案例导入

格力电器（000651）是享誉全球的空调行业第一品牌。2015年，在家电行业整体增速下滑的大环境下，格力电器全年实现营业总收入1 005.64亿元，较上一年下降28.17%；实现归属于上市公司股东净利润125.32亿元，较上一年下降11.46%。2016年，是国家"十三五"开局之年，也是家电行业攻坚之年，也是格力电器的转型元年。格力电器在巩固当时空调市场份额的前提下，加速在智能装备、智能家居、模具等领域的产业转型。2016年，格力电器全年实现营业总收入1 101.13亿元，较上一年增长9.50%；实现归属于上市公司股东净利润155.25亿元，较上一年增长23.88%。在"2016年中国品牌价值评价信息发布会"上，格力电器以967亿元的品牌强度和549亿元的品牌价值获得"轻工"组第一名。2017～2018年，格力电器继续高歌猛进，2018年格力电器实现营业总收入1 981.23亿元，实现归属于上市公司股东净利润262.02亿元。在《财富》（中文网）联合科尔尼咨询公司发布的"2018年最具影响力创新企业榜"中位列第四，居家电行业第一，这展现了格力电器发展的硬实力与品牌影响力。

2019年,格力电器在第四季度主动发起了空调价格战,对于营业收入和盈利都造成了影响。在过去几年格力电器营业总收入和盈利都保持快速增长,而在2019年近于停滞。格力电器在2019年实现营业收入1 981.53亿元,同比增长0.24%;实现归属于上市公司股东净利润246.97亿元,同比下降5.75%。

2020年,由于疫情的影响,格力电器实现营业收入1 681.99亿元,同比下降15.12%;实现归母净利润(下称"净利润")221.75亿元,同比下降10.21%。虽然如此,格力电器仍然是A股上市公司为数不多的优秀公司之一,但是未来存在着不确定性加大的风险。

格力电器2015～2020年的财务报表主要数据见表1-1。

表1-1　　　　　　　格力电器财务报表主要数据　　　　　　单位:亿元

项目	2015年	2016年	2017年	2018年	2019年	2020年
营业收入	977.45	1 083.03	1 482.86	1 981.23	1 981.53	1 681.99
净利润	125.32	155.66	225.08	262.02	246.97	221.75
流动资产	1 209.49	142.92	171.55	199.71	213.36	213.63
应收账款	28.79	28.24	58.14	77.00	85.13	87.38
总资产	1 616.98	1 823.70	2 149.88	2 512.34	2 829.72	2 792.18
流动负债	1 126.25	1 268.52	1 474.91	1 576.86	1 695.68	1 584.79
非流动负债	5.06	5.70	6.42	8.33	13.56	38.59
所有者权益	485.67	549.52	668.55	927.15	1 120.48	1 168.80

案例分析要求:

1.投资者A和投资者B在决定购买格力电器的股票时,出现了争议。投资者A认为,格力电器是家电行业的领头企业,可以不用进行财务报表分析直接购买股票;投资者B认为,格力电器正在进行转型升级,目前又受疫情影响,格力电器面对的不确定性越来越多,因此应该进行财务报表分析后再决定是否购买其股票。请问,投资者在进行投资决策时是否需要进行财务报表分析?为什么?

2.结合以上内容,请思考面对格力电器的财务状况,不同利益相关者在进行财务报表分析时,其分析目的和内容会有什么不同?

任务1　财务报表分析的起源与发展

随着社会的不断进步和经济全球化的发展,会计这门公认的"商业语言"逐渐体现出它强大的功能。财务报表作为"商业语言"的载体,全面、系统、综合记录了企业经济业务发生的轨迹,因而利益相关者越来越重视对它的分析。

1. 财务报表分析的概念

财务报表分析是指一定的报表分析主体以财务报表为主要依据，结合一定的标准，运用科学系统的方法，对企业的财务状况、经营成果和现金流量情况进行全面分析，为利益相关者的经济决策提供财务信息支持的一种分析活动。

如果说财务报表的产生过程是一种"综合"，即把企业各个方面、各个部门、各种因素的变化所产生的经济业务，按照一定的规则加以分类、汇总，从而在整体上反映企业的财务状况和经营成果，那么财务报表分析就是更进一步的"综合"，即通过专门的分析方法与手段，对财务报表所反映的信息做进一步的提炼、处理和加工，揭示企业的各种经营活动和管理活动与企业财务状况之间的内在联系，这有利于更恰当地评价企业整体的财务状况，更科学地预测企业的发展趋势。

2. 财务报表分析的起源与发展

财务报表分析始于19世纪末到20世纪初期的美国，源于银行家对信贷者的信用分析。在企业财务报表分析未被采用之前，银行家对贷款的审查往往仅以企业经营者个人信用作为判断的基础。随着社会化大生产的逐渐发展，企业经营日趋复杂，规模日渐庞大，货币需求相应增长，市场竞争愈演愈烈，银行家以企业经营者个人信誉进行放款，往往导致损失惨重。美国南北战争之后，经济一度繁荣，以后不久便发生了周期性经济危机，许多企业陷入困境，濒临破产，纷纷向银行申请贷款以维持生存。当时，在决定贷款之前，银行要求借款企业提供财务报表，对贷款企业财务报表等资料的真实性进行分析与检查，以全面分析企业财务状况，确认企业具有足够的偿还能力。因此，发放贷款的银行把财务报表分析作为调查接受贷款企业经营稳定性（信用程度）的一种技术手段，在确认贷款企业可靠程度的基础上，保证银行发放贷款资金的安全性。

20世纪30年代，资本主义世界爆发了严重的经济危机。商品滞销，市场萧条，资金紧缺，利率猛涨，证券价格暴跌，银行纷纷关闭，信用紧缩。在这样恶劣的经济环境下，资本家开始认识到，仅仅注重从外界筹集资金，扩大生产规模，仍然不能在竞争中求得长久的生存和发展，必须重视资金的内部管理。这样，企业内部财务报表分析开始逐渐得到重视。当时，经济生活中普遍存在的一种"黑色倒闭"现象更使得企业资本家痛定思痛。企业发展越快，盈利能力越强，反而破产倒闭的风险越大。许多一夜间倒闭的企业却正是那些发展很有希望的企业。经济学家们在分析这种"异常"现象时认识到，一个企业不仅要追求更高的盈利能力，同时必须维持足够的偿债能力。偿债能力不足，是企业面临"黑色倒闭"现象的致命伤。这样，盈利能力与偿债能力的综合分析开始在企业内部盛行起来。正是这种综合分析，极大地丰富与发展了财务报表分析的理论与方法。尽管在20世纪初财务报表分析技术出现了许多重大的突破，但其分析方法不系统，也没有相应的理论支持。

财务报表分析成为一门独立的学科始于20世纪50年代。随着股份制经济和证券市场的发展，股东为了自身投资的安全与收益，开始重点关注企业未来的财务状况和经营成果，以便得到企业未来的价值信息，而获取此种信息的主要手段就是对企业历史财务信息的分析和评价。

我国财务报表分析的起步较晚,在计划经济体制下,我国一直把财务报表分析作为经济活动分析的一部分。改革开放以来,随着企业自主权的不断扩大,财务报表分析引起了越来越多有识之士的重视。20世纪90年代初期进行的财务与会计制度改革,是我国财务报表分析理论与实践的又一重大飞跃。

随着大数据时代的来临以及互联网技术的迅猛发展,人们对包括财务数据在内的企业业务数据的获取将更加快捷和准确,数据分析和提炼的手段将更加先进,财务报表分析的信息基础将会发生根本性的变化,财务报表分析的内涵和外延都会不断拓展,最终将会演变成"大数据分析"。目前,财务报表分析已成为国内高职院校大数据与会计专业、大数据与财务管理专业、大数据与审计专业和金融服务与管理专业的必修课程,也是中级会计资格考试的内容之一。

3. 财务报表分析面临的挑战

财务报表分析的发展,关键取决于来自经济环境变化的挑战。这些挑战包括市场经济体制、资本市场、企业制度和会计准则等经济环境的变化。从财务报表分析最基本需求者(外部投资者和内部管理者)出发,金融市场发展和企业决策控制方面环境的变化将挑战传统财务报表分析体系和内容;从财务报表分析基础供给者出发,我国会计准则和制度的变革也将挑战传统财务报表分析体系和内容。因此,要创新财务报表分析的理论和方法,就必须面对各种挑战。

3.1 金融市场对财务报表分析的挑战

在现代经济体系中,伴随着经济全球化趋势的发展,经济金融化的进程日益加剧、程度不断加深。经济金融化表现在经济关系日益金融关系化、社会资产日益金融资产化、融资活动证券化。在这样的情况下,金融体系成为现代经济的核心,金融市场的运行与发展影响到了社会经济生活的各个层面,在整个市场机制中发挥着主导作用。随着金融市场的发展,金融市场中的每个参与者,无论是证券市场参与者还是信贷市场参与者,无论是企业、个人、政府及非营利组织还是商业银行、投资银行、投资基金、保险公司,无论是中央银行、证监会还是银监会、保监会,都需要和应用财务报表分析信息进行监管、经营和决策。由于财务报表分析主体和需求者的变化,传统的财务报表分析体系、内容和方法都面临着挑战。

3.2 企业管理决策与控制对财务报表分析的挑战

市场经济条件下的企业,随着企业发展目标与财务目标的转变,为保证企业资本增值目标的实现,必然面临着企业投资、筹资、经营、分配各环节的决策与控制,企业管理决策与管理控制成为现代企业管理的关键。企业管理中无论是管理决策,如战略决策、财务决策、经营决策,还是管理控制,如预算控制、评价控制和激励控制,都离不开相应的财务报表分析信息。因此,随着管理决策与控制对财务报表分析信息需求的变化,财务报表分析基础信息和基本内容也都面临着挑战。

3.3 会计变革对财务报表分析的挑战

会计信息一直是财务报表分析最基本和重要的信息。随着我国的会计准则、会计制度的不断发展与完善,会计报告信息披露内容与时间也在不断发展与完善。会计变革的实践使依据会计信息的财务报表分析必然也面临着不断发展与完善的挑战。

从会计准则与会计制度变革财务报表分析的挑战看:第一,财务报表发生了变革,财务报表主表和附表的种类、格式、内容的变化,使得会计信息的内容和内涵随之改变,从而增加了财务报表分析的内容;第二,会计假设、会计政策、会计估计、会计确认、会计计量等的变化及灵活性,使同一经济业务所记录与报告的结果发生了改变,增加了财务报表分析的难度;第三,不同国家会计准则差异、会计报表合并方法差异等的存在,使会计信息的决策相关性与可靠性判断更加复杂。

从会计报告信息披露内容与时间变化对财务报表分析的挑战看:第一,会计信息披露内容的增加,特别是自愿披露内容的增加,使财务报表分析内容具有更多的不确定性;第二,会计信息披露时间的缩短,提高了财务报表分析的频率,对财务报表分析的及时性要求更高。

任务 2　财务报表分析的内容和目的

1. 财务报表分析的内容

财务报表分析的内容主要包括财务报表趋势分析、财务报表结构分析、财务报表质量分析、偿债能力分析、盈利能力分析、营运能力分析、发展能力分析和财务综合分析。

1.1　财务报表趋势分析

在取得多期比较会计报表的情况下,可以进行趋势分析。趋势分析是企业依据企业连续期间的财务报表,以某一年或某一期间(成为基期)的数据为基础,计算每期各项目相对基期同一项目的变动状况,观察该项目数据的变化趋势,揭示各期企业经济行为的性质和发展方向。

1.2　财务报表结构分析

财务报表结构是指报表各内容之间的相互关系。通过结构分析,可以从整体上了解企业财务状况的组成、利润形成的过程和现金流量的来源,深入探究企业财务结构的具体构成因素及原因,有利于更准确地评价企业的财务能力。例如,通过观察流动资产在总资产中的比率,可以明确企业当前是否面临较大的流动性风险,是否对长期资产投入过少,是否影响了资产整体的盈利能力等。

1.3　财务报表质量分析

财务报表质量分析就是对企业的资产质量、利润质量和现金流量质量进行分析,关注表中数据与企业现实经济状况的吻合程度、不同期间数据的稳定性等。

1.4 偿债能力分析

企业偿债能力是关系企业财务风险的重要内容。企业使用负债融资，可以获得财务杠杆利益，提高净资产收益率，但随之而来的是财务风险的增加，如果陷入财务危机，企业利益相关者都会受到损害，所以应当关注企业偿债能力。企业偿债能力分为短期偿债能力和长期偿债能力，两者的衡量标准不同，企业既要关注即将到期的债务，还应对未来远期债务有一定的规划。再有，企业偿债能力不仅与债务结构相关，而且还与企业未来收益能力联系紧密，所以应结合起来分析。

1.5 盈利能力分析

企业盈利能力也称获利能力，是指企业赚取利润的能力。首先，利润的大小直接关系企业所有利益相关者的利益，企业存在的目的就是最大限度地获取利润，所以，盈利能力分析是财务报表分析中最重要的一个部分；其次，盈利能力还是评估企业价值的基础，可以说企业价值的大小取决于企业未来获取盈利的能力；再次，企业盈利能力指标还可以用于评价内部管理层业绩。

1.6 营运能力分析

企业营运能力主要是指企业资产运用、循环的效率高低。如果企业资产运用效率高、循环快，则企业可以较少的投入获取比较多的收益，减少资金的占用和积压。营运能力分析不仅关系企业的盈利能力，还反映企业生产经营、市场营销等方面的情况，通过营运能力分析，可以发现企业资产利用效率的不足，挖掘资产潜力。一般而言，营运能力分析包括总资产营运能力分析、流动资产营运能力分析和固定资产营运能力分析。

1.7 发展能力分析

企业的发展能力主要通过自身的生产经营活动，不断扩大积累而形成的，主要依托于不断增长的销售收入、不断增加的资金投入和不断创造的利润等。从结果看，一个发展能力强的企业，能够不断为股东创造财富，不断增加企业价值。企业发展能力分析主要从企业单项发展能力分析和企业整体发展能力分析两方面进行。

1.8 财务综合分析

在以上对企业各个方面进行深入分析的基础上，最后应当给企业各利益相关者提供一个总体的评价结果，否则仅仅凭借某个单方面的优劣难以评价一个企业的总体状况。财务综合分析就是解释各种财务能力之间的相互关系，得出企业整体财务状况及效果的结论，说明企业总体目标的事项情况。财务综合分析采用的具体方法主要有杜邦财务分析法等。

2. 财务报表分析的目的

财务报表分析的主体是与企业存在现实或潜在的利益关系，出于某些目的对企业的财务报表展开分析的组织或个人。通常情况下，财务报表分析的主体与财务信息使用者大体相同，均属于企业的利益相关者。但是，不同的财务报表分析主体的利益倾向存在明显差异,与企业的利益关系也各不相同。换言之,财务报表分析的目的受分析主体和分析对象的制约,不同的财务报表分析主体进行财务报表分析的目的是不同的。

2.1 投资者分析财务报表的目的

企业投资者包括企业的所有者和潜在投资者,他们进行财务报表分析的最根本目的就是看企业的盈利能力状况,因为盈利能力是投资者资本保值增值的关键。但是,投资者仅关心盈利能力还是不够的,为了确保资本保值增值,他们还应关注企业的权益结构、支付能力和营运状况。只有投资者认为企业有着良好的发展前景,企业的所有者才会保持或增加投资,潜在投资者才能把资金投向企业。否则,企业所有者将会尽可能地抛售股权,潜在投资者将会转向其他企业投资。另外,对企业所有者而言,财务报表分析也能评价企业经营者的经营业绩,发现经营过程中存在的问题,从而通过行使股东权利,为企业未来发展指明方向。

2.2 债权人分析财务报表的目的

企业债权人包括企业借款的银行和一些其他金融机构,以及购买企业债券的单位和个人等,他们进行财务报表分析的目的与投资者不同,银行等债权人一方面从各自经营或收益目的出发愿意将资金贷给某企业,另一方面又非常小心地观察和分析该企业有无违约或清算、破产的可能性。一般来说,债权人不仅要求本金能及时收回,而且还要得到相应的报酬或收益,而这个报酬或收益的大小又与其承担的风险程度相适应,通常偿还期越长,收益越大,但风险也越高。因此,从债权人角度进行财务报表分析的目的主要有两个:一是看其对企业的借款或其他债权能否及时、足额收回,即研究企业的偿债能力的大小;二是看企业的收益状况与风险程度是否相适应。为此,还应将偿债能力分析与盈利能力分析相结合。

2.3 经营者分析财务报表的目的

企业经营者主要是指企业的经理以及各分公司(或分厂)、部门等的管理人员。从某种意义上说,企业经营者对财务报表分析信息的需求几乎是无限的。任何能有助于经营者更有效地经营企业的信息,都是企业经营者所必需的。

经营者通过分析财务报表,主要关注企业在资产运营、投资效率以及融资结构等方面的信息。如果佐以行业基准数据,就可以帮助经营者了解本企业具体经营环节所存在的问题,及时改进经营策略。

2.4 政府机构分析财务报表的目的

第一,政府作为出资者,所关心的主要是国有企业的经营状况和财务状况,以及国有资本的保值增值情况;

第二,政府作为社会管理者,所关心的不仅包括企业经营的经济性后果,而且还要关心其社会性后果。

具体而言,国有资产管理部门可以评价政府政策的合理性和国有企业的业绩;税务与财政部门则主要监督企业是否遵守相关政策法规,检查企业税收缴纳情况;证监会可以获得有效加强对资本市场监管的第一手数据资料;社会保障部门可以评价职工的收入和就业状况;等等。

2.5　业务关联单位分析财务报表的目的

业务关联单位主要指材料供应者、产品购买者。他们在进行财务报表分析时最关注的是企业的信用状况。对企业信用状况进行分析，既可以通过对企业支付能力和偿债能力的评估进行，又可以通过对企业利润表中反映的企业完成交易情况进行分析判断来说明。

2.6　社会中介机构分析财务报表的目的

与企业相关的重要中介机构主要有会计师事务所、律师事务所、资产评估事务所以及各类咨询机构等。这些机构站在第三方的立场上，对企业的各项经济业务，提供独立、客观、公正的服务，需要全面了解和掌握企业的财务状况，所获得的信息主要来自财务报表分析的结论。

在这些社会中介机构中，会计师事务所与财务报表分析的关系最为密切。注册会计师在对企业的财务报表进行审计时，需要就财务报表编制状况发表审计意见，而财务报表分析可以帮助其发现问题和线索，为审计结论提供依据。

2.7　员工分析财务报表的目的

员工是企业最直接的利益相关者。企业的现在和将来、企业的经营和理财、企业的生存和发展、企业的好与坏，都直接影响到内部员工的切身利益。从这个意义上说，员工必定会关心了解企业的发展情况，以便进行合理的就业决策。

员工了解企业财务状况的方法很多，比如直接观察和感受，但这些方法不够全面，要想全面完整地了解企业的财务状况和经营情况，把握企业的现在和未来，主要还应依据财务报表。

从社会角度看，财务报表分析的需求非常广泛。可以说，只要是财务报表的使用者，他们就需要财务报表分析的信息。一般而言，财务报表的使用者都是"经济人"，他们都希望用最少的投入，获取最大的产出。体现在对企业财务报表信息的需求上，他们都希望有"量身定做"的财务信息，但是，目前企业所对外公开提供的，只是一套通用的财务报表。因此，借助财务报表分析，取得"更具体、更专门、更相关"的财务信息，势在必行。

任务3　财务报表分析的程序和方法

财务报表分析是一项系统工作，并不是一蹴而就的，它必须依据科学的程序和方法，才能得出合理、可靠的分析结论。

1.财务报表分析的程序

财务报表分析的程序是指进行财务报表分析所应遵循的一般规程。财务报表分析程序是进行财务报表分析的基础和关键，其主要包括以下四个阶段。

1.1 财务报表分析信息搜集整理阶段

财务报表分析信息搜集整理阶段主要由以下三个步骤组成：

(1)明确财务报表分析目的。进行财务报表分析，首先必须明确为什么要进行财务报表分析，是要评价企业经营业绩，进行投资决策，还是要制定未来经营策略。只有明确了分析的目的，才能正确地搜集整理信息，选择正确的分析方法，以便得出正确的结论。

(2)制订财务报表分析计划。在明确财务报表分析目的的基础上，应制订财务报表分析的计划，包括财务报表分析的人员组成及分工、时间进度安排，财务报表分析内容及拟采用的分析方法。

(3)搜集整理财务报表分析信息。财务报表分析信息是财务报表分析的基础，信息搜集整理的及时性、完整性、准确性，对分析结论的正确性有着直接的影响。信息的搜集整理应根据分析的目的和计划进行。

1.2 财务报表会计分析阶段

财务报表会计分析阶段是财务效率分析的基础，会计分析的目的在于评价企业的财务状况与经营成果的真实程度。进行会计分析，一般可按照以下步骤进行：第一，阅读会计报告；第二，比较会计报表；第三，解释会计报表；第四，修正会计报表信息。通过会计分析，对发现的由于会计原则、会计政策等原因引起的会计信息差异，应通过一定的方法加以说明或调整，消除会计信息的失真问题。

1.3 财务报表分析实施阶段

财务报表分析实施阶段主要由以下两个步骤组成：

(1)财务指标分析。财务指标分析，特别是财务比率指标分析，是财务报表分析的一种重要方法或形式。财务指标能准确地反映某方面的财务状况。进行财务报表分析，应根据分析的目的和要求选择正确的分析指标。

(2)基本因素分析。财务报表分析不仅要解释现象，而且应分析原因。因素分析法就是在报表整体分析和财务指标分析的基础上，对一些主要指标的完成情况，从其影响因素角度，进行深入定量分析，确定各因素对其影响的方向和程度，为企业正确进行财务评价提供最基本的依据。

1.4 财务报表分析综合评价阶段

财务报表分析综合评价阶段主要由以下两个步骤组成：

(1)财务综合分析与评价。综合分析与评价是在应用各种财务报表分析方法进行分析的基础上，将定量分析结果、定性分析判断及实际调查情况结合起来，以得出分析结论的过程。财务报表分析结论是财务报表分析的关键步骤，结论的正确与否是判断财务报表分析质量的唯一标准。

(2)财务报表分析报告。财务报表分析报告是财务报表分析的最后一步。它将财务报表分析的基本问题、财务报表分析结论，以及针对问题提出的措施、建议以书面的形式表示出来，为财务报表分析主体及财务报表分析报告的其他受益者提供决策依据。

2.财务报表分析的方法

财务报表分析的方法是完成财务报表分析的方式和手段。尽管分析方法一直在发展之中,但是一些基本方法仍然是进行财务报表分析时必须使用的。最常见的基本方法包括:比较分析法、比率分析法、因素分析法、趋势分析法和图解分析法。尽管各种方法的基本内涵并不一样,但都是以财务报表等资料作为基础,通过一定的指标或比值计算,帮助信息使用者透过繁杂的财务报表数据,发掘其背后所蕴涵的意义和信息,为社会公众投资者和经营管理者的投资决策和经济预测提供帮助。

2.1 比较分析法

比较分析法是指通过主要项目或指标值变化的对比,从数量上确定出差异,分析和判断企业经营及财务状况的一种分析方法。比较分析法是财务报表分析中最常用的方法,也是其他分析方法运用的基础。通过比较分析,可以发现所分析数据或指标的问题所在,揭示企业经营活动中的优势或劣势。

(1)按照比较形式分类

①水平分析法

水平分析法,就是将两期或连续数期的财务报表中相同指标进行对比,确定其增减变动方向、金额和幅度,据以识别企业财务状况和经营成果发展变化的一种方法。鉴于财务报表项目比较的排列特征与人们通常从左至右的阅读习惯一致,所以这种方法又称"水平分析法"。

财务报表项目比较具体包括资产负债表项目比较、利润表项目比较、现金流量表项目比较。比较时,既要计算出表中有关项目增减变动的绝对额,又要计算其增减变动的百分比,据以识别各指标的变动趋势及幅度。比较的方式有以下几种:

一是绝对值增减变动,其计算公式为:

$$绝对值变动数量 = 分析期某项指标实际数 - 基期同项指标实际数$$

二是增减变动率,其计算公式为:

$$变动率 = \frac{绝对值变动数量}{基期实际数量} \times 100\%$$

三是变动比率值,其计算公式为:

$$变动比率值 = \frac{分析期实际数值}{基期实际数值}$$

上式中所说的基期,可指上年度,也可指以前某年度。水平分析中应同时进行绝对值和变动率或比率两种形式的对比,因为仅以某种形式对比,可能得出错误的结论。

关于水平分析法的应用实例,参见项目二、项目三和项目四。

②垂直分析法

垂直分析法,是以财务报表中的某个总体指标作为100%,再计算出其各组成项目占该总体指标的百分比,从而比较各个项目百分比的增减变动,以此反映报表中的项目与总体关系情况及其变动情况。鉴于财务报表项目的排列顺序与人们通常自上而下的阅读习惯一致,因而这种方法也称"垂直分析法"。

这种方法比水平分析法更能准确地分析企业财务活动的发展趋势,它既可用于同一企业不同时期财务状况的纵向比较,又可用于不同企业之间的横向比较。同时,这种方法能消除不同时期(不同企业)之间业务规模差异的影响,有利于分析企业的耗费水平和盈利水平。

垂直分析法的一般步骤是:

第一,确定报表中各项目占总额的比重或百分比,其计算公式为:

$$某项目的比重 = \frac{该项目金额}{各项目总金额} \times 100\%$$

第二,通过各项目的比重,分析各项目在企业经营中的重要性。一般项目比重越大,说明其重要程度越高,对总体的影响越大。

第三,将分析期各项目的比重与前期同项目比重对比,研究各项目的比重变动情况。也可将本企业报告期项目比重与同类企业的可比项目比重进行对比,研究本企业与同类企业的不同,以及成绩和存在的问题。

关于垂直分析法的应用实例,参见项目二、项目三和项目四。

(2)按照比较标准分类

①预算标准。预算标准是指企业根据自身经营条件或经营状况所制定的目标标准。预算标准通常在新建企业和垄断性企业应用较多。对于企业内部财务报表分析,预算标准更具有优越性,可考核、评价企业各级、各部门经营者的经营业绩,以及对企业总体目标实现的影响。但是,预算标准对于外部利益相关者的作用不明显。另外,预算标准的确定也受人为因素的影响,缺乏客观依据。

②历史标准。历史标准是指以企业在过去某一时期内的实际业绩为标准。根据需要,历史标准可以选择本企业历史最好水平,也可以选择企业正常经营条件下的业绩水平。另外,在财务报表分析中,经常将本年的财务状况与上年进行对比,此时企业上年的业绩水平实际上也可看作历史标准。

历史标准是本企业在时间序列上的情况,由于是与自身历史状况相比,所以比较可靠、客观,可比性很强。通过这种比较,可以较为明显地观察出自身的变动情况,了解本企业在最近时期的经营得失。但是,使用与历史标准比较也有一定的不足:第一,历史标准往往比较保守,因为现实要求与历史要求可能不同;第二,它的适用范围狭窄,它只能说明企业自身的发展变化,不能全面评价企业在同行业中的地位与水平;第三,对于新成立的企业,没有历史标准可用。

③行业标准。行业标准是财务报表分析中广泛采用的标准,它是按行业制定的,以反映行业财务状况和经营状况的基本水平。企业在财务报表分析中运用行业标准,可以说明一个企业在本行业竞争中所处的地位与水平。使用与行业标准比较需注意以下问题:第一,尽管行业内的企业可比性较强,但是很难找到两个经营业务完全一致的企业,尤其是在越来越多的企业进行多元化经营的情况下;第二,即使行业内企业的经营业务相同,也可能存在会计处理方法上的不同,为此,在使用行业标准时需要考虑是否调整不同企业间的会计差异,而对于这种差异的调整往往比较困难。

④经验标准。经验标准是指这个标准的形成是依据大量的实践经验的检验。例如,

流动比率的经验标准为 2：1，速动比率的经验标准为 1：1 等。经验标准只针对一般情况而言，并不是适用于一切领域和一切情况的绝对标准。例如，假设 A 公司的流动比率大于 2：1，但其存在大量被长期拖欠的应收账款和许多积压的存货；而 B 公司的流动比率可能小于 2：1，但在应收账款、存货及现金管理方面都非常成功。这时并不能根据经验标准认为 A 公司的偿债能力好于 B 公司。

另外，经验标准也并非一般意义上的平均水平，即财务比率的平均值，并不一定就构成经验标准。一般而言，只有那些既有上限又有下限的财务比率，才可能建立起适当的经验标准。而那些越大越好或越小越好的财务比率，如各种利润率指标，就不可以建立适当的经验标准。

(3) 运用比较分析法应注意的问题

在运用比较分析法时应注意相关指标的可比性。具体来说，要注意以下几个方面的可比性问题：

第一，指标的计算口径、方法和经济内容的可比性。在运用比较分析法时，需用到资产负债表、利润表、现金流量表等财务报表中的数据进行比较，必须注意这些数据的内容范围，以及在利用这些数据计算财务指标时在计算口径、计算方法、计算范围上的一致性。只有相互比较的基础是一致的，指标间才具有可比性，比较的结果才有意义。

第二，会计处理方法、会计政策的选用以及会计计量标准的可比性。会计报表中的数据来源于账簿记录，而在会计核算中，会计处理方法、会计政策的选用以及会计计量标准的确定会对财务数据的形成产生影响，如果选择两个不同时期或不同企业会计报表的数据进行比较，但其所用会计处理方法、会计政策、会计计量标准不同，则不具备比较的基础。因此，必须对会计报表进行调整，使其会计处理方法、会计政策、会计计量标准相一致，才可以进行比较。

第三，时间单位长度的可比性。采用比较分析法时，不管是本期实际与本期计划相比，还是本期实际与上期实际相比，抑或本企业与同行业先进企业相比都必须注意所使用数据的时间及长度的一致性，包括年度、季度、月份的可比性、不同年度之间的可比性、不同年度的同期可比性、本企业与同行业先进企业在同一期间的可比性，如果不同财务数据在比较时不具备可比性，则比较出来的结果没有任何意义。

第四，企业间的可比性。这主要是指在不同企业之间进行比较时，要注意所选择的企业在企业类型、经营规模、财务规模等方面大体一致。只有相互比较的企业间具有一致性，企业间的数据才具有可比性，比较出来的结果才能说明问题，才有一定的经济价值。

2.2 比率分析法

比率分析法是财务报表分析中最基本、最重要的分析方法。正因为如此，有人甚至将财务报表分析与比率分析等同起来。比率分析法是指在同一报表的不同项目之间，或在不同报表的有关项目之间进行对比，从而计算出各种不同经济含义的比率，据以评价企业财务状况和经营成果的一种方法。比率分析的基本形式有：第一，百分率，如流动比率为 200%；第二，比率（比值），如速动比率为 1：1；第三，分数，如负债为总资产的 1/2。

根据分析的不同内容和要求，比率分析法主要分为结构比率分析、效率比率分析和相关比率分析。

(1)结构比率分析

结构比率,也称构成比率,是指某项财务指标的数值占总体数值的百分比,计算公式如下:

$$结构比率 = \frac{某个组成部分数值}{总体数值} \times 100\%$$

在实际分析中,比较常见的结构比率分析是共同比财务报表,即计算报表的各个项目占某个相同项目的比率,比如资产负债表各个项目占总资产的比率、利润表各个项目占营业收入的比率等,利用该比率指标可以考察企业整体财务指标的结构是否合理,以及盈利能力的来源是否发生变动等,以便协调各项财务活动。这种结构比率分析还可以有效剔除规模的影响,便于大型和小型企业之间的相互比较。

(2)效率比率分析

效率比率是某项财务活动中所费与所得的比率,反映投入与产出的关系。利用效率比率指标,可以进行得失比较,考察经营成果,评价经济效益。

一般而言,涉及利润的有关比率指标基本上均为效率比率。比如,将利润项目与销售成本、销售收入、净资产等项目加以对比,可以计算出成本利润率、销售利润率和净资产收益率等指标,从不同角度观察比较企业盈利能力的高低及其增减变化情况。

(3)相关比率分析

相关比率分析是根据经济活动客观存在的相互依存、相互联系的关系,将两个性质不同但又相关的指标加以对比所得的比率,以便从经济活动的客观联系中认识企业生产经营状况。企业财务报告中的数据虽然单独都可以表示一定的经济意义,但是相互之间又是有相关关系的,将两个相互关联的数据构建一个比率,可以揭示两个单独数据不能揭示的信息,有助于企业利益相关者的决策。

在构建比率时应当注意以下几个问题:

第一,构建比率时,其有关项目指标之间必须具有某种内在联系,存在直接和重要的关系,不能随便使用两个指标胡乱拼凑一个比率,否则,比率及比率分析就毫无意义。比如,一个企业的营业利润与营业收入之间就有直接且重要的关系,因而营业利润与营业收入的比率即营业利润率就是一个有意义的比率;相反,运输成本(发生额)与有价证券(余额)之间无明显关系,因此这两者的比率就几乎没有意义,也无分析价值。

第二,当构建比率的两个指标之一来自资产负债表,另一个指标来自利润表或现金流量表时,应当将资产负债表数据取期间内的平均数,这是因为资产负债表是时点报表,表示某一时刻的财务状况,而利润表和现金流量表是期间报表,表示一定期间内的经营成果和现金流量,两者的口径不同所致。

第三,比率分析法在计算出相关比率之后,并不能直接说明对应的经济意义,必须要结合一定的评价基准进行比较,才能得出结论。所以,比率分析法应注意衡量标准的科学性。

尽管比率分析法非常重要,运用也非常广泛,但是它还是存在其固有的缺陷,归纳起来主要有四点:第一,比率的变动可能仅仅被解释为两个相关因素之间的变动;第二,某一比率很难综合反映与比率计算相关的某一报表(资产负债表)的联系;第三,比率给人不保险的最终印象;第四,比率不能给人们财务报表(如资产负债表)关系的综合观点。为了解决比率分析的问题,人们提出了替代比率技术的方法,即选择一年为基年,得到一系列相关基年的百分比,即趋势百分比。

2.3 因素分析法

在进行财务报表分析中,采用比较分析法可以找出差异,但是很难说明差异产生的原因是什么,分析对象受何种因素的影响,以及各个因素对其影响的程度如何。要解决这些问题,就必须使用因素分析法。

因素分析法是依据分析指标与其影响因素的关系,按照一定的程序和方法,从数量上确定各因素对分析指标影响方向和影响程度的一种方法。因素分析法根据其分析特点可分为连环替代法和差额计算法。

(1)连环替代法

连环替代法是因素分析法的基本形式,有人甚至将它与因素分析法看成是同一概念。连环替代法是将分析指标分解为各个可以计量的因素,并根据各个因素之间的依存关系,顺次用各因素的比较值(通常即实际值)替代基准值(通常为标准值或计划值),据以测定各因素对分析指标的影响。

该方法一般可以分为以下五个步骤:

第一,确定分析对象,运用比较分析法,将分析对象的指标与选择的基准进行比较,求出差异数。

第二,确定分析对象的影响因素。确定分析对象指标与其影响因素之间的数量关系,建立函数关系式。

第三,按照一定顺序依次替换各个因素变量,并计算出替代结果。

第四,比较各因素替代结果,确定各个因素对分析对象的影响程度。

第五,检验分析结果。检验分析结果是将各因素对分析指标的影响额相加,其代数和应等于分析对象。如果二者相等,说明分析结果可能是正确的;如果二者不相等,则说明分析结果一定是错误的。

连环替代法的程序或步骤是紧密相连、缺一不可的,尤其是前四个步骤,任何一个步骤出现错误,都会出现错误结果。

假定某财务指标 N 由 A、B、C 三个因素的乘积构成,其基准指标与实际指标关于三个因素的关系为:

基准指标:$N_0 = A_0 \times B_0 \times C_0$

实际指标:$N_1 = A_1 \times B_1 \times C_1$

首先确定分析对象为:实际指标－基准指标 $= N_1 - N_0$

其次将基准指标中的所有影响因素依次用实际指标进行替换,计算过程如下:

基准指标:$N_0 = A_0 \times B_0 \times C_0$ ①

第一次替换:$N_2 = A_1 \times B_0 \times C_0$ ②

②－①$= N_2 - N_0$,即为 A_0 变为 A_1 对财务指标 N 的影响值。

第二次替换:$N_3 = A_1 \times B_1 \times C_0$ ③

③－②＝N_3-N_2，即为 B_0 变为 B_1 对财务指标 N 的影响值。

第三次替换：$N_1=A_1\times B_1\times C_1$　　　　　　　　　　　　　　　　　　④

④－③＝N_1-N_3，即为 C_0 变为 C_1 对财务指标 N 的影响值。

将以上各个因素变动的影响加以综合，其结果等于实际指标与基准指标的差异数，即：

$$(N_2-N_0)+(N_3-N_2)+(N_1-N_3)=N_1-N_0$$

▶【例1-1】 ABC公司甲产品本年度的原材料消耗情况见表1-2。

表1-2　　　　　　　　　　甲产品原材料费用资料

项目	产品产量（件）	单位产品消耗量（千克）	材料单价（元）	材料费用总额（元）
预算数	1 500	32	18	864 000
实际数	1 600	30	21	1 008 000
差异数	＋100	－2	＋3	＋144 000

（1）确定分析对象：实际数－预算数＝1 008 000－864 000＝＋144 000（元）

（2）建立分析对象与影响因素之间的函数关系式：

材料费用总额＝产品产量×单位产品消耗量×材料单价

（3）计算各个因素对分析对象的影响程度

预算数：1 500×32×18＝864 000（元）　　　　　　　　　　　　　　　①

替换一：1 600×32×18＝921 600（元）　　　　　　　　　　　　　　　②

替换二：1 600×30×18＝864 000（元）　　　　　　　　　　　　　　　③

替换三：1 600×30×21＝1 008 000（元）　　　　　　　　　　　　　　④

②－①＝921 600－864 000＝＋57 600（元）　　　　产品产量增加的影响

③－②＝864 000－921 600＝－57 600（元）　　　　单位产品消耗量下降的影响

④－③＝1 008 000－864 000＝＋144 000（元）　　材料单价上升的影响

三个因素共同的影响值＝＋57 600－57 600＋144 000＝＋144 000（元）

上述分析表明，原材料费用的变动受三个因素的影响，其中产品产量增加使原材料费用增加 57 600 元，单位产品消耗量下降使原材料费用下降 57 600 元，材料单价上升使原材料费用增加 144 000 元。这里，产品产量增加导致原材料费用增加属正常情况；单位产品消耗量下降使原材料费用下降是利好消息，说明企业要么进行了技术革新，要么在节支方面颇有成效；材料单价上升是不利因素，但企业应进一步加以分析，找出影响原材料单价上升的主客观因素，以便更好地控制原材料费用的增加。

连环替代法作为因素分析法的主要形式，在实践中应用比较广泛。但是，在应用连环替代法的过程中必须注意以下几个问题：

第一，因素分解的关联性。确定各经济指标因素必须是客观上存在着因果关系，经济指标体系的组成因素，要能够反映形成该项指标差异的内在构成原因，只有将相关因素与分析对象建立关系时才有意义，否则就失去了其存在的价值，不仅分析无法进行，即使有分析结果，也不能对生产经营活动起到指导作用。也就是说，经济意义上的因素分解与数学意义上的因素分解不同，不是在数学算式上相等就行，而是要看经济意义。例如，将影响材料费用的因素分解为下面两个等式从数学上都是成立的。

材料费用＝产品产量×单位产品材料费用
材料费用＝工人人数×每人消耗材料费用

但从经济意义上说,只有前一个因素分解式是正确的,后一因素分解式在经济上没有任何意义。因为工人人数和每人消耗材料费用到底是增加有利还是减少有利,无法从这个式子中说清楚。

第二,因素替代的顺序性。如前所述,因素分解不仅要因素确定准确,而且因素排列顺序也不能交换,这里特别要强调的是不存在乘法交换律问题。那么,如何确定正确的替代顺序呢？这是一个理论上和实践中都没有很好解决的问题。传统的方法是先数量指标,后质量指标;先实物量指标,后价值量指标;先主要因素,后次要因素;先分子,后分母。但需要说明的是,无论采用哪种排列方法,都缺乏坚实的理论基础。一般地说,替代顺序在前的因素对经济指标影响的程度不受其他因素影响或影响较小,排列在后的因素中含有其他因素共同作用的成分。从这个角度看,为分清责任,将对分析指标影响较大的并能明确责任的因素放在前面可能要好一些。

第三,顺序替代的连环性。在运用连环替代法进行因素分析的替代来计算每一个因素变动的影响时,都是在前一次计算的基础上进行的,并且是采用连环比较的方法确定因素变化的影响结果。因为只有保持在计算程序上的连环性,才能使各个因素影响之和等于分析指标变动的差异,也就是每次替代所形成的新的结果,要与前次替代的结果比较(环比)而不能都与基期指标相比(定基比),否则不仅各个因素影响程度之和不等于总差异,而且计算出的各个因素影响也与现实相距甚远,这是因为每次替代的结果同时掺杂了其他因素的影响。

第四,计算结果的假定性。由于因素分析法计算的各个因素变动的影响数,会因替代计算顺序的不同而有差别,因而计算结果不免带有假定性,即它不可能使每个因素计算的结果都达到绝对的准确,而且现实中各个因素是同时发生影响,而不是先后发生影响的,我们确定的顺序只是假定某个因素先变化,某个因素后变化。它只是在某种假定前提下的影响结果,离开了这种假定前提条件,也就不会是这种影响结果。为此,分析时应力求使这种假定是合乎逻辑的假定,是具有实际经济意义的假定。这样,计算结果的假定性,才不至于妨碍分析的有效性。

(2)差额计算法

差额计算法是连环替代法的一种简化形式,当然也是因素分析法的一种形式。差额计算法作为连环替代法的简化形式,其因素分析的原理与连环替代法是相同的。区别只在于分析程序上,差额计算法是连环替代法的简化,即它可直接利用各影响因素的实际数与基期数的差额,在其他因素不变的假定条件下,计算各该因素对分析指标的影响程度。或者说,差额计算法是将连环替代法的第三步骤和第四步骤合并为一个步骤进行。

这个步骤的基本特点就是:确定各因素实际数与基期数之间的差额,并在此基础上乘以排列在该因素前面各因素的实际数和排列在该因素后面各因素的基期数,所得出的结果就是该因素变动对分析指标的影响数。

【例 1-2】依【例 1-1】,差额计算法的计算过程如下:

产品产量增加的影响=(1 600－1 500)×32×18＝+57 600(元)
单位产品消耗量下降的影响=1 600×(30－32)×18＝－57 600(元)
材料单价上升的影响=1 600×30×(21－18)＝+144 000(元)
最后检验分析结果:57 600－57 600+144 000＝+144 000(元)

应当指出,应用连环替代法应注意的问题,在应用差额计算法时同样要注意。除此之外,还应注意的是,并非所有连环替代法都可按上述差额计算法的方式进行简化,特别是在各影响因素不是连乘的情况下,运用差额计算法必须慎重。

2.4 趋势分析法

趋势分析法,是将两期或连续数期会计报表中相同指标进行对比,确定其增减变动的方向、数额和幅度,以说明企业财务状况和经营成果的变动趋势的一种方法。

趋势分析法的具体运用主要有两种方式:

(1)定基分析法

所谓定基,就是选定某一会计期间作为基期,然后将其余各期与基期进行比较,从而通过计算得到的趋势百分比。其计算公式为:

$$定基动态比率 = \frac{分析期数额}{固定基期数额} \times 100\%$$

定基分析就是通过观察表内的定基指标,确定所分析项目的变动趋势及发展规律的一种分析方法。

【例 1-3】ABC 公司 2017~2021 年的收益状况表(简表),见表 1-3。

表 1-3　　　　　　　　　ABC 公司 2017~2021 年的收益状况表　　　　　　　　单位:千元

项目	2017 年	2018 年	2019 年	2020 年	2021 年
营业收入	1 000	1 121	1 224	1 310	1 374
营业成本	784	859	872	913	930
营业税费	15	18	22	25	31
营业利润	201	244	330	372	413

以表 1-3 为基础,编制 ABC 公司收益状况定基分析表,见表 1-4。

表 1-4　　　　　　　　　ABC 公司的收益状况定基分析表　　　　　　　　　单位:%

项目	2017 年	2018 年	2019 年	2020 年	2021 年
营业收入	100	112	122	131	137
营业成本	100	110	111	116	119
营业税费	100	120	147	167	207
营业利润	100	121	164	185	205

从表 1-4 可以看出,从 2017 年到 2021 年,ABC 公司的营业收入增长了 37%,营业利润的增幅更大,高达 105%。究其原因,虽然营业成本、营业税费也呈逐年上升趋势,但各年营业成本的增幅均低于营业收入;营业税费的增幅虽然较大,但因其绝对值较小,对营业利润的影响甚微。因此,营业收入在抵消营业成本、营业税费增长的消极影响后,仍能

推动营业利润的高速增长。

(2)环比分析法

所谓环比,就是将各项目的本期数与上期数相比而得到的趋势百分比。其计算公式为:

$$环比动态比率 = \frac{分析期数额}{前期数额} \times 100\%$$

以表 1-3 为基础,编制 ABC 公司收益状况环比分析表,见表 1-5。

表 1-5　　　　　　　ABC 公司的收益状况环比分析表　　　　　　　单位:%

项目	2017 年	2018 年	2019 年	2020 年	2021 年
营业收入	100	112	109	107	105
营业成本	100	110	102	105	102
营业税费	100	120	122	114	124
营业利润	100	121	135	113	111

从表 1-5 可以看出,总的来说,从 2018 年到 2021 年的环比指标均大于 100%,但各年的环比指标不尽相同。这说明,一方面,ABC 公司营业收入、营业成本、营业税费和营业利润都在逐年增长;另一方面,这 4 个项目在各年的增长速度有快慢之分。其中,营业收入的增幅逐年下降;营业成本虽然也呈逐年下降趋势,但每年的降幅较小,下降的速度较为平缓;营业税费的增幅则逐年上升。在上述因素的共同作用下,营业利润的增幅 2018 年~2019 年呈上升趋势,但从 2020 年起增幅呈逐年下降趋势。这说明 ABC 公司的营业利润虽然逐年增加,但其增长的速度正逐渐放慢。

2.5　图解分析法

图解分析法,也是财务报表分析中经常应用的方法之一。严格来说,图解分析法并不是一种独立的财务报表分析方法,而是上述财务报表分析方法的直观表达形式。图解分析法的作用在于能形象、直观地反映财务活动过程和结果,将复杂的经济活动及其结果以通俗、易懂的形式表现出来。因此,有人称图解分析法为一目了然的财务报表分析方法。图解分析法应用十分广泛,人们经常可在证券交易场所、报纸杂志等媒体看到财务报表分析图。目前,随着网络技术的普及与发展,图解分析法的应用基础、应用范围和种类、形式都得到了空前的发展。本教材主要应用对比图解分析法、结构图解分析法、趋势图解分析法对相关问题进行分析说明。

(1)对比图解分析法

对比图解分析法,是指用图形的形式,将某一指标的报告数值与基准数值进行对比,以揭示报告数值与基准数值之间的差异。对比图解分析法是实践中广泛应用的图解分析法之一,其形式多种多样。常见的对比分析图是柱形的,如图 1-1 所示。

图 1-1 可直观反映本年度总资产、总收入、利润总额与上年对比的情况。由上图可见,企业在本年总资产和总收入都比上年增长的情况下,利润总额却有所下降。说明企业的规模虽有增长,但盈利能力却在下降。

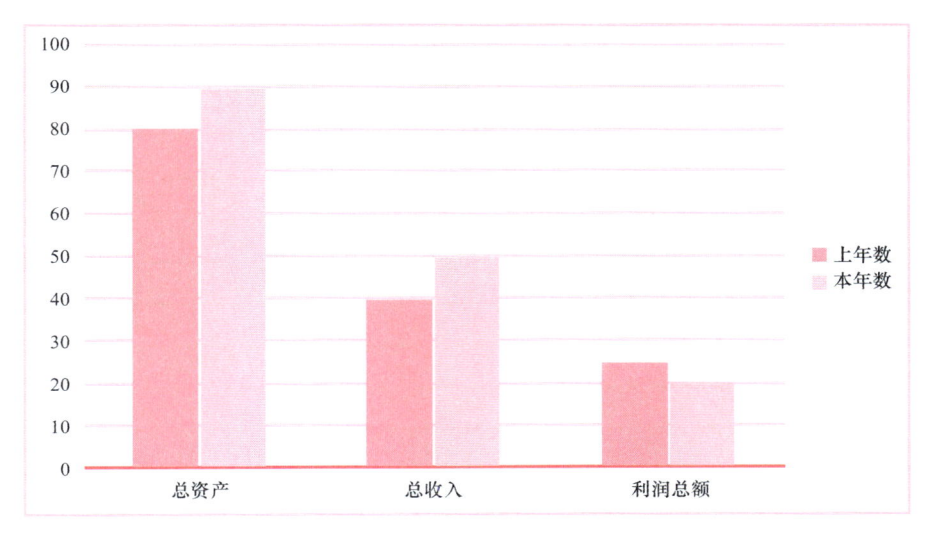

图 1-1 对比分析柱形图

(2) 结构图解分析法

结构图解分析法,实际上是垂直分析法的图解形式,它以图形的方式表示在总体中各部分所占的比重。结构分析图的形式也有很多种,较常见的为饼形图。图 1-2 和图 1-3 反映了某企业的资产结构和权益结构。

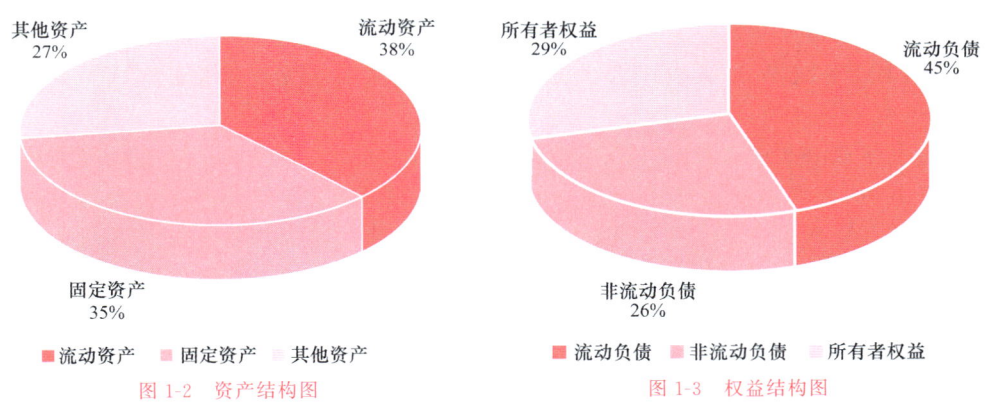

图 1-2 资产结构图　　　图 1-3 权益结构图

图 1-2 反映了企业总资产中流动资产占 38%,非流动资产占 62%;图 1-3 反映企业总权益中有 71% 是负债(其中 45% 是流动负债),所有者权益仅占 29%。通过图解分析看出,企业资产结构与权益结构显然是不相适应的,偿债能力特别是短期偿债能力是有问题的。

(3) 趋势图解分析法

趋势图解分析法,通常是指用坐标图反映某一个或某几个指标在一个较长时期内的变动趋势。坐标图的横轴表示时期,纵轴表示指标数值,将不同时期的指标数值用线连接起来,就形成了反映指标变动趋势的曲线,或称折线图。下面用图 1-4 来反映利润额和每股收益的变动趋势。

从图 1-4 我们可以得出如下结论:第一,企业利润经历了从下降到较快上升的过程;

第二，每股收益与利润额的变动趋势相同。

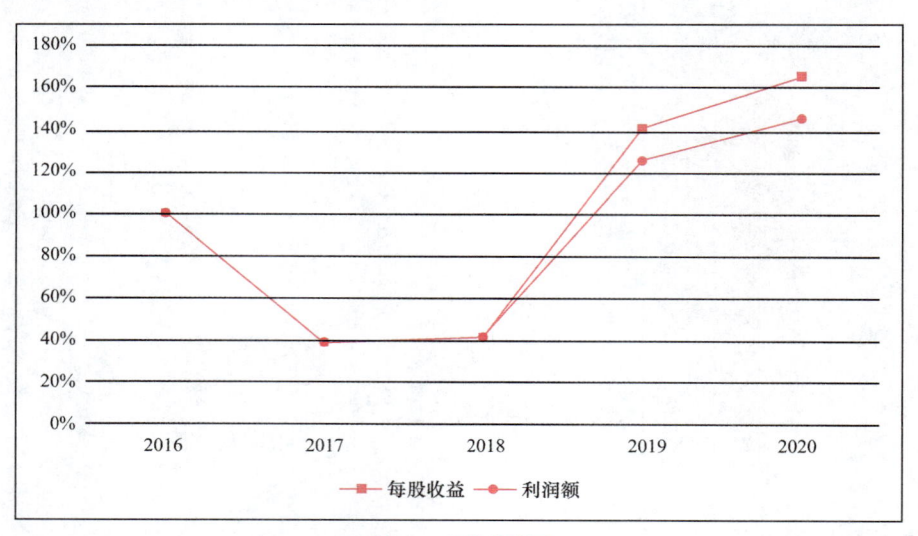

图 1-4　趋势分析图

项目小结

　　财务报表分析是指一定的报表分析主体以财务报表为主要依据，结合一定的标准，运用科学系统的方法，对企业的财务状况、经营成果和现金流量情况进行全面分析，为利益相关者的经济决策提供财务信息支持。

　　财务报表分析的发展，关键取决于来自经济环境变化的挑战。这些挑战包括市场经济体制、资本市场、企业制度和会计准则等经济环境的变化。随着大数据时代的来临以及互联网技术的迅猛发展，人们对包括财务数据在内的企业业务数据的获取将更加快捷和准确，数据分析和提炼的手段将更加先进，财务报表分析的信息基础将会发生根本性的变化，财务报表分析的内涵和外延都会不断拓展，最终将会演变成"大数据分析"。

　　财务报表分析的内容包括财务报表趋势分析、财务报表结构分析、财务报表质量分析、偿债能力分析、盈利能力分析、营运能力分析、发展能力分析和财务综合分析。

　　财务报表分析的目的受分析主体和分析对象的制约，不同的报表分析主体（报表使用者）进行财务报表分析的目的是不同的。财务报表的使用者（报表分析主体）包括投资者、债权人、经营者、政府机构、业务关联单位、社会中介机构以及企业员工。

　　财务报表分析的程序包括财务报表分析信息搜集整理阶段、财务报表会计分析阶段、财务报表分析实施阶段和财务报表分析综合评价阶段。

　　财务报表分析最常见的基本方法有比较分析法、比率分析法、因素分析法、趋势分析法和图解分析法。

练习题

一、单项选择题

1. 企业投资者进行财务报表分析的根本目的大多是关心企业的（　　）。
   A. 盈利能力　　　　　　　　B. 营运能力
   C. 偿债能力　　　　　　　　D. 增长能力

2. 从企业债权人角度看，财务报表分析的最直接的目的是看企业的（　　）。
   A. 盈利能力　　　　　　　　B. 营运能力
   C. 偿债能力　　　　　　　　D. 增长能力

3. 社会贡献率指标是（　　）利益主体最关心的指标。
   A. 所有者　　　　　　　　　B. 经营者
   C. 政府管理者　　　　　　　D. 债权人

4. 在下列财务报表分析主体中，必须对企业营运能力、偿债能力、盈利能力及发展能力的全部信息予以详尽了解和掌握的是（　　）。
   A. 短期投资者　　　　　　　B. 企业债权人
   C. 企业经营者　　　　　　　D. 中介机构

5. 在各项财务报表分析标准中，可比性较高的是（　　）。
   A. 经验标准　　　　　　　　B. 历史标准
   C. 行业标准　　　　　　　　D. 预算标准

6. 为了评价判断企业所处的地位与水平，在分析时通常采用的标准是（　　）。
   A. 经验标准　　　　　　　　B. 历史标准
   C. 行业标准　　　　　　　　D. 预算标准

7. 在各项财务报表分析标准中，考虑因素最全面的标准是（　　）。
   A. 经验标准　　　　　　　　B. 历史标准
   C. 行业标准　　　　　　　　D. 预算标准

8. 用垂直分析法的图解形式，以图形的方式表示在总体中各部分所占比重的图解分析法为（　　）。
   A. 对比图解分析法　　　　　B. 趋势图解分析法
   C. 结构图解分析法　　　　　D. 因素图解分析法

9. 下列指标中，属于效率比率的是（　　）。
   A. 流动比率　　　　　　　　B. 销售净利率
   C. 资产负债率　　　　　　　D. 存货周转率

10. 对于连环替代法中各因素的替代顺序，传统的排列方法是（　　）。
    A. 不能明确责任的在前，可以明确责任的在后
    B. 价值数量因素在前，实物数量因素在后
    C. 数量指标在前，质量指标在后
    D. 质量指标在前，数量指标在后

二、多项选择题

1. 财务报表分析的主体包括（　　）。
   A. 企业经营者　　　　　　　　B. 企业所有者或潜在投资者
   C. 企业债权人　　　　　　　　D. 政府管理部门

2. 比率分析的基本形式有（　　）。
   A. 百分率　　　　　　　　　　B. 周转次数
   C. 比值　　　　　　　　　　　D. 增长率

3. 属于效率比率的指标有（　　）。
   A. 营业成本利润率　　　　　　B. 营业利润率
   C. 存货周转率　　　　　　　　D. 净资产收益率

4. 下列项目中，属于采用比率分析法时应注意的问题有（　　）。
   A. 对比项目的相关性　　　　　B. 对比口径的一致性
   C. 因素替代的顺序性　　　　　D. 衡量标准的科学性

5. 下列说法正确的有（　　）。
   A. 效率比率反映投入与产出的关系
   B. 总资产报酬率属于效率比率
   C. 流动比率属于相关比率
   D. 由于资产＝负债＋所有者权益，因此，资产负债率属于构成比率

三、判断题

1. 分析财务报表的目的，在于提供有助于使用者进行经济决策的财务信息。（　　）
2. 财务报表分析的第一个步骤是收集与整理分析信息。（　　）
3. 财务指标分析就是指财务比率分析。（　　）
4. 债权人通常不仅关心企业偿债能力比率，而且关心企业盈利能力比率。（　　）
5. 水平分析法在不同企业的应用中，一定要注意其可比性问题，即使在同一企业中应用，对于差异的评价也应考虑其对比基础。（　　）
6. 比率分析法能综合反映比率与计算它的财务报表之间的联系。（　　）
7. 财务报表分析中的效率指标，是某项财务活动中所费与所得之间的比率，反映投入与产出的关系。（　　）
8. 差额计算法只是连环替代法的一种简化形式，二者实质上是相同的。（　　）
9. 运用差额计算法进行因素分析不需要考虑因素的替代顺序问题。（　　）
10. 在采用因素分析法时，既可以按照各因素的依存关系排列成一定的顺序并依次替代，也可以任意颠倒顺序，其结果是相同的。（　　）

四、计算分析题

1. 某公司 2021 年丙产品有关销售收入的资料见下表：

表 1-6

项目	计划数	实际数	差异数
产品销售收入	1 000	1 056	＋56

(续表)

项目	计划数	实际数	差异数
销售数量(台)	200	220	+20
销售单价(万元)	5	4.8	－0.2

要求：采用差额计算法计算各因素变动对产品销售收入计划完成情况的影响程度。

2.某企业自2018～2021年的产品销售额分别为600万元、620万元、635万元和642万元。

要求：计算定基动态比率和环比动态比率的发展速度与增长速度指标，并对销售业绩的发展趋势做出简要评价。

3.某公司材料消耗统计资料见下表：

表 1-7

项目	计划数	实际数	差异数
产品产量(件)	280	300	+20
单位产品材料消耗(千克)	50	45	－5
材料单价(元)	8	10	+2
材料消耗总额(元)	112 000	135 000	+23 000

要求：分别用连环替代法和差额计算法计算各因素变动对材料消耗总额的影响，并作出分析评价。

项目二

资产负债表分析

知识目标

- 了解资产负债表分析的目的和内容;
- 掌握资产负债表的水平分析和垂直分析;
- 熟悉资产负债表的项目分析。

能力目标

- 培养学生能熟练地运用水平分析法编制资产负债表水平分析表,并对资产负债表的增减变动情况做出分析评价;
- 培养学生能熟练地运用垂直分析法编制资产负债表垂直分析表,并对资产负债表的结构变动情况做出分析评价。

思政目标

- 培养学生的奉献精神和创造精神,具有"苟利国家生死以,岂因祸福避趋之"的报国情怀;
- 培养学生诚信、和谐、公正、友善的社会主义核心价值观。

案例导入

作为中国十大市值的上市公司,贵州茅台(600519)在资产质量方面,可谓可圈可点。该公司2019年资产负债表见表2-1。

表 2-1　　　　　　　　　　资产负债表(简表)

编制单位:贵州茅台　　　　2019年12月31日　　　　　　　单位:亿元

流动资产:	金额	流动负债:	金额
货币资金和交易性金融资产	1 306.30	短期借款	0
应收账款	0	应付账款	15.14
存货	252.85	预收账款	137.40
其他流动资产	31.09	合同负债	110.49

（续表）

流动资产:	金额	流动负债:	金额
流动资产合计	1 590.24	应付职工薪酬	24.45
非流动资产:		应交税费	87.56
其他非流动金融资产	3.20	其他流动负债	35.89
固定资产和在建工程	176.62	流动负债合计	410.93
无形资产	47.28	非流动负债:	
递延所得税资产	10.99	递延所得税负债	0.73
其他非流动资产	2.09	负债合计	411.66
非流动资产合计	240.18	股东权益	1 418.76
资产总计	1 830.42	负债与股东权益总计	1 830.42

从上表可以看出，货币资金和交易性金融资产是贵州茅台最重要的资产，占资产总额的比例高达71.4%，存货、固定资产仅占资产总额的13.8%和9.6%。更令人匪夷所思的是，贵州茅台2019年的应收账款为零！这在上市公司如果不是绝无仅有的，也必定是凤毛麟角的。与零应收账款相对应的是居高不下的预收账款。2016~2019年，贵州茅台的预收账款分别为175.41亿元、144.29亿元、135.77亿元和137.4亿元，这足以说明贵州茅台的市场统治能力有多强：向茅台买酒，不仅赊账免谈，而且必须提前预付账款。

与巨额货币资金和交易性金融资产形成巨大反差的是，贵州茅台的短期借款和长期借款均为零，这还不是2019年特有的现象，过去5年均是如此！

案例分析要求：

1.贵州茅台有一千三百多亿的货币资金和交易性金融资产，却没有一分钱的银行借款，这说明贵州茅台根本不缺钱。既然不缺钱，贵州茅台为何还要上市？

2.贵州茅台2019年的营业收入为854.3亿元，而应收账款却为零，这可以得出的基本判断是什么？

任务1　资产负债表分析的目的和内容

1.资产负债表的含义与结构

1.1　资产负债表的含义

资产负债表是财务报表中的第一张主表，它是以"资产＝负债＋所有者权益"为平衡关系，反映企业在某一特定日期（年末、季末、月末）的财务状况的会计报表。

在会计实务中，资产负债表是按照一定的分类标准和一定的顺序，把企业特定日期的资产、负债和所有者权益各项目加以适当排列，根据日常会计核算形成的大量数据进行整理后编制而成的。它分别列示资产及其总计和负债与所有者权益之和的总计项目，并且这两者的金额相等，表明企业在某一特定日期所持有的不同形态资产的价值存量，对不同债权人承担的偿债责任和对投资人净资产的价值归属。

1.2 资产负债表的结构

资产负债表的结构一般是指资产负债表的组成内容及各项目在表内的排列顺序。

资产负债表由表头、表身和表尾等部分组成。表头部分应列明报表名称、编制单位名称、编制日期和金额计量单位等；表身部分反映资产、负债和所有者权益的内容；表尾部分为补充说明。其中，表身部分是资产负债表的主体和核心。

资产负债表的格式主要有账户式和报告式两种。我国《企业会计准则第30号——财务报表列报》规定，企业的资产负债表采用账户式结构。

账户式资产负债表分为左右两方，左方列示资产各项目，右方列示负债和所有者权益各项目，其中，负债项目列示报表右方的上半部分，所有者权益项目列示在报表右下部分。

资产类项目，按资产的流动性大小排列：流动性大的资产如"货币资金"、"交易性金融资产"、"应收票据"、"应收账款"等排在前面，流动性小的资产如"无形资产"、"开发支出"、"商誉"等则排在后面；

负债及所有者权益项目，一般按求偿权先后顺序排列："短期借款"、"交易性金融负债"、"应付票据"、"应付账款"等需要在一年内或者长于一年的一个营业周期内偿还的流动负债排在前面，"长期借款"、"应付债券"等在一年以上或者长于一年的一个营业周期以上才需要偿还的长期负债排在中间，在企业清算之前不需要偿还的所有者权益项目排在最后。

账户式资产负债表中资产各项目的合计等于负债和所有者权益各项目的合计，即资产负债表左方合计和右方合计平衡。因此，通过账户式资产负债表，可以反映企业资产、负债、所有者权益之间的内在关系，即"资产＝负债＋所有者权益"。资产负债表的基本格式（已执行新金融准则、新收入准则和新租赁准则的企业）见表2-2。

表 2-2　　　　　　　　　　　　　　资产负债表

编制单位：甲电气集团股份有限公司　　　2020年12月31日　　　　　　　　　　　　　　单位：元

资产	期末数	期初数	负债和股东权益	期末数	期初数
流动资产：			流动负债：		
货币资金	127 530 439.08	74 765 564.65	短期借款	120 610 000.00	149 730 000.00
交易性金融资产			交易性金融负债		
衍生金融资产			衍生金融负债		
应收票据	5 568 336.08	18 841 133.66	应付票据	3 194 546.70	2 728 750.02
应收账款	91 857 731.82	79 743 418.39	应付账款	123 673 381.37	86 587 745.29
应收账款融资			预收款项	6 028 461.27	1 350 681.24
预付款项	34 426 109.84	19 419 356.87	合同负债		

（续表）

资产	期末数	期初数	负债和股东权益	期末数	期初数
其他应收款	71 335 202.91	3 148 327.52	应付职工薪酬	5 616 884.13	4 806 034.12
存货	78 506 816.87	62 900 816.06	应交税费	4 659 323.03	4 211 275.07
合同资产			其他应付款	85 141 656.33	21 347 671.32
持有待售资产			持有待售负债		
一年内到期的非流动资产			一年内到期的非流动负债		
其他流动资产			其他流动负债		
流动资产合计	409 224 636.60	258 818 617.15	流动负债合计	348 924 252.83	270 762 157.06
非流动资产：			非流动负债：		
债权投资			长期借款	140 000 000.00	
其他债权投资			应付债券		
长期应收款			租赁负债		
长期股权投资	743 957 757.57	572 065 804.88	长期应付款		
其他权益工具投资			预计负债		
其他非流动金融资产			递延收益		
投资性房地产			递延所得税负债		
固定资产	231 131 686.21	208 725 513.92	其他非流动负债		
在建工程	84 185 982.04	81 865 274.14	非流动负债合计	140 000 000.00	
生产性生物资产			负债合计	488 924 252.83	270 762 157.06
油气资产			所有者权益（或股东权益）：		
无形资产	25 004 994.77	15 282 738.09	实收资本（或股本）	285 127 200.00	283 316 200.00
开发支出			其他权益工具		
商誉			其中：优先股		
长期待摊费用	1 879 143.37	1 914 954.61	永续债		
递延所得税资产	1 960 434.12	1 272 764.35	资本公积	405 134 463.62	328 843 060.67
其他非流动资产			减：库存股		
非流动资产合计	1 088 119 998.08	881 127 049.99	其他综合收益		
			盈余公积	67 744 734.63	58 231 493.35
			未分配利润	250 413 983.60	198 792 756.06
			股东权益合计	1 008 420 381.85	869 183 510.08
资产总计	1 497 344 634.68	1 139 945 667.14	负债和股东权益总计	1 497 344 634.68	1 139 945 667.14

2. 资产负债表分析的目的

众所周知,企业的所有资本活动及结果,必然会直接通过资产负债表全面、系统、综合地反映出来。但是,仅仅通过阅读资产负债表,只能了解企业在某一特定时日所拥有或控制的资产、所承担的经济义务以及所有者对净资产的要求权。尽管这些信息是必要的,但却不能满足报表使用者进行决策的需要,借助于资产负债表的分析,充分挖掘其中隐含的信息,才有可能最大限度地满足报表使用者的这种要求。

资产负债表分析的目的,就在于了解企业会计对企业财务状况的反映程度,以及所提供会计信息的质量,据此对企业资产和权益的变动情况以及企业财务状况做出恰当的评价,具体来说就是:

第一,通过资产负债表分析,揭示资产负债表及相关项目的内涵

从根本上讲,资产负债表上的数据是企业经营活动的直接结果,但这种结果是通过企业会计依据某种会计政策,按照某种具体会计处理方法进行会计处理后编制出来的。因此,企业采用何种会计政策,使用何种会计处理方法,必然会对资产负债表上的数据产生影响。例如,采用不同存货计价方法,在耗用的材料相同的情况下,期末资产负债表上的存货金额就会有很大差异。如果不通过分析搞清资产负债表及相关项目的内涵,就会把企业会计处理产生的差异看作生产经营活动导致的结果,从而得出错误的分析结论。

第二,通过资产负债表分析,了解企业财务状况的变动情况

企业在经营过程中,企业资产规模及各项资产会不断发生变动,与之相适应的是资金来源也会发生相应变动,资产负债表只是静态地反映出变动后的结果。企业的资产、负债及所有者权益在经过一段时期经营后发生的变动,及这种变动对企业未来运营产生的影响,只有通过对资产负债表进行分析才能知道,并在此基础上,对企业财务状况的变动及变动原因做出合理的解释和评价。

第三,通过资产负债表分析,揭示企业实力的强弱和偿债能力的大小

通过资产负债表分析,可以了解企业的资产总额以及各资产项目在总资产中的比重,分析资产的构成是否合理,从而评价企业实力的强弱;通过资产负债表分析,还可以了解企业资产流动性的大小以及负债总额占总资产的比重、负债总额与所有者权益总额的比率等相关信息,分析企业偿债能力的大小。

第四,通过资产负债表分析,评价企业的会计政策

不同的会计政策和会计处理方法,体现在资产负债表上的结果往往不同,某种会计处理的背后,总是反映着企业的会计政策运用和会计处理目的。企业所选择的会计政策和会计处理方法是否合适,企业是否利用会计政策的选择达到特定会计目的,深入分析资产负债表及相关项目的异常变动,了解企业会计政策选择的动机,可以揭示出管理人员的倾向,评价企业的会计政策,消除会计报表外部使用者对企业会计信息的疑惑。

3. 资产负债表分析的内容

资产负债表分析主要包括以下内容:

3.1　资产负债表水平分析

资产负债表水平分析,就是通过对企业各项资产、负债和所有者权益的对比分析,揭示企业筹资与投资过程的差异,从而分析与揭示企业生产经营活动、经营管理水平、会计政策及会计估计变更对筹资与投资的影响。

3.2　资产负债表垂直分析

资产负债表垂直分析,就是通过资产负债表中各项目与总资产或权益总额进行对比,分析企业的资产构成、负债构成和所有者权益构成,揭示企业资产结构和资本结构的合理程度,探索企业资产结构优化、资本结构优化的思路。

3.3　资产负债表项目分析

资产负债表项目分析,就是在资产负债表全面分析的基础上,对资产负债表中资产、负债和所有者权益的主要项目进行深入分析。

任务 2　资产负债表水平分析

1.资产负债表水平分析表的编制

资产负债表水平分析的目的就是从总体上概括了解资产、权益的变动情况,揭示出资产、负债和所有者权益变动的差异,分析其差异产生的原因。资产负债表水平分析就是通过水平分析法,将资产负债表的实际数与选定的标准进行比较,编制出资产负债表水平分析表,在此基础上进行分析评价。

资产负债表水平分析要根据分析的目的来选择比较的标准(基期)。当分析的目的在于揭示资产负债表实际变动情况,分析产生实际差异的原因时,应当选择历史标准,即选择资产负债表的上年实际数作为比较标准;当分析的目的在于揭示资产负债表预算或计划情况,分析影响资产负债表预算或计划执行情况的原因时,应当选择预算标准,即选择资产负债表的预算数或计划数作为比较标准。

资产负债表水平分析除了要计算某项目的变动额和变动率外,还应计算出该项目变动对总资产或负债和所有者权益总额的影响程度,以便确定影响总资产或负债和所有者权益总额的重点项目,为进一步分析指明方向。

$$某项目变动对总资产(或权益总额)的影响 = \frac{某项目的变动额}{基期总资产(或权益总额)} \times 100\%$$

根据表 2-2 提供的资料,编制甲电气集团股份有限公司公司资产负债表水平分析表,见表 2-3。

表 2-3　　　　　　　　　　　　资产负债表水平分析表　　　　　　　　　　　　金额单位：元

资产	期末数	期初数	变动情况		对总资产的影响（%）
			变动额	变动（%）	
流动资产：					
货币资金	127 530 439.08	74 765 564.65	52 764 874.43	70.57	4.63
交易性金融资产					
衍生金融资产					
应收票据	5 568 336.08	18 841 133.66	−13 272 797.58	−70.45	−1.16
应收账款	91 857 731.82	79 743 418.39	12 114 313.43	15.19	1.06
应收账款融资					
预付款项	34 426 109.84	19 419 356.87	15 006 752.97	77.28	1.32
其他应收款	71 335 202.91	3 148 327.52	68 186 875.39	2165.81	5.98
存货	78 506 816.87	62 900 816.06	15 606 000.81	24.81	1.37
合同资产					
持有待售资产					
一年内到期的非流动资产					
其他流动资产					
流动资产合计	409 224 636.60	258 818 617.15	150 406 019.45	58.11	13.19
非流动资产：					
债权投资					
其他债权投资					
长期应收款					
长期股权投资	743 957 757.57	572 065 804.88	171 891 952.69	30.05	15.08
其他权益工具投资					
其他非流动金融资产					
投资性房地产					
固定资产	231 131 686.21	208 725 513.92	22 406 172.29	10.73	1.97
在建工程	84 185 982.04	81 865 274.14	2 320 707.90	2.83	0.20
生产性生物资产					
油气资产					
无形资产	25 004 994.77	15 282 738.09	9 722 256.68	63.62	0.85
开发支出					
商誉					
长期待摊费用	1 879 143.37	1 914 954.61	−35 811.24	−1.87	−0.003
递延所得税资产	1 960 434.12	1 272 764.35	687 669.77	54.03	0.06

（续表）

资产	期末数	期初数	变动情况		对总资产的影响（%）
			变动额	变动（%）	
流动资产：					
其他非流动资产					
非流动资产合计	1 088 119 998.08	881 127 049.99	206 992 948.09	23.49	18.16
资产总计	1 497 344 634.68	1 139 945 667.14	357 398 967.54	31.35	31.35
负债和股东权益					对权益总额的影响（%）
流动负债：					
短期借款	120 610 000.00	149 730 000.00	−29 120 000.00	−19.45	−2.56
交易性金融负债					
衍生金融负债					
应付票据	3 194 546.70	2 728 750.02	465 796.68	17.07	0.04
应付账款	123 673 381.37	86 587 745.29	37 085 636.08	42.83	3.25
预收款项	6 028 461.27	1 350 681.24	4 677 780.03	346.33	0.41
合同负债					
应付职工薪酬	5 616 884.13	4 806 034.12	810 850.01	16.87	0.07
应交税费	4 659 323.03	4 211 275.07	448 047.96	10.64	0.04
其他应付款	85 141 656.33	21 347 671.32	63 793 985.01	298.83	5.60
持有待售负债					
一年内到期的非流动负债	—	—			
其他流动负债	—	—			
流动负债合计	348 924 252.83	270 762 157.06	78 162 095.77	28.87	6.86
非流动负债：					
长期借款	140 000 000.00		140 000 000.00		12.28
应付债券					
长期应付款					
预计负债					
递延收益					
递延所得税负债					
其他非流动负债					
非流动负债合计	140 000 000.00		140 000 000.00		12.28
负债合计	488 924 252.83	270 762 157.06	218 162 095.77	80.57	19.14

(续表)

资产	期末数	期初数	变动情况		对总资产的影响(%)
			变动额	变动(%)	
流动资产:					
所有者权益(或股东权益):					
实收资本(或股本)	285 127 200.00	283 316 200.00	1 811 000.00	0.64	0.16
其他权益工具	—	—			
资本公积	405 134 463.62	328 843 060.67	76 291 402.95	23.20	6.69
减:库存股					
其他综合收益					
盈余公积	67 744 734.63	58 231 493.35	9 513 241.28	16.34	0.84
未分配利润	250 413 983.60	198 792 756.06	51 621 227.54	25.97	4.53
股东权益合计	1 008 420 381.85	869 183 510.08	139 236 871.77	16.02	12.21
负债和股东权益总计	1 497 344 634.68	1 139 945 667.14	357 398 967.54	31.35	31.35

2. 资产负债表增减变动情况的分析评价

企业的总资产表明企业资产的存量规模,随着企业经营规模的变动,资产存量规模也处在经常变动之中。一方面,资产存量规模过小,将难以满足企业经营的需要,影响企业经营活动的正常进行;另一方面,资产存量规模过大,将造成资产的闲置,使资金周转缓慢,影响资产的利用效率。资产作为保证企业经营活动的物质基础,它的获得必须有相应的资金来源。企业通过举债或吸收投资人投资来满足对企业资产的资金融通,从而产生了债权人、投资人对企业资产的两种不同要求权,即债权和权益。资产和权益分别列示在资产负债表的左右两方,反映出企业的基本财务状况,对资产负债表增减变动情况的分析评价也应当从这两大方面进行。

2.1 从投资或资产角度进行分析评价

从投资或资产角度进行分析评价主要从以下几个方面进行:

(1)分析总资产规模的变动状况以及各类、各项资产的变动状况,揭示出资产变动的主要方面,从总体上了解企业经过一定时期经营后资产的变动状况。

(2)发现变动幅度较大或对总资产变动影响较大的重点类别和重点项目。分析时首先要注意发现变动幅度较大的资产类别或资产项目,特别是发生异常变动的项目。其次要把对总资产变动影响较大的资产项目作为分析重点。某资产项目变动自然会引起总资产发生同方向变动,但不能完全根据该项目本身的变动来说明对总资产的影响。该项目变动对总资产的影响,不仅取决于该项目本身的变动程度,还取决于该项目在总资产中所占的比重。当某项目本身变动幅度较大时,如果该项目在总资产中所占比重较小,则该项目变动对总资产的变动就不会有太大影响。反之,即使某项目本身变动幅度较小,如果其比重较大,则其对总资产变动的影响程度也很大。如表2-2中其他应收款项目,在所有资产项目中变动幅度最大,本期增长了2 165.81%,但由于该项目占总资产的比重不大,所以仅使总资产增加5.98%。相反,长期股权投资虽然只增长30.05%,但由于其所占比重较大,对总资产的影响却达到15.08%。分析时只有注意到这一点,才能突出分析重点,抓住关键问题,有助于深入分析,并减轻分析工作量。

(3)对总资产变动情况进行分析,不仅要分析其增减变动额和变动幅度,还要对其变动的合理性和效率性进行分析。企业取得资产的目的不是单纯为了占有资产,而是为了运用资产以实现企业的目标。资产变动是否合理,直接关系到资产生产能力的形成与发挥,并通过资产的利用效率体现出来,因此,对资产变动合理性和效率性的分析评价,可借助企业营业收入、利润额和经营活动现金净流量等指标。

根据表2-3,可以对甲电气集团股份有限公司公司总资产变动情况做出以下分析评价:

该公司总资产本期增加357 398 967.54元,增长幅度为31.35%,说明该公司本年资产规模有较大幅度的增长。进一步分析可以发现:

(1)非流动资产本期增长了206 992 948.09元,增长幅度为23.49%,使总资产规模增长了18.16%。流动资产增长150 406 019.45元,增长幅度为58.11%,使总资产规模增长了13.19%。两者合计使总资产增加了357 398 967.54元,增长幅度为31.35%。

(2)本期总资产的增长主要体现在非流动资产的增长上。尽管非流动资产的各项目都有不同程度的增减变动,但其增长主要体现在以下四个方面:一是长期股权投资的大幅度增加。长期股权投资增加了171 891 952.69元,增长幅度为30.05%,对总资产的影响为15.08%。长期股权投资与企业经营战略取向密切相关。长期股权投资的增加,说明该公司对外扩张意图明显。二是固定资产的增加。固定资产增加22 406 172.29元,增长幅度为10.73%,对总资产的影响为1.97%。固定资产规模体现了一个企业的生产能力,这说明该公司的未来生产能力会有一定程度的提高。三是在建工程的增加。在建工程增加了2 320 707.90元,增长幅度为2.84%,对总资产的影响为0.20%。在建工程项目的增加虽然对本年度的经营成果没有太大的影响,但随着在建工程在今后的陆续完工,有助于扩张该公司的生产能力。四是无形资产的增加。无形资产增加9 722 256.68元,增长幅度为63.62%,对总资产的影响为0.85%。该公司无形资产的增加,这对公司未来经营有积极作用。

(3)流动资产的增长主要体现在五个方面:一是货币资金的增长。货币资金增加了52 764 874.43元,增长幅度为70.57%,对总资产的影响为4.63%。货币资金的增长,意味着企业经营状况良好和资金流动性增强,这将对企业的短期偿债能力产生正面影响。当然,对于货币资金的这种变化,还应结合该公司现金需要量,从资金利用效果方面进行分析,做出是否合适的评价。二是应收账款的增加。应收账款增加12 114 313.43元,增长幅度为15.19%,对总资产的影响为1.06%。应收账款的增加,这表明企业在销售环节遭受不利局面:采用更为宽松的销售政策以取得客户,或者客户偿付货款的能力和意愿下降。三是预付款项的增加。预付款项增加了15 006 752.97元,增长幅度为77.28%,对总资产的影响为1.32%。这说明企业除因商业信用预付部分款项外,还可能是企业向其他有关单位提供贷款、非法转移资金或抽逃资本。四是其他应收款的增加。其他应收款增加了 68 186 875.39 元，增长幅度高达 2 165.81%，对总资产的影响为 5.98% 说明该公司内部控制制度执行不力，不必要的资金占用大幅增加。五是存货的增加。本期存货增加 15 606 000.81 元，增长幅度为 24.81%，对总资产的影响为 1.37%。存货增加通常与经营活动的不利局面相关。由于未来预期的销售收入下降，企业的生产环节受到影响，出现存货的异常增加。

2.2 从筹资或权益角度进行分析评价

从筹资或权益角度进行分析评价主要从以下几方面进行：

(1) 分析权益总额的变动状况以及各类、各项筹资的变动状况，揭示出权益总额变动的主要方面，从总体上了解企业经过一定时期经营后权益总额的变动情况。

(2) 发现变动幅度较大或对权益总额变动影响较大的重点类别和重点项目，为进一步分析指明方向。

(3) 分析评价权益资金变动对企业未来经营的影响。在资产负债表上，资产总额等于负债与权益总额之和，当资产规模发生变动时，必然要有相应的资金来源，如果资产总额的增长幅度大于权益总额的增长幅度，表明企业债务加重，这虽然可能是因为企业筹资政策变动而引起的，但后果是引起偿债保证程度下降，偿债压力加重。因此，不仅要分析评价权益资金发生了怎样的变动，而且还要注意分析评价这种变动对企业未来经营的影响。

根据表 2-3，可以对甲电气集团股份有限公司公司权益总额变动情况做出以下分析评价：

该公司权益总额较上年同期增加 357 398 967.54 元，增长幅度为 31.35%，说明该公司本年权益总额有较大幅度的增长。进一步分析可以发现：

(1) 本年度负债增加了 218 162 095.77 元，增长幅度为 80.57%，使权益总额增加了 19.14%；股东权益本期增加了 139 236 871.77 元，增长幅度为 16.02%，使权益总额增加了 12.21%。两者合计使权益总额本期增加 357 398 967.54 元，增长幅度为 31.35%。

(2) 流动负债本期增加 78 162 095.77 元，增长幅度为 28.87%，对权益总额的影响为 6.86%。流动负债的增长主要表现在三个方面：一是应付款项的增长。应付票据本期增长 465 796.68 元，应付账款本期增长 37 085 636.08 元，其增长幅度分别为 17.07% 和 42.83%，使权益总额增长了 3.29%。该项目的增长给公司带来了一定的偿债压力，如不能如期支付，将对公司的信用产生严重的不良影响。二是预收款项的增长。预收款项本期增长 4 677 780.03 元，增长幅度为 346.33%，使权益总额增加了 0.41%。这种增长对公司来说是有利的。三是其他应付款的增长。其他应付款本期增长 63 793 985.01 元，增长幅度为 298.83%，使权益总额增加了 5.60%。该款项一旦不能如期偿还，其隐含的风险值得关注。非流动负债本期增加 140 000 000.00 元，对权益总额的影响为 12.28%。这主要是长期借款增加引起的。

(3) 本年度股东权益增加了 139 236 871.77 元，增长幅度为 16.02%，对权益总额的影响为 12.21%，主要是由资本公积、盈余公积和未分配利润的较大幅度增长引起的，其增长幅度分别为 23.20%、16.34% 和 25.97%，三者合计对权益总额的影响为 12.06%。

另外，水平分析仅考虑了资产负债表各项目在不同期间的变动，没有考虑各项目的内部结构，以及该项目占总体的比重。因此，对资产负债表水平分析表的分析评价还应结合

项目二 资产负债表分析

资产负债表垂直分析和资产负债表项目分析进行，同时还应注意与利润表、现金流量表结合进行分析评价。

任务3 资产负债表垂直分析

1.资产负债表垂直分析表的编制

资产负债表结构反映出资产负债表各项目的相互关系及各项目所占的比重。资产负债表垂直分析是通过计算资产负债表中各项目占总资产或权益总额的比重，分析评价企业资产结构和权益结构变动的合理程度。具体来讲就是：(1)分析评价企业资产结构的变动情况及变动的合理性；(2)分析评价企业资本结构的变动情况及变动的合理性。

资产负债表垂直分析可以从静态和动态角度两方面进行。从静态角度分析就是以本期资产负债表为分析对象，分析评价其实际构成情况。从动态角度分析就是将资产负债表的本期实际构成与选定的标准进行对比分析，对比的标准可以是上期实际数、预算数和同行业的平均数或可比企业的实际数，其选择视分析目的而定。

根据表2-2提供的资料，编制甲电气集团股份有限公司资产负债表垂直分析表，见表2-4。

表 2-4　　　　　　　　　资产负债表垂直分析表　　　　　　　金额单位:元

项目	期末数	期初数	期末(%)	期初(%)	变动情况(%)
流动资产：					
货币资金	127 530 439.08	74 765 564.65	8.52	6.56	1.96
交易性金融资产					
衍生金融资产					
应收票据	5 568 336.08	18 841 133.66	0.37	1.65	−1.28
应收账款	91 857 731.82	79 743 418.39	6.13	7.00	−0.87
应收账款融资					
预付款项	34 426 109.84	19 419 356.87	2.30	1.70	0.60
其他应收款	71 335 202.91	3 148 327.52	4.76	0.28	4.48
存货	78 506 816.87	62 900 816.06	5.24	5.52	−0.28
合同资产					
持有待售资产					
一年内到期的非流动资产					
其他流动资产					
流动资产合计	409 224 636.60	258 818 617.15	27.33	22.71	4.62

(续表)

项目	期末数	期初数	期末(%)	期初(%)	变动情况(%)
非流动资产:					
债权投资					
其他债权投资					
长期应收款					
长期股权投资	743 957 757.57	572 065 804.88	49.68	50.18	−0.50
其他权益工具投资		—			
其他非流动金融资产					
投资性房地产					
固定资产	231 131 686.21	208 725 513.92	15.44	18.31	−2.87
在建工程	84 185 982.04	81 865 274.14	5.62	7.18	−1.56
生产性生物资产					
油气资产					
无形资产	25 004 994.77	15 282 738.09	1.67	1.34	0.33
开发支出					
商誉					
长期待摊费用	1 879 143.37	1 914 954.61	0.13	0.17	−0.04
递延所得税资产	1 960 434.12	1 272 764.35	0.13	0.11	0.02
其他非流动资产					
非流动资产合计	1 088 119 998.08	881 127 049.99	72.67	77.29	−4.62
资产总计	1 497 344 634.68	1 139 945 667.14	100.00	100.00	0
项 目					
流动负债:					
短期借款	120 610 000.00	149 730 000.00	8.06	13.14	−5.08
交易性金融负债					
衍生金融负债					
应付票据	3 194 546.70	2 728 750.02	0.21	0.24	−0.03
应付账款	123 673 381.37	86 587 745.29	8.26	7.60	0.66
预收款项	6 028 461.27	1 350 681.24	0.40	0.12	0.28
合同负债					
应付职工薪酬	5 616 884.13	4 806 034.12	0.38	0.42	−0.04
应交税费	4 659 323.03	4 211 275.07	0.31	0.37	−0.06
其他应付款	85 141 656.33	21 347 671.32	5.69	1.87	3.82
持有待售负债					
一年内到期的非流动负债					

（续表）

项目	期末数	期初数	期末(%)	期初(%)	变动情况(%)
其他流动负债					
流动负债合计	348 924 252.83	270 762 157.06	23.30	23.75	−0.45
非流动负债：					
长期借款	140 000 000.00		9.35	0	9.35
应付债券					
长期应付款					
预计负债					
递延收益					
递延所得税负债					
其他非流动负债					
非流动负债合计	140 000 000.00		9.35	0	9.35
负债合计	488 924 252.83	270 762 157.06	32.65	23.75	8.90
所有者权益（或股东权益）：					
实收资本（或股本）	285 127 200.00	283 316 200.00	19.04	24.85	−5.81
其他权益工具					
资本公积	405 134 463.62	328 843 060.67	27.06	28.85	−1.79
减：库存股					
其他综合收益					
盈余公积	67 744 734.63	58 231 493.35	4.52	5.11	−0.59
未分配利润	250 413 983.60	198 792 756.06	16.72	17.44	−0.72
股东权益合计	1 008 420 381.85	869 183 510.08	67.35	76.25	−8.90
负债和股东权益总计	1 497 344 634.68	1 139 945 667.14	100.00	100.00	0

2.资产负债表结构变动情况的分析评价

2.1 资产结构的分析评价

企业资产结构的分析评价的思路是：

第一，从静态角度观察企业资产的配置情况，特别关注流动资产和非流动资产的比重，分析时可通过与行业的平均水平或可比企业的资产结构进行比较，对企业资产的流动性和资产风险作出判断，进而对企业资产结构的合理性做出评价。从整体上看，流动资产和非流动资产的比重，主要受制于企业所处的行业。比如，房地产行业的非流动资产所占比重较大；而在文化传媒等行业中，非流动资产所占比重并不大。

第二，从动态角度分析企业资产的变动情况，对企业资产结构的稳定性做出评价，进而对企业资产结构的调整情况做出评价。

从表 2-4 可以看出：

(1) 从静态方面分析。就一般意义而言,流动资产变现能力较强,其资产风险较小;而非流动资产变现能力较差,其资产风险较大。所以,流动资产比重较大时,企业资产的流动性强而风险小;非流动资产比重较大时,企业资产弹性较差,不利于企业灵活调度资金,风险较大。该公司本期流动资产比重只有27.33%,非流动资产比重却有72.67%。由此可以认为,该公司资产的流动性不强,资产风险较大,资产结构不太合理。

(2) 从动态方面分析。该公司流动资产比重上升了4.62%,非流动资产比重下降了4.62%。虽然,从整体来看,资产结构相对稳定,但是结合各资产项目的结构变动来看,可以发现企业存在明显的流动性上升趋势。在流动资产内部,应收票据、应收账款和存货虽小幅下滑,但流动性最高的货币资金上升了1.96%,其他应收款则大幅攀升至4.48%。

2.2 资本结构的分析评价

企业资本结构的分析评价的思路是:

第一,从静态角度观察资本的构成,衡量企业的财务实力,评价企业的财务风险,同时结合企业的盈利能力和经营风险,评价其资本结构的合理性。

第二,从动态角度分析企业资本结构的变动情况,对资本结构的调整情况及对股东收益可能产生的影响做出评价。

从表2-4可以看出:

(1) 从静态方面看,该公司本年所有者权益比重为67.35%,负债比重为32.65%,资产负债率较低,财务风险相对较小。这样的财务结构是否合适,仅凭以上分析难以做出判断,必须结合企业盈利能力,通过权益结构优化分析才能予以说明。

(2) 从动态方面分析,所有者权益比重下降了8.90%,负债比重上升了8.90%,表明资本结构还是比较稳定的,但实收资产下降了5.81%,说明企业财务实力有所减弱。

3. 资产结构、负债结构和所有者权益结构的具体分析评价

3.1 资产结构的具体分析评价

3.1.1 固定资产与流动资产的比例关系

一般而言,固定资产的盈利能力较强,但流动性较差,风险较高;而流动资产的盈利能力较弱,但流动性较强,风险较低。因此,企业固定资产与流动资产之间只有保持合理的比例结构,才能形成现实的生产能力,否则,就有可能造成部分生产能力闲置或加工能力不足。以下三种固流结构政策可供企业选择:

(1) 适中的固流结构政策。采取这种策略,就是将固定资产存量与流动资产存量的比例保持在平均水平。这种情况下,企业的盈利水平一般,风险程度一般。

(2) 保守的固流结构政策。采取这种策略,流动资产的比例较高。这种情况下,由于增加了流动资产,企业资产的流动性提高,资产风险会因此降低,但可能导致盈利水平的下降。

(3) 激进的固流结构政策。采取这种策略,固定资产的比例较高。这种情况下,由于增加了固定资产,会相应提高企业的盈利水平,同时可能导致企业资产的流动性降低,资产风险会因此提高。

根据表 2-3 的分析可以知道,该电气集团股份有限公司本年度流动资产比重为 27.33%,固定资产比重为 15.44%,固流比例大致为 1:1.77;上年度流动资产比重为 22.71%,固定资产比重为 18.31%,固流比例大致为 1:1.24。如果说该公司上年度采取的是适中的固流结构政策,那么本年度则逐步向保守的固流结构政策转变。

3.1.2 流动资产的内部结构

流动资产的内部结构指组成流动资产的各个项目占流动资产的比重。分析流动资产的内部结构,可以了解流动资产的分布情况、配置情况、资产的流动性及支付能力。

根据表 2-2 的资料,编制流动资产结构分析表,见表 2-5。

表 2-5 　　　　　　　　　　流动资产结构分析表

项　目	金额(元)		结构(%)		
	本年	上年	本年	上年	差异
货币资产	127 530 439.08	74 765 564.65	31.17	28.89	2.28
债权资产	203 187 380.65	121 152 236.44	49.65	46.81	2.84
存货资产	78 506 816.87	62 900 816.06	19.18	24.30	−5.12
合　计	409 224 636.60	258 818 617.15	100	100	

从表 2-5 可以看出,货币资产比重上升,虽然会在一定程度上提高企业的短期支付能力,但会降低企业的盈利能力;债权资产比重较大且呈上升趋势,表明企业向客户提供更多的商业信用;存货资产比重下降,表明企业生产经营过程顺畅,存货数量减少。流动资产结构变动的分析,需要选择恰当的标准,选择行业标准或预算标准还是比较合适的。最重要的是,需要将流动资产结构变动与企业经营情况变动相结合,才能正确评价资产结构的合理性。

3.2 负债结构的具体分析评价

3.2.1 负债结构分析应考虑的因素

负债结构是由于企业采用不同负债筹资方式所形成的,是负债筹资的结果,因此,负债结构分析必须结合其他有关因素进行。

(1)负债结构与负债规模。负债结构反映的是各种负债在全部负债中的组成情况,虽然与负债规模相关,却不能说明负债规模的大小。负债结构变化既可能是负债规模变化引起的,也可能是负债各项目变化引起的。分析时,只有联系负债规模,才能真正揭示出负债结构变动的原因和变动趋势。

(2)负债结构与负债成本。企业负债,不仅要按期归还本金,还要支付利息,这是企业使用他人资金必须付出的代价,通常称为资本成本。企业在筹集资金时,总是希望付出最低的代价,对资本成本的权衡,会影响到企业筹资方式的选择,进而对负债结构产生影响。反过来,负债结构的变化也会对负债成本产生影响。这是因为,不同的负债筹资方式所取得的资金,其成本是不一样的,任何一个企业都很难只用一种负债筹资方式来获取资金。当企业用多种负债筹资方式筹资时,其负债成本的高低除与各种负债筹资方式的资本成本相关外,还取决于企业的负债结构。

(3)负债结构与债务偿还期限。这是负债结构分析要考虑的一个极其重要因素。负债是必须要偿还的,而且要按期偿还。企业在举债时,就应当根据债务的偿还期限来安排负债结构。企业负债结构合理的一个重要标志就是使债务的偿还期与企业现金流入的时间相吻合,债务的偿还金额与现金流入量相适应。如果企业能够根据其现金流入的时间和流入量妥善安排举债的时间、偿债的时间和债务金额,使各种长、短期债务相配合,各种长、短期债务的偿还时间分布合理,企业就能及时偿付各种到期债务,维护企业信誉。否则,如果负债结构不合理,各种债务偿还期相对集中,就可能产生偿付困难,造成现金周转紧张局面,影响到企业的形象,也会增加企业今后通过负债筹资的难度。

(4)负债结构与财务风险。企业的财务风险源于企业采用的负债经营方式。不同类型的负债,其风险是不同的,在安排企业负债结构时,必须考虑到这种风险。任何企业,只要采取负债经营方式,就不可能完全回避风险,但通过合理安排负债结构可以降低财务风险。一般来说,流动负债的风险要高于非流动负债。

3.2.2 典型负债结构分析评价

负债的不同分类方式,可以形成不同的负债结构,因此,对负债结构的分析,可以从以下几个方面进行。

(1)负债期限结构分析评价

负债按期限长短分为流动负债和非流动负债。根据表2-2,编制负债期限结构分析表,见表2-6。

表 2-6 负债期限结构分析表

项 目	金额(元)		结构(%)		
	本年	上年	本年	上年	差异
流动负债	348 924 252.83	270 762 157.06	71.37	100	−28.63
非流动负债	140 000 000.00	0	28.63		28.63
负债合计	488 924 252.83	270 762 157.06	100	100	

从表2-6可以看出,该公司流动负债的比重较上年虽有所下降,但其比重仍然很高且远大于非流动负债,表明该公司在使用负债资金时,以短期资金为主,这虽然会降低负债成本,但会增加公司的偿债压力,承担较大的财务风险。

(2)负债方式结构分析评价

负债按其取得方式可以分为银行信用、商业信用、应交款项、内部结算款项、未付股利和其他负债。根据表2-2,将负债按取得来源和方式汇总整理后,编制负债方式结构分析表,见表2-7。

表 2-7 负债方式结构分析表

项 目	金额(元)		结构(%)		
	本年	上年	本年	上年	差异
银行信用	260 610 000.00	149 730 000.00	53.30	55.30	−2.00
商业信用	218 038 045.67	112 014 847.87	44.60	41.37	3.23
应交款项	4 659 323.03	4 211 275.07	0.95	1.55	−0.60

(续表)

项 目	金额(元)		结构(%)		
	本年	上年	本年	上年	差异
内部结算款项	5 616 884.13	4 806 034.12	1.15	1.78	−0.63
合　计	488 924 252.83	270 762 157.06	100	100	

从表 2-7 可以看出，本期银行信用的比重虽然有所下降，但银行信用仍然是该公司负债资金的最主要来源。由于银行信贷资金的风险要高于其他负债方式，因此，随着银行信贷资金比重的下降，其风险也会相应的有所降低。商业信用的比重虽然有所上升，由上年的 41.37% 上升到 44.60%，说明商业信用逐渐成为该公司负债资金的主要来源。值得注意的是，商业信用的比重过高，必须要考虑公司的信誉与支付能力。

(3) 负债成本结构分析评价

各种负债，由于其来源渠道和取得方式不同，成本也有较大差异。有些负债，如应付账款等，基本属于无成本负债。有些负债，如短期借款，则属于低成本负债。而长期借款、应付债券等则属于高成本负债。根据对各种负债成本的划分，然后归类整理，就会形成负债成本结构。

根据表 2-2，经整理后编制负债成本结构分析表，见表 2-8。

表 2-8　　　　　　　　　　　负债成本结构分析表

项 目	金额(元)		结构(%)		
	本年	上年	本年	上年	差异
无成本负债	228 314 252.83	121 032 157.06	46.70	44.70	2.00
低成本负债	120 610 000.00	149 730 000.00	24.67	55.30	−30.63
高成本负债	140 000 000.00	0	28.63		28.63
负债合计	488 924 252.83	270 762 157.06	100	100	

从表 2-8 可以看出，无成本负债在全部负债中占据主导地位，占比达 46.70%，这与负债方式结构分析中，商业信用占比较高的结果相一致。但是，需要强调的是，虽然商业信用并不会产生较高的直接负债成本，但是若不能及时支付货款，将对企业的声誉产生较大的负面影响，不利于经营活动的开展。但值得注意的是，高成本负债的比重上升了 28.63%，这势必又会增加企业的利息负担，增加财务风险，需要予以充分关注。

3.3　所有者权益结构的具体分析评价

3.3.1　所有者权益结构分析应考虑的因素

所有者权益结构是由于企业采用权益筹资方式形成的，是权益筹资的结果。对所有者权益结构进行分析，必须考虑以下因素：

(1) 所有者权益结构与所有者权益总量。所有者权益结构变动既可能是因为所有者权益总量变动引起的，也可能是因为所有者权益内部各项目本身变动引起的，两者的变化可分为：①总量变动，结构变动。当各具体项目发生不同程度变动时，其总量会因此变动，但由于各项目变动幅度不同，其结构会随之变动。②总量不变，结构变动。这是由所有者权益内部各项目之间相互转化造成的。③总量变动,结构不变。当所有者权益内部各项目按相同比例呈同方向变动时,会出现这种情况。实务中,第一种、第二种情况普遍存在,而第三种情况几乎没有。

(2)所有者权益结构与企业利润分配政策。所有者权益虽然由四个部分组成,实质上却可以分为两类:投资人投资和生产经营活动形成的积累。一般来说,投资人投资不是经常变动的,因此,由企业生产经营获得的利润积累而形成的所有者权益数量的多少,就会直接影响所有者权益结构,而这完全取决于企业的生产经营业绩和利润分配政策。如果企业奉行高利润分配政策,就会把大部分利润分配给投资者,留存收益的数额就较小,生产经营活动形成的所有者权益所占比重就较低;反之,其比重就会提高。

(3)所有者权益结构与企业控制权。如果企业通过吸收投资人追加投资来扩大企业规模,就会增加所有者权益中投入资本的比重,使企业所有者权益结构发生变化,同时也会分散企业的控制权。如果采用负债方式筹资,则既不会引起所有者权益结构发生变动,也不会分散企业控制权。

(4)所有者权益结构与权益资本成本。所有者权益结构影响权益资本成本的一个基本前提是所有者权益各项目的资本成本不同。事实上,在所有者权益各项目中,只有投资人投入的资本才会发生实际资本成本支出,其余各项目是一种无实际筹资成本的资金来源,其资本成本只不过是机会成本。基于此,留存收益在所有者权益结构中所占比重越大,则权益资本成本就越低。

3.3.2 所有者权益结构分析评价

根据表 2-2,编制所有者权益结构变动情况分析表,见表 2-9。

表 2-9　　　　　　　　所有者权益结构变动情况分析表

项目	金额(元)		结构(%)		
	本年	上年	本年	上年	差异
实收资本(或股本)	285 127 200.00	283 316 200.00	28.27	32.60	−4.33
资本公积	405 134 463.62	328 843 060.67	40.18	37.83	2.35
投入资本合计	690 261 663.62	612 159 260.67	68.45	70.43	−1.98
盈余公积	67 744 734.63	58 231 493.35	6.72	6.70	0.02
未分配利润	250 413 983.60	198 792 756.06	24.83	22.87	1.96
内部形成资本合计	318 158 718.23	257 024 249.41	31.55	29.57	1.98
股东权益合计	1 008 420 381.85	869 183 510.08	100	100	

从表 2-9 可以看出,如果从静态方面分析,投入资本仍然是该公司所有者权益最主要的来源。从动态方面分析,虽然投入资本本年较上年有所增加,但由于本年留存收益的增加幅度更大,致使投入资本的比重下降了 1.98%,内部形成权益资金的比重相应上升了 1.98%,说明该公司所有者权益结构的变动是生产经营上的原因引起的。

任务4　资产负债表项目分析

1.主要资产项目分析

1.1　货币资金

货币资金包括现金、银行存款和其他货币资金。货币资金是企业流动性最强、最有活力的资产，同时又是获利能力最低，或者说几乎不产生收益的资产，其拥有量过多或过少对企业生产经营都会产生不利影响。货币资金分析应关注以下几个方面：

(1)分析货币资金发生变动的原因

企业货币资金变动的主要原因可能是：第一，销售规模的变动。企业销售商品或提供劳务是取得货币资金的主要途径，当销售规模发生变动时，货币资金存量规模必然会发生相应的变动，并且二者具有一定的相关性。第二，信用政策的变动。如果企业提高现销比例，货币资金存量规模就会大些；反之，货币资金的存量规模就会小些。如果企业奉行较为严格的收账政策，收账力度大，货币资金的存量规模也会增大。第三，为大笔现金支出做准备。企业在生产经营过程中，可能会发生大笔的现金支出，如准备派发现金股利、偿还即将到期的巨额银行贷款或集中购货等，为此企业必须提前做好准备，积累大量的货币资金以备需要，这样就会使货币资金存量规模变大。第四，资金调度。当企业货币资金存量规模过小时，企业管理人员会通过筹资活动提高其规模，而在货币资金存量规模较大时，则可通过短期证券投资的方法加以充分利用，就会降低其规模。第五，所筹资金尚未使用。企业通过发行新股、债券和向银行借款而取得大量现金，但由于时间关系而没来得及运用或暂时没有合适的投资机会进行投资，就会形成较大的货币资金余额。

(2)分析企业货币资金规模与比重的变动情况是否合理

货币资金是企业资产中的一项特殊资产，其特殊性表现在货币资金是满足企业正常经营必不可少的资产，但它又是几乎不产生收益的资产。货币资金存量过低，不能满足企业日常经营所需；存量过高，既影响资产的利用效率，又降低资产的收益水平。因此，企业货币资金存量及比重是否合适，应结合以下因素进行分析：第一，企业货币资金的目标持有量。企业货币资金的目标持有量是指既能满足企业正常经营需要，又能避免现金闲置的合理存量。企业应根据其目标持有量，控制货币资金存量规模及比重。第二，企业的资产规模与业务量。一般而言，企业资产规模越大，业务量越大，处于货币资金形态的资产就可能越多。第三，企业融资能力。如果企业有良好的信誉，融资渠道畅通，就没有必要持有大量的货币资金，其货币资金的存量规模和比重就可以低些。第四，企业运用货币资金的能力。如果企业运用货币资金的能力较强，能灵活进行资金调度，则货币资金的存量规模与比重可维持在较低水平。第五，行业特点。处于不同行业的企业，由其行业性质所决定，其货币资金存量与比重会有差异。

根据表 2-3 和表 2-4 可以对该电气集团股份有限公司的货币资金存量规模、比重及变动情况作如下分析：

(1)从存量规模及变动情况看，该公司本年货币资金比上年增长了 52 764 874.43 元，增长幅度为 70.57%，变动幅度较大，究其原因：一是营业收入增长 4.67%，使货币资金相应增加；二是应付票据和应付账款分别增长了 465 796.68 元和 37 085 636.08 元，使现金支付减少；三是经营活动现金流的改善，本年经营活动产生的现金流量净额为 68 288 084.18 元(上年为 24 708 359.23 元)。

(2)从比重及变动情况看，该公司期末货币资金比重为 8.52%，期初比重为 6.56%，尽管货币资金比重上升了 1.96%，按一般标准判断，其实际比重并不算高，结合公司货币资金的需求来看，其比重也比较合理。

1.2 应收票据

应收票据的约束力和兑付力强于一般的商业信用，因此为企业所广泛使用。因此，现阶段我国企业的应收票据债权具有较高的质量。对应收票据的分析应当注意三个方面：一是应收票据的对象即债务人单位结构；二是应收票据的时间结构；三是应收票据是否已经被贴现或用于其他用途。

根据表 2-3 和表 2-4 可以看出，该公司本年应收票据比上年减少了 13 272 797.58 元，下降幅度为 70.45%；所占比重也由上年的 1.65% 下降到本年的 0.37%，这说明债务人的信用状况很好，不存在到期不能偿付的可能。

1.3 应收账款

应收账款是因为企业提供商业信用产生的。单纯从资金占用角度讲，应收账款的资金占用是一种最不经济的行为，但这种损失往往可以通过扩大销售而得到补偿。所以，应收账款的资金占用又是必要的。对应收账款的分析，应从以下几个方面进行：

(1)关注企业应收账款的规模及变动情况

第一，企业销售规模变动导致应收账款变动。第二，企业所处的行业特点。例如，广告业多采用预收款而很少有应收账款；零售企业的现销比重较大而应收账款较小；工业企业则往往采用赊销方式从而形成应收账款。第三，企业的信用政策改变。当企业执行比较严格的信用政策时，应收账款的规模就会小些；反之，则会大些。第四，企业收账政策得当与否。当企业采取较严格的收账政策或收账工作得力时，应收账款的规模就会小些；反之，则会大些。第五，应收账款质量不高，存在长期挂账且难以收回的账款，或因客户发生财务困难，暂时难以偿还所欠货款。

(2)分析企业是否利用应收账款进行利润调节。企业利用应收账款进行利润调节的案例屡见不鲜，因此，分析时要特别关注：第一，应收账款的异常增长，特别是会计期末突发性产生的与营业收入相对应的应收账款。第二，应收账款中关联方应收账款的金额与比例。如果一个企业应收账款中关联方应收账款的金额增长异常或所占比例过大，应视为企业利用关联方交易进行利润调节的信号。

(3)要特别关注企业是否有应收账款巨额冲销行为。一个企业巨额冲销应收账款，特别是其中的关联方应收账款，是不正常的，通常是在还历史旧账，或者是为今后进行盈余管理扫清障碍。

根据表 2-3 和表 2-4 可以看出,该公司本年应收账款比上年增加了 12 114 313.43 元,增长幅度为 15.19%,结合营业收入增长 4.67% 的情况来看,说明该公司应收账款的增长并非营业收入的增长引起的,很可能是收账政策执行不力所致。但是,应收账款的比重却从上年的 7% 降至本年的 6.13%,说明该公司的信用政策有所改变,公司应收账款回收加快。

1.4 预付款项

预付款项是一种特殊的流动资产,是外单位占用本企业的资金。一般来说,在卖方市场环境下,预付款项发生的机会就多;而在买方市场环境下,预付款项发生的可能性就小。因此对企业来说,预付款项总是越少越好。如果企业的预付款项较高,则可能是企业向其他有关单位提供贷款、非法转移资金或抽逃资本的信号。另外,从实务角度来说,正常预付款项的期限应当在 3 个月以内。如果超过 3 个月对方企业仍未交货的话,预付款项的回收将会存在一定的风险,应给予必要的关注。

根据表 2-3 和表 2-4 可以看出,该公司期末预付款项的增幅较大,达到了 77.28%,但由于其比重比期初增长了 0.60%,并且期末比重只占 2.30%,因而其规模和比重均较为合适。这也显示了供应商对公司款项结算的态度,结合流动负债中应付账款、应付票据的高增长率分析,预付款项的增幅也是在情理之中。

1.5 其他应收款

其他应收款的发生通常是由企业间或企业内部往来事项引起的。实务中,一些公司为了某种目的,常常把其他应收款作为企业调整成本费用和利润的手段,因此分析时应关注以下几个方面:

(1)其他应收款的规模及变动情况。分析时应注意观察其他应收款增减变动趋势,如果其他应收款规模过大,或有异常增长现象,如其他应收款余额远远超过应收账款余额,就应注意分析企业是否有利用其他应收款进行利润操纵的行为。

(2)其他应收款包括的内容。一些企业常常把其他应收款项目当成蓄水池,任意调整成本费用,进而达到调节利润的目的。分析时要注意发现:一是是否存在将应计入当期成本费用的支出计入其他应收款;二是是否存在将应计入其他项目的内容计入其他应收款。

(3)关联方其他应收款余额及账龄。近年来大股东占用上市公司资金的事例频繁曝光,已严重威胁到上市公司的正常经营。分析时应结合会计报表附注,观察是否存在大股东或关联方长期、大量占用上市公司资金,造成其他应收款余额长期居高不下的现象。

(4)是否存在违规拆借资金。上市公司以委托理财等名义违规拆借资金往往借助其他应收款来实现。特别要注意的是,其他应收款是否成为大股东或者实际控制人占用公司资金的手段。

根据表 2-3 和表 2-4 可以看出,尽管其他应收款期末所占比重并不高,只有 4.76%,但从其增长幅度过大(达到 2 165.81%)和高达 71 335 202.91 元的余额来看就显得不太正常。

1.6 存货

对存货项目的分析,应当关注以下几个方面:

(1)存货规模与变动情况分析。存货规模与变动情况分析,主要是观察各类存货的变动情况与变动趋势,分析各类存货增减变动的原因。企业各类存货规模及其变动是否合理,应结合企业具体情况进行分析评价。一般来说,随着企业生产规模的扩大,材料存货和在产品存货相应增加是正常的,其非正常减少会对今后企业生产的连续性产生影响。

(2)存货结构与变动情况分析。存货结构是指各种存货在存货总额中的比重。各种存货资产在企业再生产过程中的作用是不同的,其中库存商品和发出商品存货是存在于流通领域的存货,不是保证企业再生产过程不间断的必要条件,必须压缩到最低限度。材料类存货是维持再生产活动的必要物质基础,应把它限制在能够保证再生产正常进行的最低水平上。在产品存货是保证生产过程连续性的存货,在企业正常经营条件下,在产品存货应保持一个稳定的比例。

在正常情况下,存货资产结构应保持相对的稳定性,过分依赖某一种产品或几种产品的企业,极有可能因产品出现问题而使企业全局受到重创。分析时,应特别注意对变动较大的项目进行重点分析。

根据表 2-3 和表 2-4 可以看出,该公司本年存货比上年增加了 15 606 000.81 元,增长幅度为 24.81%,而营业收入只增长 4.67%。这表明,公司产品销售受阻,导致库存商品积压,生产放缓。原材料和库存商品的大幅增加,既占用了资金,造成了资源浪费,又增加了管理难度,应当引起公司重视。该公司本年存货所占比重为 5.24%,比上年下降了 0.28%,这一现象应当给予肯定。

1.7 固定资产

固定资产是企业最重要的劳动手段,对企业的盈利能力有重大影响。固定资产分析主要从固定资产规模与变动情况分析和固定资产结构与变动情况分析两个方面展开。

(1)固定资产规模与变动情况分析

固定资产原值反映了企业固定资产规模,其增减变动受当期固定资产增加和当期固定资产减少的影响。对固定资产原值变动情况及变动原因的分析,可根据财务报表附注和相关资料进行。固定资产净值变动情况分析就是分析固定资产原值变动和固定资产折旧变动对固定资产净值的影响。

(2)固定资产结构与变动情况分析

固定资产结构反映固定资产的配置情况,合理配置固定资产,既可以在不增加资金占用量的同时提高企业生产能力,又可以使固定资产得到充分利用。在各类固定资产中,生产用固定资产,特别是其中的机器设备,与企业生产经营直接相关,在固定资产中占较大比重。虽然非生产用固定资产并不直接参与生产经营,但也是企业正常运营过程中不可缺少的。企业应在发展生产的基础上,根据实际需要适当增加这方面的固定资产,但增加速度一般应低于生产用固定资产的增加速度,其比重的降低应属正常现象。固定资产结构分析应特别注意从以下三个方面进行:一是特别注意分析生产用固定资产与非生产用固定资产之间的比例变化情况;二是特别注意考察未使用和不需用固定资产比率的变化情况,查明企业在处置闲置固定资产方面的工作是否得力;三是考察生产用固定资产内部结构是否合理。

根据表 2-3 和表 2-4 可以看出,该公司本年固定资产增加了 22 406 172.29 元,增长幅度为 10.73%,说明该公司的生产能力得以增强。但本年固定资产的比重却比上年下降了 2.87%,这说明该公司在优化固定资产结构方面卓有成效,对未使用和不需用固定资产可能将其压缩到最低程度。

1.8 无形资产

对无形资产的分析,可从以下几方面进行:一是无形资产的规模与企业有形资产规模的合理组合,这是保证无形资产盈利能力及增值潜力发挥的物质前提;二是无形资产的构成,应特别关注像专有技术等不受法律时间保护的项目,以保证无形资产的质量,这也是保证企业资产质量水平的重要标志;三是无形资产摊销金额的计算和减值准备的足额计提,这是保证无形资产价值回收、正确确定企业经营成果的根本保障。

根据表 2-3 和表 2-4 可以看出,该公司本年无形资产比上年增加了 9 722 256.68 元,增长率为 63.62%,说明该公司日益重视无形资产在企业经营中的作用。但无形资产占总资产的比重不大,仅占总资产的 1.67%,应当引起公司管理者的高度重视。

2. 主要负债项目分析

2.1 短期借款

短期借款数额的多少,往往取决于企业生产经营和业务活动对流动资金的需要量、现有流动资产的沉淀和短缺情况等。企业应结合短期借款的使用情况和使用效果分析该项目。为了满足流动资产的资金需求,一定数额的短期借款是必需的,但如果数额过大,超过企业的实际需要,不仅会影响资金利用效果,还会因超出企业的偿债能力而给企业的持续发展带来不利影响。短期借款适度与否,可以根据流动负债的总量、当前的现金流量状况和对未来会计期间现金流量的预期来确定。

分析短期借款项目时应注意:

第一,与流动资产规模相适应。从财务角度观察,短期借款筹资快捷,弹性较大,任何企业在生产经营中都会发生或多或少的短期借款。但短期借款必须与当期流动资产,尤其是存货项目相适应。一般而言,短期借款应当以小于流动资产的数额为上限。

第二,与企业当期收益相适应。短期借款绝对数的高低并不代表企业运营状况的好坏,关键是企业的产出是否大于投入,即营运效率是否高于借款利率,对此可利用财务杠杆进行分析。

根据表 2-3 和表 2-4 可见,该公司本年度短期借款比上年减少了 29 120 000.00 元,下降幅度为 19.45%,其比重下降了 5.08%。短期借款无论是存量规模还是比重的下降,导致了流动负债比重的下降,从而减轻公司的偿债压力,同时也维护了公司的良好信誉。

2.2 应付票据

应付票据是指企业采用商业汇票结算方式延期付款购入货物应付的票据款。财务分析人员应关注应付票据是否带息,企业是否发生过延期支付到期票据的情况,以及企业开具的商业汇票是银行承兑汇票还是商业承兑汇票,如果是后者居多,应当进一步分析企业是否存在信用状况下降和资金匮乏的问题。

根据表2-3和表2-4可见,该公司本年应付票据比上年增加了465 796.68元,增长幅度为17.07%,但其比重本年比上年却下降了0.03%,这说明应付票据虽有一定量的增加,但该公司仍然保持了良好的支付能力而不会影响公司的信誉。

2.3　应付账款

在市场经济条件下,企业之间相互提供商业信用是正常的。利用应付账款进行资金融通,基本上可以说是无代价的融资方式,但企业应注意合理使用,以避免造成企业信誉损失。因此,分析时应关注企业应付账款的发生是否与企业购货之间存在比较稳定的关系,是否存在应付账款发生急剧增加以及付款期限拖延的情况,这样情况的出现可能是企业支付能力恶化的表现。

根据表2-3和表2-4可见,该公司本年应付账款比上年增加了37 085 636.08元,增长幅度为42.83%,无论是从增长额还是增长率来看,两者的增幅均不小,其比重只增长了0.66%,并不显著。但是,由于应付账款属于商业信用,若不能及时付款,将对公司信誉产生负面影响。因此,公司应当注意其偿付时间,提前安排好资金。

2.4　预收款项

预收款项是企业预先向客户收取的销货款,属于流动负债。如果企业能够取得较多的预收款项,可以说明企业的产品比较有竞争力,或者市场需求旺盛,购货方愿意提前垫付资金。对于企业来说,预收款项是一种不需要付息的短期债务,为生产经营提供了资金支持,而且其偿还是非货币性的,只需用存货偿付,相对于货币性流动负债,企业偿还预收款项比较容易。所以,预收款项的增加一般说是对企业有利的。但是如果大量的预收款项是由关联方交易产生的,则分析人员应当注意这是否是企业之间的一种变相借贷方式,以缓解企业当前的资金紧张状况。所以,预收款项的分析应关注其实质,即是否因为企业产品的旺销所致,否则应当降低其质量。

根据表2-3和表2-4可见,该公司本年预收款项比上年增加了4 677 780.03元,增长幅度为346.33%,其比重增加了0.28%,如果不是由关联方交易产生的,这种情况对企业来说是有利的。

2.5　应交税费

应缴税费反映企业应交未交的各种税金和附加费,包括流转税、所得税和各种附加费。应交税费的变动与企业营业收入、利润的变动相关。分析时应注意查明企业是否有拖欠国家税款的现象。

表2-2显示,该公司本年应交税费增加了448 047.96元,增长率为10.64%,这是否存在有拖欠税费的情况,应引起公司的高度关注。

2.6　其他应付款

其他应付款并不直接与生产经营行为相关,因而规模通常较小,变动幅度有限。其分析重点是:第一,其他应付款规模与变动是否正常;第二,是否存在企业长期占用关联方企业资金的现象。

表 2-3 显示,该公司本年其他应付款余额高达 85 141 656.33 元,较上年增加了 63 793 985.01 元,增长率为 298.83%,这种异常增长是否存在企业之间不正常的资金拆借,或转移营业收入等不正常的挂账行为,应对其合理性作进一步分析。

2.7　长期借款

长期借款是企业利用负债获得长期资金来源的方式。分析时应当观察企业长期借款的用途,是否长期借款的增加与企业长期资产的增加相匹配,是否存在将长期借款用于流动资产支出;其次企业的长期借款的数额是否有较大的波动,波动的原因是什么;再有应观察企业的盈利能力,因为与短期借款不同,长期借款的本金和利息的支付来自于企业盈利,所以盈利能力应与长期借款规模相匹配。

表 2-3 显示,该公司本年长期借款比上年增加了 140 000 000.00 元。公司长期借款增加一方面表明其在资本市场上的信誉良好,另一方面预示公司的负债政策可能发生变化,即由单纯的流动负债向流动负债和长期负债并举的方向变化。

3.所有者权益项目的分析

所有者权益主要分为两部分:一部分是投资者投入资本,包括实收资本和资本公积;另一部分是生产经营过程中资本积累形成的留存收益,包括盈余公积和未分配利润。

3.1　实收资本(或股本)

实收资本(或股本)的增加包括资本公积转入、盈余公积转入、利润分配转入和发行新股等多种渠道,前三种都会稀释股票的价格,而发行新股既能增加注册资本和股东权益,又可增加企业的现金资产,这是对企业发展最有利的增股方式。

表 2-3 显示,该公司本年实收资本(或股本)比上年增加了 1 811 000.00 元,增长幅度为 0.64%,这表明公司扩大了自有资本,公司的财务实力有所增强。

3.2　资本公积

资本公积是指归所有者所共有的、非收益转化而形成的资本。资本公积增加的原因包括资本(股本)溢价和其他资本公积,比如:接受捐赠、法定财产重估增值和资本溢价。

鉴于资本公积的复杂性,财务分析人员在分析时:一要注意其构成内容的来源是否符合对资本公积的认定范畴,保证其合法性;二要注意其数额在本期的增减变动是否合理,防止企业利用该项目认为粉饰企业财务状况或信用形象。

表 2-3 显示,该公司本年资本公积比上年增加了 76 291 402.95 元,增长幅度为 23.2%,这直接导致企业净资产的增加。

3.3　盈余公积

盈余公积是从净利润中提取的、具有特定用途的资金。分析时,应注意以下两个方面:(1)盈余公积是否按《公司法》的规定计提,是否存在违规计提粉饰报表;(2)盈余公积是否用于弥补亏损、转增资本和扩大生产经营。

表 2-3 显示,该公司本年盈余公积比上年增加了 9 513 241.28 元,增长幅度为 16.34%,体现出该公司利润积累的实力。

3.4 未分配利润

未分配利润是企业实现的净利润经过弥补亏损、提取盈余公积、向投资者分配利润后留存在企业的历年结存的利润。分析时,应注意两点:(1)如果该项目增加,则表明企业的盈利状况较好,企业经营稳健;(2)如果该项目减少,则表明企业盈利水平下降,或者是企业多分配了以往留存的未分配利润。

表 2-3 显示,该公司本年未分配利润比上年增加了 51 621 227.54 元,增长幅度为 25.97%,说明该公司当期具有较强的持续发展能力和继续分红能力。

项目小结

资产负债表分析的目的,就在于了解企业会计对企业财务状况的反映程度,以及所提供会计信息的质量,据此对企业资产和权益的变动情况以及企业财务状况做出恰当的评价。具体包括资产负债表水平分析、资产负债表垂直分析和资产负债表项目分析。

资产负债表水平分析就是通过水平分析法,将资产负债表的实际数与选定的标准进行比较,编制出资产负债表水平分析表,在此基础上进行评价。

资产负债表垂直分析是通过计算资产负债表中各项目占总资产或权益总额的比重,分析评价企业资产结构和权益结构变动的合理程度。

资产负债表项目分析,就是在资产负债表全面分析的基础上,对资产负债表中资产、负债和所有者权益的主要项目进行深入分析。

练习题

一、单项选择题

1. 正常情况下,在资产负债表上,期末值不应过高的是(　　)。
   A. 应收账款　　　　　　　　B. 存货
   C. 货币资金　　　　　　　　D. 其他应收款

2. 在资产项目中,变现能力最强的项目是(　　)。
   A. 应收票据　　　　　　　　B. 应收账款
   C. 货币资金　　　　　　　　D. 预付款项

3. 一般来说,不随产量和销售规模变动而变动的资产项目是(　　)。
   A. 货币资金　　　　　　　　B. 应收账款
   C. 存货　　　　　　　　　　D. 固定资产

4. 如果一个企业的持有的货币资金数额过大,会导致其盈利能力(　　)。
   A. 不变　　　　　　　　　　B. 上升
   C. 下降　　　　　　　　　　D. 不确定

5.在资产负债表垂直分析中,计算各项目所占比重时,通常以(　　)项目的金额作为分母。
A.资产总额　　　　　　　　B.流动资产总额
C.负债总额　　　　　　　　D.所有者权益总额

6.对资产负债表进行综合分析,一般采用的方法是首先(　　)。
A.计算财务比率　　　　　　B.理解项目内涵
C.编制比较报表　　　　　　D.进行综合评价

7.企业资本结构发生变动的原因是(　　)。
A.发行新股　　　　　　　　B.资本公积转股
C.盈余公积转股　　　　　　D.以未分配利润送股

8.下列关于货币资金的表述中,错误的是(　　)。
A.货币资金包括库存现金、银行存款和其他货币资金
B.货币资金是企业流动性最强的资产
C.为保证企业的支付能力,企业应尽可能多地持有货币资金
D.货币资金存量规模会随着销售规模的变动而变动

二、多项选择题

1.资产负债表分析的内容包括(　　)
A.资产负债表水平分析　　　B.资产负债表垂直分析
C.资产负债表项目分析　　　D.资产负债表统计分析

2.企业货币资金存量及比重是否合适的分析评价应考虑的因素有(　　)。
A.资产规模与业务量　　　　B.企业融资能力
C.行业特点　　　　　　　　D.运用货币资金的能力

3.采取保守的固流结构政策可能出现的财务结果是(　　)。
A.资产流动性提高　　　　　B.资产风险降低
C.资产流动性降低　　　　　D.盈利水平下降

4.进行负债结构分析时必须考虑的因素有(　　)。
A.负债规模　　　　　　　　B.负债成本
C.债务偿还期限　　　　　　D.财务风险

5.股东权益结构分析时必须考虑的因素有(　　)。
A.企业控制权　　　　　　　B.企业利润分配政策
C.财务风险　　　　　　　　D.权益资金成本

6.下列情况中,属于其他应收款异常的有(　　)。
A.其他应收款余额远远超过应收账款余额
B.其他应收款增长率远远超过应收账款增长率
C.其他应收款规模过大
D.其他应收款余额为零

三、判断题

1.资产负债表中某项目的变动幅度越大,对资产或权益的影响就越大。(　　)

2.如果本期总资产比上期有较大幅度增加,表明企业本期经营卓有成效。( )
3.只要本期盈余公积增加,就可以断定企业本期经营是有成效的。( )
4.负债结构变动一定会引起负债规模发生变动。( )
5.如果企业的资金全部是权益资金,则企业既无财务风险也无经营风险。( )
6.如果本期未分配利润少于上期,说明企业本期经营亏损。( )
7.企业的应收账款增长率超过销售(营业)收入增长率表明企业收账不力或信用政策变动。( )
8.资产负债表结构分析通常采用水平分析法。( )
9.非生产用固定资产的增长速度一般不应超过生产用固定资产的增长速度。( )
10.商业信用带来的负债不会产生实际的成本,因而可以尽量推迟支付,以便多占用对方资金。( )

四、案例分析题

案例资料:ZSJ 地产控股股份有限公司系中外合资股份有限公司,该公司及其子公司主要从事房地产开发经营、公共事业(供应水和电)和物业管理。该公司 2021 年度资产负债表如下表所示。

表 2-10 资产负债表

编制单位:ZSJ 地产控股股份有限公司　　2021 年 12 月 31 日　　　　　　　单位:元

资产	期末数	期初数	负债和股东权益	期末数	期初数
流动资产:			流动负债:		
货币资金	9 489 490 935.00	7 389 133 547.00	短期借款	1 372 929 609.00	3 613 956 278.00
交易性金融资产	6 437 479.00	97 331 980.00	交易性金融负债	12 829 413.00	
衍生金融资产			衍生金融负债		
应收票据			应付票据	257 896 108.00	143 287 841.00
应收账款	118 962 896.00	107 177 879.00	应付账款	2 705 521 285.00	1 863 688 472.00
预付款项	8 747 313.00	28 316 856.00	预收款项	9 498 461 291.00	2 731 472 693.00
其他应收款	1 926 509 243.00	778 506 128.00	应付职工薪酬	162 832 982.00	121 900 048.00
存货	30 461 181 900.00	23 869 301 251.00	应交税费	589 859 453.00	270 545 613.00
持有待售资产			其他应付款	5 964 954 292.00	3 204 399 025.00
一年内到期的非流动资产	26 754.00	40 129.00	持有待售负债		
其他流动资产	624 800 651.00	227 596 742.00	一年内到期的非流动负债	1 303 501 721.00	1 180 099 402.00
流动资产合计	42 636 157 171.00	32 497 404 512.00	其他流动负债	1 843 563 001.00	459 072 398.00
非流动资产:			流动负债合计	23 712 349 155.00	14 218 421 770.00
可供出售金融资产	4 898 240.00	1 743 773.00	非流动负债:		
持有至到期投资			长期借款	5 720 303 012.00	6 807 315 907.00
长期应收款	1 062 146 037.00	971 960 034.00	应付债券		

(续表)

资产	期末数	期初数	负债和股东权益	期末数	期初数
长期股权投资	616 512 618.00	771 232 269.00	长期应付款	46 469 703.00	33 285 411.00
投资性房地产	2 787 842 250.00	2 632 975 770.00	预计负债	108 052 194.00	90 466 298.00
固定资产	299 615 954.00	284 573 922.00	递延收益		
在建工程	19 254 007.00	39 614 982.00	递延所得税负债	731 713.00	34 300.00
生产性生物资产			其他非流动负债	7 218 243.00	7 984 305.00
油气资产			非流动负债合计	5 882 774 865.00	6 939 086 221.00
无形资产	54 121.00	94 212.00	负债合计	29 595 124 020.00	21 157 507 991.00
开发支出			股东权益：		
商誉			股本	1 717 300 503.00	1 717 300 503.00
长期待摊费用	180 194 127.00	196 539 294.00	其他权益工具		
递延所得税资产	290 485 972.00	40 876 227.00	资本公积	8 487 926 904.00	8 548 544 784.00
其他非流动资产			减：库存股		
非流动资产合计	5 261 003 326.00	4 939 610 483.00	其他综合收益		
			盈余公积	1 662 259 085.00	1 269 001 482.00
			未分配利润	6 434 549 985.00	4 744 660 235.00
			股东权益合计	18 302 036 477.00	16 279 507 004.00
资产总计	47 897 160 497.00	37 437 014 995.00	负债和股东权益总计	47 897 160 497.00	37 437 014 995.00

要求：
(1)编制资产负债表水平分析表，并对资产负债表的增减变动情况进行分析；
(2)编制资产负债表垂直分析表，并对资产负债表的结构变动情况进行分析；
(3)对资产负债表的主要项目进行分析；
(4)对资产负债表进行总体评价。

项目三

利润表分析

知识目标

- 了解利润表分析的目的和内容；
- 掌握利润表的水平分析和垂直分析；
- 熟悉利润表项目分析。

能力目标

- 培养学生能熟练地运用水平分析法编制利润水平分析表，并对利润增减变动情况做出分析评价；
- 培养学生能熟练地运用垂直分析法编制利润垂直分析表，并对利润构成变动情况做出分析评价。

思政目标

- 培养学生诚信、公正、法治的社会主义核心价值观。
- 培养学生增强"制度自信"和"文化自信"，树立正确的社会主义"义利观"。

案例导入

长安汽车(000625)是中国汽车四大集团阵营企业，拥有百年历史底蕴、37年造车积累，全球有14个生产基地，33个整车、发动机及变速器工厂。2014年，长安系中国品牌汽车销量累计突破1 000万辆。2020年，长安系中国品牌汽车销量累计突破2 000万辆。该公司2016～2019年利润表见表3-1。

表 3-1　　　　长安汽车利润表(简表)　　　　单位：亿元

项目	2016 年	2017 年	2018 年	2019 年
营业总收入	785.42	800.12	662.98	705.95
营业总成本	787.03	814.22	693.10	725.55
其他收益		16.13	28.73	15.38
投资净收益	96.19	69.06	−0.71	−21.09

(续表)

项目	2016年	2017年	2018年	2019年
资产处置收益	−0.26	0.42	0.09	0.57
营业利润	94.32	71.52	−2.01	−21.07
营业外收入	9.76	1.04	9.16	0.50
营业外支出	0.58	0.75	0.57	1.85
利润总额	103.50	71.81	6.58	−22.42
净利润	102.77	72.08	7.23	−26.49

数据显示：长安汽车自2016年以来，营业收入出现了波动，2018年的营业总收入为四年来最低。

从净利润的规模来看，四年内的净利润出现持续下滑。

利润总额的情况也是如此，四年内的利润总额出现持续下滑，2018年和2019年还出现负数，尤其是2019年。

比较以下该公司过去四年的利润总额、投资净收益和其他收益（2016年，其他收益属于营业外收入），我们会发现：企业在过去几年里持续对利润总额和净利润做出贡献的支柱不是营业总收入，而是其他收益和投资净收益。

其他收益和投资净收益对企业利润总额的支持在2017年达到顶峰：2017年企业的利润总额不足72亿元，但其他收益和投资净收益就分别达到16亿元和69亿元。其他收益和投资净收益对企业的支持在2018年和2019年遇到瓶颈：2018年和2019年在其他收益分别贡献了约29亿元和15亿元的情况下，投资净收益在持续强力支持企业的利润总额后终于变成了负数，利润总额最终也变成了负数。

案例分析要求：

该公司以其他收益和投资净收益作为盈利的主要支柱，而有些上市公司尽管存在其他收益和投资净收益，但并不是影响盈利的关键因素。那么，如何通过利润表来分析企业的经营成果？企业为什么会盈利或者亏损？企业有利润就是盈利质量高吗？

任务1　利润表分析的目的和内容

1. 利润表的含义与结构

1.1　利润表的含义

利润表又称损益表，是反映企业在一定会计期间（月份、季度、年度）内经营成果的会计报表。

利润表的编制依据是收入、费用与利润三者之间的相互关系,即"收入－费用＝利润"。在利润表中,将企业在一定会计期间的收入减去费用后的净额以及直接计入当期的利得和损失等,便可得出该会计期间的净利润(或亏损)。

1.2 利润表的结构

利润表一般由表首、正表和补充资料三部分构成。

利润表的表首主要包括报表名称、编制单位、编制日期、报表编号和数量单位等要素。

利润表的正表是利润表的主体部分,主要反映收入、费用和利润各项目的具体内容及相互关系。

利润表的补充资料主要是用于列示那些影响本期财务报表金额或未来经营活动,而在本期利润表中无法或不便表达的项目,以便于报表使用者准确地分析企业的经营成果。

利润表的格式主要有单步式利润表和多步式利润表两种。我国《企业会计准则第30号——财务报表列报》规定,企业采用多步式利润表,见表3-2。

表 3-2 利润表

编制单位:甲电气集团股份有限公司　　　2020 年度　　　　　　　　　　单位:元

项　目	2020 年度	2019 年度
一、营业收入	500 825 388.30	478 503 678.72
减:营业成本	414 347 374.98	403 708 188.42
税金及附加	2 038 958.87	2 588 271.22
销售费用	16 251 137.97	9 925 950.66
管理费用	45 898 208.68	28 980 108.11
研发费用		
财务费用	10 069 947.35	11 935 030.80
其中:利息费用		
利息收入		
资产减值损失	4 338 996.16	2 639 276.41
加:其他收益		
投资收益	67 667 955.90	67 115 706.01
其中:对联营企业和合营企业的投资收益	15 483 559.89	12 240 741.18
公允价值变动收益		
资产处置收益		
二、营业利润	75 548 720.19	85 842 559.11
加:营业外收入	22 626 384.41	3 764 591.60
减:营业外支出	539 956.48	1 178 560.64
三、利润总额	97 635 148.12	88 428 590.07
减:所得税	2 502 735.30	2 210 822.59
四、净利润	95 132 412.82	86 217 767.48
(一)持续经营净利润		

(续表)

项　目	2020年度	2019年度
(二)终止经营净利润		
五、其他综合收益的税后净额		
六、综合收益总额	95 132 412.82	86 217 767.48
七、每股收益：		
(一)基本每股收益	0.335 6	0.304 3
(二)稀释每股收益	0.333 7	0.304 3

2.利润表分析的目的

第一，可正确评价企业各方面的经营业绩。由于利润受企业生产经营过程中各环节、各步骤的影响，因此，通过对不同环节进行利润分析，可以准确地评价各环节的业绩。

第二，可及时、准确地发现企业经营管理中存在的问题。正因为分析不仅能评价业绩，还能发现问题，因此，通过对利润表的分析，可发现企业在各环节存在的问题或不足，为进一步改进企业经营管理工作指明了方向。

第三，可为投资者、债权人的投资与信贷决策提供可靠信息。企业经营者关心利润，投资者、债权人也是如此，他们通过对利润表的分析，预测判断企业的经营潜力及发展前景，进一步做出切合实际的投资和信贷决策。

3.利润表分析的内容

3.1 利润额增减变动分析

借助水平分析法，结合利润形成过程中相关的影响因素，反映利润额的变动情况，评价企业在利润形成过程中的各方面管理业绩并揭露存在的问题。

3.2 利润结构变动分析

利润结构变动分析，主要是在对利润表进行垂直分析的基础上，通过各项利润及成本费用相对于收入的占比，反映企业各环节的利润构成及成本费用水平。

3.3 利润表项目分析

利润表项目分析，主要是对利润表中重要项目的变动情况进行分析说明，深入揭示利润形成的主观及客观原因。具体分析内容包括营业收入分析、成本费用分析、投资收益分析、资产减值损失分析、营业外收入分析和利润类项目分析。

任务 2　利润表综合分析

1. 利润额增减变动分析

1.1　编制利润水平分析表

利用水平分析法,编制利润水平分析表,通过计算增减变动额和增减变动百分比,对利润表各项利润额的增减变动情况进行分析。根据表 3-2 的资料,编制甲电气集团股份有限公司利润水平分析表,见表 3-3。

表 3-3　　　　　　　　　　　　　　利润水平分析表　　　　　　　　　　　　　单位:元

项　目	2020 年度	2019 年度	增减额	增减(%)
一、营业收入	500 825 388.30	478 503 678.72	22 321 709.58	4.67
减:营业成本	414 347 374.98	403 708 188.42	10 639 186.56	2.64
税金及附加	2 038 958.87	2 588 271.22	−549 312.35	−21.22
销售费用	16 251 137.97	9 925 950.66	6 325 187.31	63.72
管理费用	45 898 208.68	28 980 108.11	16 918 100.57	58.38
研发费用				
财务费用	10 069 947.35	11 935 030.80	−1 865 083.45	−15.63
资产减值损失	4 338 996.16	2 639 276.41	1 699 719.75	64.40
加:其他收益				
投资收益	67 667 955.90	67 115 706.01	552 249.89	0.82
其中:对联营企业和合营企业的投资收益	15 483 559.89	12 240 741.18	3 242 818.71	26.49
公允价值变动收益				
资产处置收益				
二、营业利润	75 548 720.19	85 842 559.11	−10 293 838.92	−11.99
加:营业外收入	22 626 384.41	3 764 591.60	18 861 792.81	501.03
减:营业外支出	539 956.48	1 178 560.64	−638 604.16	−54.19
三、利润总额	97 635 148.12	88 428 590.07	9 206 558.05	10.41
减:所得税	2 502 735.30	2 210 822.59	291 912.71	13.21
四、净利润	95 132 412.82	86 217 767.48	8 914 645.34	10.34
五、其他综合收益的税后净额				
六、综合收益总额	95 132 412.82	86 217 767.48	8 914 645.34	10.34
七、每股收益:				

(续表)

项　目	2020 年度	2019 年度	增减额	增减（％）
（一）基本每股收益	0.335 6	0.304 3	0.031 3	10.29
（二）稀释每股收益	0.333 7	0.304 3	0.029 4	9.66

1.2　利润增减变动分析评价

企业的利润取决于收入和费用、直接计入当期利润的利得和损失金额的计量。从总体来看，甲电气集团股份有限公司 2020 年相比 2019 年营业利润均大幅下降，利润总额和净利润呈大幅增长。利润表分析应抓住几个关键利润指标的变动情况，分析其变动原因。

（1）净利润或税后利润分析。

净利润是指企业所有者最终取得的财务成果，或可供企业所有者分配或使用的财务成果。本例中，该公司 2020 年度实现净利润 95 132 412.82 元，比上年增长了 8 914 645.34 元，增长率为 10.34％。从水平分析表来看，公司净利润增长主要是由利润总额比上年增长 9 206 558.05 元引起的；由于所得税费用比上年增长 291 912.71 元，二者相抵，导致净利润增长了 8 914 645.34 元。

（2）利润总额分析

利润总额是反映企业全部财务成果的指标，它不仅反映企业的营业利润，而且还反映企业的营业外收支情况。本例中该公司 2020 年利润总额比 2019 年增长了 9 206 558.05 元，关键原因是营业外收入比上年增长了 18 861 792.81 元，增长率为 501.03％。同时营业外支出下降也是导致利润总额增长的有利因素，营业外支出减少了 638 604.16 元，下降率为 54.19％。但公司营业利润的减少的不利影响，使利润总额减少了 10 293 838.92 元。增减因素相抵，利润总额增长了 9 206 558.05 元。必须指出的是，尽管营业外收入的增长和营业外支出的下降对利润总额的增长是有利的，但其毕竟是非常项目，数额过高是不正常现象。

（3）营业利润分析

营业利润是企业计算利润的第一步，通常也是一定时期内企业盈利最主要、最稳定的关键来源。它既包括企业在销售商品、提供劳务等日常活动中所产生的营业毛利，又包括企业公允价值变动净收益、对外投资的净收益和接受政府补助的其他收益，营业利润大致反映了企业自身生产经营业务的财务成果。本例中，该公司 2020 年营业利润减少主要是由于成本费用过高所致。营业收入比上年增长 22 321 709.58 元，增长率为 4.67％；税金及附加和财务费用的下降，增利 2 414 395.80 元；投资收益的增加，增利 552 249.89 元。但由于其他成本费用均有不同程度的增加，抵消了营业收入的增长。营业成本、销售费用、管理费用增加了 33 882 474.44 元；资产减值损失增加，减利 1 699 719.75 元，增减相抵，营业利润减少 10 293 838.92 元，下降率为 11.99％。值得注意的是，销售费用、管理费用及资产减值损失的大幅度上升，可能是不正常的现象。

（4）营业毛利分析

营业毛利是指企业营业收入与营业成本之间的差额。本例中，该公司 2020 年营业毛利是 86 478 013.32 元，2019 年营业毛利是 74 795 490.30 元，2020 年营业毛利比上年增长

11 682 523.02 元,增长率为 15.62%,其中最关键的影响因素是营业收入大幅增加 22 321 709.58 元,增长率为 4.67%。

从总体看,甲电气集团股份有限公司 2020 年利润比上年有所增长,如利润总额和净利润均大幅增长,但营业利润大幅下降。增利的主要原因:一是营业收入的增加,增利 22 321 709.58 元;二是税金及附加、财务费用减少,分别增利 549 312.35 元、1 865 083.45 元;三是投资收益增加,增利 552 249.89 元;四是营业外收入增加和营业外支出减少,分别增利 18 861 792.81 元、638 604.16 元。减利的主要因素:一是营业成本的增加,减利 10 639 186.56 元;二是销售费用、管理费用增加,分别减利 6 325 187.31 元、16 918 100.57 元;三是资产减值损失增加,减利 1 699 719.75 元;四是所得税费用增加,减利 291 912.71 元。因此,应根据利润表附注提供的资料进一步对该公司影响利润的各项因素进行分析。

2.利润构成变动分析

2.1 利润垂直分析表的编制

利用垂直分析法,编制利润垂直分析表,通过计算各项目占营业收入的比重,分析利润各项目的构成情况。根据表 3-2 的资料,可编制甲电气集团股份有限公司利润垂直分析表,见表 3-4。

表 3-4　　　　　　　　　利润垂直分析表　　　　　　　　　单位:%

项目	2019 年度	2020 年度	变动幅度
一、营业收入	100.00	100.00	—
减:营业成本	84.37	82.73	-1.64
税金及附加	0.54	0.41	-0.13
销售费用	2.07	3.24	1.17
管理费用	6.06	9.16	3.10
研发费用			
财务费用	2.49	2.01	-0.48
资产减值损失	0.55	0.87	0.32
加:其他收益			
投资收益	14.03	13.51	-0.52
公允价值变动净收益			
资产处置收益			
二、营业利润	17.94	15.09	-2.85
加:营业外收入	0.79	4.52	3.73
减:营业外支出	0.25	0.11	-0.14
三、利润总额	18.48	19.49	1.01
减:所得税	0.46	0.50	0.04
四、净利润	18.02	18.99	0.97

2.2 利润结构变动分析评价

从表 3-4 可看出,该电气集团股份有限公司 2020 年度各项财务成果的构成情况:营业利润占营业收入的比重为 15.09%,比上年的 17.94%下降了 2.85%;利润总额占营业收入的比重为 19.49%,比上年的 18.48%增长了 1.01%;净利润占营业收入的比重为 18.99%,比上年的 18.02%增长了 0.97%。由此可见,从企业利润的构成上看,利润总额和净利润结构都有所增长,说明盈利能力比上年有所增强。但营业利润的结构下降,说明企业利润的质量不容乐观。

各项财务成果结构增减的原因,从营业利润结构下降看,主要是销售费用、管理费用和资产减值损失的比重上升以及投资净收益比重下降所致。利润总额结构增长的主要原因就是营业外收入比重增长。营业成本、税金及附加、财务费用、营业外支出下降,对营业利润、利润总额和净利润结构都产生了一定的有利影响。

任务 3　利润表项目分析

1. 营业收入分析

企业营业收入分析不仅要进行营业收入总额的增减变动分析,而且应分析其结构及其变动情况,以了解企业的经营方向和会计政策选择。

1.1 营业收入增减变动分析

根据表 3-3 可以看出,甲电气集团股份有限公司 2020 年营业收入比 2019 年增加了 22 321 709.58 元,增长率为 4.67%,说明该公司的经营规模在不断扩大。

1.2 营业收入构成分析

(1)主营业务收入与其他业务收入分析

企业营业收入包括主营业务收入和其他业务收入。通过对主营业务收入与其他业务收入构成情况分析,可以了解与判断企业的经营方针、方向及效果,进而可分析、预测企业的持续发展能力。如果一个企业的主营业务收入结构较低或不断下降,其发展潜力和前景显然是值得怀疑的。甲电气集团股份有限公司 2020 年、2019 年度营业收入构成分析见表 3-5。

表 3-5　　　　　　　　　　营业收入构成分析表　　　　　　　　　　金额:元

项　目	2020 年		2019 年	
	金额	比重(%)	金额	比重(%)
主营业务收入	486 889 522.60	97.22	462 236 570.56	96.60
其他业务收入	13 935 865.70	2.78	16 267 108.16	3.40
营业收入	500 825 388.30	100	478 503 678.72	100

由表3-5可知,该公司营业收入总额2020年比2019年有所增加,主要原因在于主营业务收入增加。在这两年的营业收入中,超过96%的部分均来自主营业务收入,只有不到4%的部分来源于其他业务收入,说明该公司主营业务突出,收入来源稳定。

(2)现销收入与赊销收入分析

企业收入中的现销收入与赊销收入的构成受企业的产品适销程度、企业竞争战略、会计政策选择等多个因素的影响。通过对二者结构及其变动情况分析,可以了解与掌握企业产品销售情况及其战略选择,分析判断其合理性。当然,在市场经济条件下,赊销作为商业秘密并不要求企业披露其赊销收入情况,所以,这种分析方法更适用于企业内部分析。

2.成本费用分析

成本费用是指营业成本、销售费用、管理费用、研发费用及财务费用的统称。从各项财务成果的分析可以看出,成本费用对财务成果具有十分重要的影响,降低成本费用是增加财务成果的关键或重要途径。因此,进行财务成果分析,应在揭示财务成果完成情况的基础上,进一步对影响财务成果的基本要素——成本费用进行分析,以找出影响成本升降的原因,为降低成本费用、促进财务成果的增长指明方向。

2.1 营业成本分析

营业成本分析包括营业成本增减变动分析和营业成本构成分析。

(1)营业成本增减变动分析

营业成本的增减变动应与营业收入相匹配。本例中,该公司营业成本2020年比2019年增加了10 639 186.56元,增长率为2.64%,低于营业收入增长率4.67%,说明该公司的经营状况良好。

(2)营业成本构成分析

与营业收入分析相对应,企业营业成本分析不仅要分析其总量,而且应分析其结构及其变动情况,以了解企业的经营方向和会计政策选择。营业成本构成分析可主要从主营业务成本与其他业务成本的结构对比进行。

通过对主营业务成本与其他业务成本的构成情况分析,可以了解与判断企业的经营方针、方向及效果,进而可分析、预测企业已销售产品的成本构成及变动情况。甲电气集团股份有限公司2020年、2019年年度营业成本构成分析见表3-6。

表3-6　　　　　　　　　　　营业成本构成分析表　　　　　　　　　　　金额:元

项目	2020年		2019年	
	金额	比重(%)	金额	比重(%)
主营业务成本	408 840 256.48	98.67	392 756 423.25	97.29
其他业务成本	5 507 118.50	1.33	10 951 765.17	2.71
营业成本	414 347 374.98	100	403 708 188.42	100

由表3-6可知,该公司营业成本总额2020年较2019年有所增加,主要原因在于主营业务成本增加。在这两年公司营业成本中,超过97%的部分均来自主营业务成本,说明

该公司主营业务突出,营业成本主要由主营业务成本构成。主营业务成本相比上年略有增加,比重增长了1.38%,其他业务成本相比上年略有下降,比重降低了1.38%。营业成本处于增长态势,主要原因是主营业务成本增加所致。应分析主营业务成本增加的具体原因,做好成本管控,提升利润空间。

2.2 销售费用分析

销售费用是指企业在销售过程中发生的各项费用以及专设销售机构的各项经费。销售费用作为一种期间费用,与本期营业收入有较强的相关关系,产生的影响也仅止于本期,所以从本期收入中全额扣除。

(1)销售过程中的运输费、装卸费、包装费、保险费等是企业在销售产品时对客户提供的附加服务,它虽然耗费企业资源,但对于企业提高客户服务质量却是不可缺少的,通常属于变动成本,与企业销售量的变动呈正相关关系。企业在决定是否降低这部分费用时,一定要慎重考虑它对企业及其产品形象的影响、对市场竞争能力的影响,不能妨碍企业正常的经营与销售。

(2)展览费和广告费通常是为了宣传和介绍企业的产品用途、性能和使用方法而支出的费用,这两者的金额是否合理较难确定,但可以通过一定的效益比来进行控制。如果举办展览和广告投放后一定时期的销售收入增长额大于展览和广告投入额,则其费用的支出是合理的;如果低于一定的效益比,则应严格控制展览费和广告费支出。企业应该意识到,广告费是一项抵减收入的费用,广告费的大幅增加可能意味着产品利润率的降低,在成熟的市场上,这也意味着可能会增加企业的营业收入,但不能增加(甚至可能会减少)企业的利润。企业应根据产品及服务的特点、目标市场的特点等因素,谨慎制定广告策略,并及时分析广告投入是否有效。

(3)专设销售机构的费用通常随企业营业规模的扩大而呈阶梯状上升。专设的销售机构可以使企业更好地开拓不同地区的市场,增加企业在该地区的销售量。但是,相对于委托代理商或分销商的销售方式,专设销售机构的费用是固定的,这就需要企业在当地的销售收入至少高于保本点,保证能够收回该专设销售机构的费用,否则该专设销售机构将成为企业的负担。因此,可以对专设销售机构的费用与该销售机构实现的销售收入、销售利润等指标一起进行本量利分析,以判断其合理性。

根据表3-3可以看出,甲电气集团股份有限公司2020年销售费用比2019年增加了6 325 187.31元,增长率为63.72%。销售费用的变动是否合理,还应进一步从结构方面及百元销售收入销售费用方面进行分析。

2.3 管理费用分析

管理费用是指企业行政管理部门为组织和管理经营活动而发生的各项费用。管理费用由多种费用项目组成,各费用项目的经济内容和经济用途不同,引起其变动的原因也多种多样,因而进行管理费用分析时,应按费用项目,结合相关的资料和情况,查明其变动的原因,做出具体评价。

为了便于分析,也可按费用的经济内容和经济用途及其变动原因,将各费用项目归类研究。

(1)管理性费用。例如,企业行政管理部门人员薪酬、各种办公用物料消耗、办公费、差旅费等。这类费用支出的多少主要取决于企业管理系统的设置和运行情况,与企业的业务量几乎没有关系。因此,可以采用预算控制法予以控制和管理。具体分析时,除按各费用项目追究其超出预算的变动原因外,还应从紧缩开支、提高工作效率的要求出发,检查企业有关精简机构、合并职能、压缩人员等措施的执行情况。

(2)业务性费用。例如,业务招待费、仓库保管费等。这类费用支出的多少与企业生产规模的大小、生产经营业务的开展情况有直接联系,是为生产经营的合理需要而支出的。值得注意的是,业务招待费的实际支出往往会超过规定的限额,且大都有上升的趋势。具体分析时,应结合相关资料,查明费用的超支,特别是不合理支出的原因。

(3)经营性费用。例如,审计费、咨询费、诉讼费、无形资产及长期待摊费用的摊销金额、坏账准备的提取金额等。其中,审计费、咨询费、诉讼费等费用是企业自身不能完全控制的费用,企业只能事前采取必要的措施,扩大信息面,尽力压缩不必要的开支,妥善处理好与其他有关部门、单位或个人的关系。无形资产及长期待摊费用的摊销以及坏账准备的提取金额,受企业会计政策的影响很大。

(4)责任性费用。例如,工会经费、待业保险费、劳动保险费和所得税外的其他税费等。这类费用支出属企业承担的社会责任,是不可避免和减少的,而且大部分项目的金额不是企业可以控制的。对这些企业无法控制的费用,分析的重点不是其金额的大小,而是发现企业外部环境的变化,从而纠正对企业保本收入和保利收入的判断。

根据表 3-3 可以看出,甲电气集团股份有限公司 2020 年管理费用比 2019 年增加了 16 918 100.57 元,增长率为 58.38%。如果是管理性费用增加过大,则说明该公司的费用管理存在问题。

2.4 研发费用分析

研发费用是指企业进行研究与开发过程中发生的费用化支出,包括研发人员人工费用、研发过程中直接投入的各项费用、与研发有关的固定资产折旧费、无形资产摊销费以及新产品设计费等。

从当期效益的观点来看,研发费用将直接减少企业的利润。但是,从企业可持续发展的战略来看,当企业需要研发来维持技术能力以保持竞争力时,研发费用就有了战略意义。因此,研发费用的规模及其运用的有效性在很大程度上与企业未来的竞争力乃至生存状况有关。

由于企业所处的竞争环境以及企业自身经营特点的复杂性,一般难以根据研发费用的规模来判断企业的未来竞争力。但是,研发费用的恰当性分析可以结合企业的营业收入规模、企业所处行业的技术进步特征、同行业主要竞争对手的研发投入状况以及企业营业收入和毛利率的持续变化等方面来进行。

2.5 财务费用分析

财务费用是指企业在筹集资金过程中发生的各项费用。财务费用的高低主要取决于借款的规模、利率和期限。借款期限通过利率来影响财务费用,而利率又是不可控因素。如果企业要增加利润,唯一的途径就是压缩借款规模来降低财务费用,但借款规模的缩小是否会限制企业生产经营的持续发展,这是在进行利润表分析时应该考虑的问题。

对财务费用进行质量分析应当细分内部结构,观察企业财务费用的主要来源。首先应将财务费用的分析与企业资本结构的分析相结合,观察财务费用的变动时源于短期借款还是长期借款,同时对于借款费用中应当予以资本化的部分是否已经资本化,或者借款费用中应当计入财务费用的是否企业对其进行了资本化;其次,应关注购销业务中发生的现金折扣情况,关注企业应当取得的购货现金折扣是否都已经取得,若是存在大量没有取得的现金折扣,应怀疑企业现金流是否紧张;再次,如果企业存在外币业务,应关注汇率对企业业务的影响,观察企业对外币业务和债务的管理能力。

3.投资收益分析

投资收益是企业对外投资的结果。企业对外投资一般基于以下两个目的:一是利用企业自身的闲置资金取得暂时性收益,例如企业买卖具有良好流动性的国债、股票、基金等;二是出于自身战略发展的要求,希望投资控制一些有利于企业长远发展的资源。企业财务分析人员应确定企业投资的目的,鉴于投资收益不属于企业的主营业务收入,除了一些主要的投资公司之外,企业不应动用正常生产经营的资金进行投资。此外,对外投资不是企业经常性的行为,企业投资收益一般不具有可持续性,即使当期企业获得了金额较大的投资收益,也不能对其评价过高。因此,分析投资收益的质量,主要是分析投资收益有无相应的现金流量支撑和关注这种忽高忽低的非正常现象。

4.营业外收入分析

营业外收入反映企业发生的营业利润以外的收益,主要包括债务重组利得、与企业日常活动无关的政府补助、盘盈利得、捐赠利得等。这部分的收入数额较大并不是坏事,它能使企业净利润增加,因而提高企业利润分配的能力。但营业外收入的稳定性差,是偶发性的收入,在分析时不能将这部分作为企业收入的主流加以关注。

营业外收入与营业收入有两点主要区别:

(1)营业收入是稳定的日常经营活动产生的;而营业外收入则是非常的、非日常经营活动产生的,且多为企业管理当局所不能控制或左右。

(2)营业收入是总额概念,多与成本费用相配比;而营业外收入是净额概念。

5.利润类项目分析

在利润表上,利润的概念有三个,即营业利润、利润总额和净利润,这三个利润项目内涵及实际意义均不同,分析时应结合其明细资料分别进行。

5.1 营业利润

企业营业利润的多少代表了企业的总体经营管理水平和效果。

(1)营业利润额较大。当企业营业利润额较大时,通常认为该企业经营管理水平和效果好。但在分析中应注意如下问题:第一,因为营业利润中包括了其他业务利润,所以企业多元化经营,多种经营业务开展得较好时,其他业务利润会弥补主营业务利润的缺陷;

如果其他业务利润长期高于主营业务利润,企业应考虑产业结构调整问题。第二,应注意其他业务利润的用途,是用于发展主营业务,还是用于非生产经营性消费。如果是前者,企业的盈利能力会越来越强;如果是后者,企业缺乏长远盈利能力。

(2)营业利润额较小。当企业营业利润额较小时,应着重分析主营业务利润的大小、多种经营的发展情况和期间费用的多少。如果企业主营业务利润和其他业务利润均较大,但其期间费用较高,也会使营业利润较小。这就要重点分析三项期间费用的构成,找出三项费用居高的原因,并对其进行严格控制与管理,通过降低费用来提高营业利润。

5.2 利润总额

企业利润总额包括营业利润和营业外收支。一般情况下,营业利润是企业生产活动中的主要业务所得,它是利润总额的基本构成因素,在利润总额中所占比重应最大,而营业外收支在利润总额中所占比重应较小。

因此,在分析利润总额时,就要注意企业利润总额的构成是否符合上述情况。如果企业的利润总额主要是由非营业利润获得,则该企业利润实现的真实性和持续性应引起报表分析人员的重视。

5.3 净利润

净利润的增减变动是利润表上除"其他综合收益的税后净额"外所有项目增减变动的综合结果。在对营业利润和利润总额进行初步分析的基础上,进行净利润的增减变动及其构成的分析时,应将分析的重点放在本期净利润增减变动的主要项目上,尤其应分清经营性、经常性损益项目的影响和非经营性及非经常性损益项目的影响。

对于任何企业来讲,经营性的营业利润必须是构成净利润的最重要的部分,其金额应远远高于非经营性损益项目金额。反之,则企业正常的生产经营能力和生存能力令人怀疑,这一点在分析时应尤为引起重视。

对净利润分析的内容,包括对形成净利润的各项目的增减变动及其结构变动的分析,以及对其中变动差异较大的重点项目的分析。

项目小结

对利润表进行分析,可以正确评价企业各方面的经营业绩,及时、准确地发现企业经营管理中存在的问题,为投资者、债权人的投资与信贷决策提供正确信息。

利润表分析主要包括利润表综合分析和利润表项目分析。利润表综合分析包括利润增减变动分析和利润结构变动分析。利润增减变动分析是借助水平分析法,结合利润形成过程中相关的影响因素,反映利润额的变动情况,评价企业在利润形成过程中的各方面管理业绩并揭露存在的问题。利润结构变动分析,主要是在对利润表进行垂直分析的基础上,通过各项利润及成本费用相对于收入的占比,反映企业各环节的利润构成及成本费用水平。

利润表项目分析包括营业收入分析、成本费用分析、投资收益分析、资产减值损失分析、营业外收入分析和利润类项目分析。

练习题

一、单项选择题

1.（　　）是企业利润表中所反映出的第一个层次的业绩，反映企业自身生产经营业务的财务成果。
   A．销售毛利　　　　　　　　B．营业利润
   C．利润总额　　　　　　　　D．净利润

2.下列各项中，属于反映企业全部财务成果的指标是（　　）。
   A．主营业务利润　　　　　　B．营业利润
   C．利润总额　　　　　　　　D．净利润

3.下列各项中，属于反映企业最终财务成果的指标是（　　）。
   A．营业收入　　　　　　　　B．营业利润
   C．利润总额　　　　　　　　D．净利润

4.在企业的利润项目中，稳定性最差的是（　　）。
   A．主营业务利润　　　　　　B．营业利润
   C．利润总额　　　　　　　　D．净利润

5.如果企业本年营业收入增长快于营业成本的增长，那么企业本年营业利润（　　）。
   A．一定大于零　　　　　　　B．一定大于上年营业利润
   C．一定大于上年利润总额　　D．不一定大于上年营业利润

6.对利润表进行结构分析时，通常选择（　　）项目的金额作为分母，其他项目的金额作为分子，计算占该项目的比重。
   A．利润总额　　　　　　　　B．营业利润
   C．营业收入　　　　　　　　D．营业成本

7.下列项目中，属于影响企业营业利润因素的是（　　）。
   A．营业外支出　　　　　　　B．营业外收入
   C．所得税费用　　　　　　　D．其他收益

8.下列项目中，不属于影响企业利润总额因素的是（　　）。
   A．营业利润　　　　　　　　B．营业收入
   C．所得税费用　　　　　　　D．投资收益

二、多项选择题

1.下列各项中，属于利润表综合分析的内容有（　　）。
   A．营业收入分析　　　　　　B．利润增减变动分析
   C．利润结构变动分析　　　　D．成本费用分析

2.下列各项中，不属于影响企业营业利润因素的有（　　）。
   A．投资收益　　　　　　　　B．营业外收入
   C．其他收益　　　　　　　　D．营业外支出

3.下列关于销售费用的表述，正确的有（　　）。
   A．销售费用与本期营业收入密切相关，产生的影响也仅止于本期，因此应从本期收

入中全额扣除

  B.由于销售费用是一项抵减收入的费用,所以企业应该尽可能降低

  C.销售费用中的运输费、装卸费等与企业销售量的变动呈正相关关系

  D.专设销售机构的费用通常随企业营业规模的扩大而呈阶梯状下降

4.为便于对管理费用进行分析,可将其按经济内容和经济用途等划分为(　　)。

  A.管理性费用　　　　　　　　B.业务性费用

  C.经营性费用　　　　　　　　D.责任性费用

5.对利润总额进行分析,主要侧重于对组成利润总额的(　　)项目进行比较分析。

  A.营业外收入　　　　　　　　B.营业利润

  C.营业外支出　　　　　　　　D.所得税费用

6.对净利润分析的内容,包括对形成净利润的(　　)等方面的分析。

  A.各项目的增减变动　　　　　　B.各项目的结构变动

  C.营业外支出　　　　　　　　D.变动差异较大的重点项目

三、判断题

1.营业利润是营业收入与营业成本和税金及附加之间的差额,它既包括主营业务利润,又包括其他业务利润,并在二者之和的基础上减去管理费用与财务费用。(　　)

2.营业成本变动对利润有着直接影响,营业成本降低多少,利润就会增加多少。(　　)

3.如果企业的营业利润主要来源于投资净收益,则说明企业的主营业务下滑,对企业利润的贡献在降低。(　　)

4.企业成本总额的增加不一定意味着利润的下降和企业管理水平的下降。(　　)

5.税率的变动对企业营业利润没有影响。(　　)

6.其他收益,是指与企业日常活动相关,但又不宜确认收入或冲减成本费用的政府补助。(　　)

7.管理费用中的工会经费、待业保险费和劳动保险费属于企业承担的社会责任,企业不得为控制费用开支而随意减少。(　　)

8.运用水平分析法可以更深入地说明销售费用的变动情况及其合理性。(　　)

四、案例分析题

案例资料:仍引用项目二练习题中 ZSJ 地产控股股份有限公司的案例资料。

该公司2021年度利润表如下表所示。

表3-7　　　　　　　　　　　　　利润表

编制单位:ZSJ 地产控股股份有限公司　　2021年度　　　　　　　　　单位:元

项目	2021年度	2020年度
一、营业收入	10 137 701 049.00	3 573 184 200.00
减:营业成本	5 961 738 151.00	2 097 773 113.00
税金及附加	1 623 223 320.00	264 980 117.00
销售费用	285 334 726.00	226 715 702.00

（续表）

项目	2021 年度	2020 年度
管理费用	208 542 650.00	203 223 524.00
研发费用		
财务费用	-15 356 044.00	30 913 643.00
资产减值损失	484 187.00	407 654 635.00
加：其他收益		
投资收益	304 569 607.00	802 815 289.00
其中：对联营企业和合营企业的投资收益	176 731 790.00	176 812 461.00
公允价值变动收益	-103 663 503.00	145 469 305.00
资产处置收益		
二、营业利润	2 274 640 163.00	1 290 208 060.00
加：营业外收入	29 522 960.00	24 173 367.00
减：营业外支出	30 433 088.00	12 516 456.00
三、利润总额	2 273 730 035.00	1 301 864 971.00
减：所得税	519 264 184.00	209 864 866.00
四、净利润	1 754 465 851.00	1 092 000 105.00
五、每股收益：		
（一）基本每股收益	0.96	0.94
（二）稀释每股收益	0.96	0.94

要求：
(1)编制利润水平分析表，并对利润增减变动情况进行分析；
(2)编制利润水平分析表，并对利润结构变动情况进行分析；
(3)对利润表的主要项目进行分析；
(4)对利润表进行总体评价。

项目四

现金流量表分析

知识目标

- 熟悉现金流量表项目分析;
- 掌握现金流量表总体分析;
- 掌握现金流量表的水平分析和垂直分析。

能力目标

- 培养学生掌握现金流量项目的组合分析,并能进行现金流量表的总体分析;
- 培养学生增强忧患意识、坚持底线思维,树立新发展理念。

思政目标

- 培养学生识别财务造假手段,引导学生树立正确的是非观念和职业道德观念。
- 培养学生强化风险意识、底线思维,树立"现金为王"和高质量的理念。

案例导入

2017年,中安科(600654)以连续17个跌停板引起大众关注,成为中国A股市场一个另类的"耀眼明星"。现在的中安科债务危机重重,诉讼缠身,岌岌可危。众多股东损失惨重,哀鸿遍野。其实,中安科财务状况恶化的迹象在现金流量表中已有体现,见表4-1。

表4-1　　　　　中安科现金流量表(简表)　　　　　单位:万元

年份 项目	2020	2019	2018	2017	2016	2015	2014
经营活动产生的现金流量净额	1 794	14 476	4 689	−33 029	−126 974	−114 775	−7 813
投资活动产生的现金流量净额	9 394	−4 235	50 791	10 816	73 777	−82 243	6 668
筹资活动产生的现金流量净额	−10 324	1 261	−85 176	−71 915	217 097	248 073	24 377

（续表）

年份 项目	2020	2019	2018	2017	2016	2015	2014
现金及现金等价物增加额	－238	11 269	－26 312	－94 936	19 477	58 213	23 222
净利润	－18 234	6 686	－198 067	－73 503	24 715	28 012	19 098

根据上表提供的信息可以看出，中安科虽然从2014至2016年连续盈利，但是经营活动产生的现金流量却持续为负数。2017～2020年，除2019年意外"触底反弹"，实现经营活动产生的现金流量净额14 476万元外，其余三年皆为巨额亏损，且经营活动产生的现金流量净额微不足道。以收付实现制为基础编制的现金流量表，被人们比作"利润的测谎仪"。净利润的含金量过低甚至为负，属于典型的"纸面富贵"，这种"富贵"往往是难以为继的。

案例分析要求：

对于该公司而言，如果无法持续产生充足的经营活动现金流量，会出现什么问题？

任务 1　现金流量表分析的目的和内容

1.现金与现金流量表

1.1　现金的概念

现金流量表中的"现金"是一个广义的概念，它包括现金和现金等价物。

1.1.1　现金

现金是指企业库存现金以及可以随时用于支付的存款。

库存现金是指企业持有的可随时用于支付的现金，与会计核算中"现金"账户所包括的内容一致。

可以随时用于支付的存款是指企业存在银行或其他金融机构，随时可以用于支付的款项，包括企业的在途资金、银行存款、其他货币资金等可以随时用于支付的部分。不能随时用于支付的存款不属于现金。

1.1.2　现金等价物

现金等价物是指企业持有的期限短、流动性强、易于转换为已知金额现金、价值变动风险很小的投资。期限短，一般是指从购买日起三个月内到期。现金等价物通常包括三个月内到期的短期债券投资。权益性投资变现的金额通常不确定，因而不属于现金等价物。企业应当根据具体情况，确定现金等价物的范围，一经确定不得随意变更。

1.2 现金流量

现金流量,是指企业现金和现金等价物的流入和流出。需要注意的是,企业现金形式的转换不会产生现金的流入和流出,例如企业从银行提取现金,是企业现金存放形式的变化,现金未流出企业,不构成现金流量。同样,现金和现金等价物之间的转换也不属于现金流量,例如企业用现金购买将于3个月到期的国库券不属于现金流量。

现金流量根据企业经济活动的性质,通常分为经营活动现金流量、投资活动现金流量和筹资活动现金流量。现金流量根据现金的流程,又可分为现金流入量、现金流出量和净现金流量。

我国《企业会计准则第31号——现金流量表》规定现金流量表主表的编制格式为按经营活动、投资活动和筹资活动的现金流量分别归集其流入量、流出量和净流量,最后得出企业净现金流量。现金流量表补充资料的编制格式为以净利润为基础调整相关项目,得出经营活动净现金流量。

1.3 现金流量表

现金流量表是以收付实现制为基础编制的,反映企业一定会计期间现金及现金等价物流入和流出的一张动态报表。

编制现金流量表的目的是为会计信息使用者提供企业一定会计期间内现金和现金等价物流入和流出的信息,以便于会计信息使用者了解和评价企业获取现金和现金等价物的能力,并据以预测企业未来期间的现金流量。

我国企业现金流量表采用报告式结构,分类反映经营活动产生的现金流量、投资活动产生的现金流量和筹资活动产生的现金流量,最后汇总反映企业某一期间现金及现金等价物的净增加额。

我国企业现金流量表的格式见表 4-2。

表 4-2 现金流量表

编制单位:甲电气集团股份有限公司 2020 年 12 月 31 日 单位:元

项目	2020 年	2019 年
一、经营活动产生的现金流量		
销售商品、提供劳务收到的现金	469 234 955.89	441 230 068.03
收到的税费返还	885 303.19	5 577 938.18
收到其他与经营活动有关的现金	140 475 274.34	27 515 492.44
经营活动现金流入小计	610 595 533.42	474 323 498.65
购买商品、接受劳务支付的现金	334 374 490.59	325 039 019.91
支付给职工以及为职工支付的现金	44 557 809.35	37 539 638.32
支付的各项税费	21 594 053.78	21 704 168.21
支付其他与经营活动有关的现金	141 781 095.52	65 332 312.98
经营活动现金流出小计	542 307 449.24	449 615 139.42
经营活动产生的现金流量净额	68 288 084.18	24 708 359.23
二、投资活动产生的现金流量		

(续表)

项目	2020年	2019年
收回投资收到的现金	0	950 000.00
取得投资收益收到的现金	55 757 999.14	55 746 113.03
处置固定资产、无形资产和其他长期资产收回的现金净额	24 121 740.00	76 475.24
处置子公司及其他营业单位收到的现金净额	0	0
收到其他与投资活动有关的现金	0	0
投资活动现金流入小计	79 879 739.14	56 772 588.27
购建固定资产、无形资产和其他长期资产支付的现金	78 118 157.21	63 370 998.14
投资支付的现金	108 204 563.25	13 112 500.00
取得子公司及其他营业单位支付的现金净额	0	0
支付其他与投资活动有关的现金	0	0
投资活动现金流出小计	186 322 720.46	76 483 498.14
投资活动产生的现金流量净额	−106 442 981.32	−19 710 909.87
三、筹资活动产生的现金流量		
吸收投资收到的现金	22 909 150.00	0
取得借款收到的现金	448 190 000.00	224 460 000.00
收到其他与筹资活动有关的现金	0	0
筹资活动现金流入小计	471 099 150.00	224 460 000.00
偿还债务支付的现金	337 310 000.00	234 460 000.00
分配股利、利润或偿付利息支付的现金	41 993 670.83	45 026 353.42
支付其他与筹资活动有关的现金	875 707.60	845 000.00
筹资活动现金流出小计	380 179 378.43	280 331 353.42
筹资活动产生的现金流量净额	90 919 771.57	−55 871 353.42
四、汇率变动对现金的影响	0	0
五、现金及现金等价物净增加额	52 764 874.43	−50 873 904.06
加：年初现金及现金等价物余额	74 765 564.65	125 639 468.71
六、期末现金及现金等价物余额	127 530 439.08	74 765 564.65

2.现金流量表分析的目的

现金流量表反映了企业在一定时期内创造的现金数额，揭示了在一定时期内现金流动的状况，通过现金流量表分析，可以达到以下目的：

第一，从动态上了解企业现金变动情况和变动原因

资产负债表中货币资金项目反映了企业一定时期内现金变动的结果，是静态的现金存量，企业从哪里取得现金，又将现金用于哪些方面，只有通过现金流量表的分析，才能从动态上说明现金的变动情况，并揭示现金变动的原因。

第二，判断企业获取现金的能力

现金余款是企业现金流动的结果,并不表明现金流量的大小,通过对现金流量表进行现金流量分析,能够对企业获取现金的能力作出判断。

第三,评价企业盈利的质量

利润是按权责发生制计算的,用于反映当期的财务成果,它并不代表真正实现的收益,账面上的利润满足不了企业的资金需要,因此,盈利企业仍然有可能发生财务危机,高质量的盈利必须有相应的现金流入做保证。

3.现金流量表分析的内容

3.1 现金流量表项目分析

主要包括经营活动现金流量项目分析、投资活动现金流量项目分析和筹资活动现金流量项目分析。

3.2 现金流量表总体分析

现金流量表总体分析,就是根据现金流量表的数据,对企业现金流量情况进行总体分析与评价。包括现金流量的总体分析和现金流量项目的组合分析。

3.3 现金流量表水平分析

现金流量表水平分析,是通过本期现金流量与前期或预计现金流量的比较,揭示其差异的分析方法。

3.4 现金流量表结构分析

现金流量表结构分析,目的在于揭示现金流入量和现金流出量的结构情况,从而抓住企业现金流量管理的重点。

▶ 任务 2　现金流量表项目分析

在现金流量表中,全部的现金流量项目被分为三类,即经营活动产生的现金流量、投资活动产生的现金流量和筹资活动产生的现金流量。其中,经营活动仍是指传统的经营概念,如工业企业的供、产、销等。投资活动包括对外投资、对内投资和投资性存款,上述第三种非现金性存款,在核算时虽不作为投资处理,但在编制现金流量表时应视同投资来编表。筹资活动包括吸收资本和举借债务两种。收付股利和收付利息所产生的现金流量的归属,各国会计实务存在一定的差异,我国则从现金流量的性质考虑,对收到的股利和利息列为投资活动,对支付的股利和利息列为筹资活动。另外,一些特殊的、不经常发生的项目,如自然灾害损失、捐赠等,依据其性质分别归并到三类现金流量项目中反映。每一类现金流量对企业发展的意义是不同的,在进行报表分析时应引起足够的注意。

1.经营活动现金流量项目分析

经营活动是指企业投资活动和筹资活动以外的所有交易和事项,即以企业日常经营为基本内容的经济活动。各类企业的经营活动的范围因其行业特点的不同而异,对于工商企业而言,经营活动主要包括:销售商品、提供劳务、购买商品、接受劳务、支付税费等。

经营活动产生的现金流入项目主要有:销售商品、提供劳务收到的现金,收到的税费返还,收到的其他与经营活动有关的现金;经营活动产生的现金流出项目主要有:购买商品、接受劳务支付的现金,支付给职工以及为职工支付的现金,支付的各项税费,支付的其他与经营活动有关的现金。

1.1 销售商品、提供劳务收到的现金

该项目反映企业本期销售商品、提供劳务收到的现金,以及前期销售商品、提供劳务本期收到的现金(包括销售收入和应向购买者收取的增值税销项税额)和本期预收的款项,减去本期销售本期退回的商品和前期销售本期退回的商品支付的现金。企业销售材料和代购代销业务收到的现金,也在本项目反映。

此项目是企业现金流入的主要来源,通常具有数额大、所占比例高的特点。通过与利润表中的营业收入总额相对比,可以判断企业销售收现率的情况。较高的收现率表明企业产品定位正确,适销对路,并已形成卖方市场的良好经营环境,但应注意也有例外的情况。

1.2 收到的税费返还

该项目反映企业收到返还的增值税、所得税、消费税、关税和教育费附加返还款等各种税费。

该项目体现了企业在税收方面销售政策优惠所获得的已缴税金的回流金额。该项目通常数额不大,对经营活动现金流入量影响也不大。分析时应当关注企业享受的税收优惠在未来可持续的时间,以及哪些税收项目享受优惠。

1.3 收到其他与经营活动有关的现金

该项目反映企业收到的罚款收入、捐赠收入、经营租赁收到的租金等其他与经营活动有关的现金流入金额,金额较大的应当单独列示。

此项目具有不稳定性,数额不应过多且具有一定的偶然性,在分析时不应过多关注。如果该项目金额较大,还应观察剔除该项目后企业经营活动净现金流量的情况。

1.4 购买商品、接受劳务支付的现金

该项目反映企业本期购买商品、接受劳务实际支付的现金(包括增值税进项税额),以及本期支付前期购买商品、接受劳务的未付款项和本期预付款项,减去本期发生的购货退回收到的现金。

此项目应是企业现金流出的主要方向,通常具有数额大、所占比重大等特点,在未来的持续性较强。将其与利润表中的营业成本相对比,可以判断企业购买商品销售付现率的情况,借此可以了解企业资金的紧张程度或企业的商业信用情况,从而可以更加清楚地认识到企业目前所面临的财务状况。

1.5 支付给职工以及为职工支付的现金

该项目反映企业本期实际支付给职工的工资、奖金、各种津贴和补贴等职工薪酬,但

应由在建工程、无形资产负担的职工薪酬以及支付的离退休人员的职工薪酬除外,二者分别在"购建固定资产、无形资产和其他长期资产支付的现金"和"支付其他与经营活动有关的现金"项目反映。

　　此项目也是企业现金流出的主要方向,金额波动不大。分析时应关注该项目内容,企业是否将不应纳入其中的部分计算在内,同时该项目也可以在一定程度上反映企业生产经营规模的变化。

1.6　支付的各项税费

　　该项目反映企业本期发生并支付的、本期支付以前各期发生的以及预交的教育费附加、矿产资源补偿费、印花税、房产税、土地增值税、车船税等税费。计入固定资产价值、实际支付的耕地占用税、本期退回的增值税和所得税等的税费除外。

　　此项目会随着企业销售规模的变动而变动。通过分析该项目,可以得到企业真实的税负状况。

1.7　支付其他与经营活动有关的现金

　　该项目反映企业的罚款支出、支付的差旅费、业务招待费、保险费、经营租赁支付的现金等其他与经营活动有关的现金流出,金额较大的应当单独列示。

　　此项目具有不稳定性,数额不应过多。

2.投资活动现金流量项目分析

　　投资活动是指企业长期资产的购建和不包括在现金等价物范围内的投资及其处置活动。但是,这里所讲的"投资活动",既包括实物资产投资,也包括金融资产投资,它与会计准则所讲的"投资"是两个不同的概念。购建固定资产不是"投资",但属于投资活动。

　　这里之所以将"包括在现金等价物范围内的投资"排除在外,是因为已经将包括在现金等价物范围内的投资视同现金。

　　投资活动产生的现金流入项目主要有:收回投资收到的现金,取得投资收益收到的现金,处置固定资产、无形资产和其他长期资产收回的现金净额,处置子公司及其他营业单位收到的现金净额,收到其他与投资活动有关的现金;投资活动产生的现金流出项目主要有:购建固定资产、无形资产和其他长期资产支付的现金,投资支付的现金,取得子公司及其他营业单位支付的现金净额,支付其他与投资活动有关的现金。

2.1　收回投资收到的现金

　　该项目反映企业出售、转让或到期收回现金等价物以外的交易性金融资产、长期股权投资而收到的现金,以及收回长期债权资本而收到的现金,但长期债权投资收回的利息除外。

　　此项目不能绝对地追求数额较大。分析时应当注意企业是否将原本划分为持有至到期的投资在其未到期之前出售,如果存在此种情况,应注意企业是否存在资金紧张等问题。此外,如果企业处置了长期股权投资,应确定处置的意图到底是被投资企业的收益下滑,还是企业调整了未来期间的战略。

2.2 取得投资收益收到的现金

该项目反映企业因股权性投资而分得的现金股利,从子公司、联营企业或合营企业分回利润而收到的现金。以及因债权性投资而取得的现金利息收入,但股票股利除外。

此项目表明企业进入投资回收期,通过分析可以了解投资回报率的高低。

2.3 处置固定资产、无形资产和其他长期资产收回的现金净额

该项目反映企业出售、报废固定资产、无形资产和其他长期资产所取得的现金(包括因资产毁损而收到的保险赔偿收入),减去为处置这些资产而支付的有关费用后的净额,但现金净额为负数的除外。

此项目一般是偶发事件,在未来不具有可持续性,其金额一般也不大,但如果数额较大,表明企业的产业、产品结构将有所调整,或者表明企业未来的生产能力将受到严重的影响,已经陷于深度的债务危机之中,靠出售设备来维持经营。如果是后者,应引起企业的高度警惕。

2.4 处置子公司及其他营业单位收到的现金净额

该项目反映企业处置子公司及其他营业单位取得的现金减去相关处置费用后的净额。

分析时应关注企业处置子公司的目的,并确定这种行为对企业的长远影响。

2.5 购建固定资产、无形资产和其他长期资产支付的现金

该项目反映企业购买、建造固定资产、取得无形资产和其他长期资产所支付的现金及增值税款,支付的应由在建工程和无形资产负担的职工薪酬现金支出,但为购建固定资产而发生的借款利息资本化部分、融资租入固定资产所支付的租赁费除外。

此项目表明企业扩大再生产能力的强弱,可以了解企业未来的经营方向和获利能力,揭示企业未来经营方式和经营战略的变化。再有,不同经营周期的企业在该项目上发生的金额也不同,一般处于初创期和成长期的企业投资较多,该项目发生金额较大,而在衰退期的企业很少投资,甚至会卖出长期资产,降低经营规模。

2.6 投资支付的现金

该项目反映企业取得的除现金等价物以外的权益性投资和债权性投资所支付的现金以及支付的佣金、手续费等附加费用。

此项目表明企业参与资本市场运作、实施股权及债权投资能力的强弱,分析投资方向与企业的战略目标是否一致。分析时应当关注企业在本部分的支出金额是否来自于闲置资金,是否存在挪用主营业务资金进行投资的行为。

2.7 取得子公司及其他营业单位支付的现金净额

该项目反映企业购买子公司及其他营业单位出价中以现金支付的部分,减去子公司及其他营业单位持有的现金和现金等价物后的净额。

2.8 收到其他与投资活动有关的现金、支付其他与投资活动有关的现金

这两个项目反映企业除上述1至7各项目外收到或支付的其他与投资活动有关的现金流入或流出,金额较大的应当单独列示。

3. 筹资活动现金流量项目分析

筹资活动是指导致企业资本及债务规模和构成发生变化的活动。这里所说的资本，既包括实收资本（股本），也包括资本溢价（股本溢价）；这里所说的债务，指对外举债，包括向银行借款、发行债券以及偿还债务等。应付账款、应付票据等商业应付款等属于经营活动，不属于筹资活动。

筹资活动产生的现金流入项目主要有：吸收投资收到的现金，取得借款收到的现金，收到其他与筹资活动有关的现金；筹资活动产生的现金流出项目主要有：偿还债务支付的现金，分配股利、利润或偿付利息支付的现金，支付其他与筹资活动有关的现金。

3.1 吸收投资收到的现金

该项目反映企业以发行股票、债券等方式筹集资金实际收到的款项，减去直接支付给金融企业的佣金、手续费、宣传费、咨询费、印刷费等发行费用后的净额。

此项目表明企业通过资本市场筹资能力的强弱。该项目增加的现金流可以增加企业的信用能力，并有利于企业长期发展。

3.2 取得借款收到的现金

该项目反映企业举借各种短期、长期借款而收到的现金。

此项目数额的大小，表明企业通过银行筹集资金能力的强弱，在一定程度上代表了企业信用的高低。

3.3 偿还债务支付的现金

该项目反映企业以现金偿还债务的本金。

该项目与"取得借款收到的现金"结合起来，可以观察企业债务使用的方法，例如是否存在借新债还旧债，并由此使用短期资金用于长期投资的行为。同时结合企业经营活动现金流量，可以观察企业日常经营所需流动资金是自己创造，还是一直靠借款维持，如果是后者，则这样借入的现金质量不高。

3.4 分配股利、利润或偿付利息支付的现金

该项目反映企业实际支付的现金股利、支付给其他投资单位的利润或用现金支付的借款利息、债券利息。

此项目可以反映企业现金的充裕程度。

3.5 收到其他与筹资活动有关的现金、支付其他与筹资活动有关的现金

这两个项目反映企业除上述1至4项目外，收到或支付的其他与筹资活动有关的现金流入或流出，包括以发行股票、债券等方式筹集资金而由企业直接支付的审计和咨询费用、为购建固定资产而发生的借款利息资本化部分、融资租入固定资产所支付的租赁费、以分期付款方式购建固定资产以后各期支付的现金等。其数额一般较小，如果数额较大，应注意分析其合理性。

任务 3　现金流量表总体分析

1.现金流量的总体分析

1.1　经营活动现金流量的总体分析

第一,经营活动现金流量的稳定性和再生性较好,一般情况应占较大比例。如果企业经营所得的现金占较大的比重,说明企业从生产经营中获取现金的能力较大,若连续多年或长期的结构比率均是如此,则说明企业采取的资金筹措战略是利润型或经营性的资金战略;反之,如果企业经营活动的现金流量比重较小,则说明企业资金的来源主要依赖增加资本或对外借款,采取的是金融型或证券型的资金战略。

第二,应当将经营活动的现金流入与现金流出联系起来分析。正常情况下,企业当期从经营活动中获得的现金流入,首先应当满足生产经营的一些基本支出,如购买原材料与商品、支付经营费用、支付职工薪酬、缴纳各种税金等,然后才用于偿付债务或扩大投资。根据这个原理,产生了如下基本观点:

(1)经营活动现金净流量大于零。即经营活动的现金流入量大于现金流出量,意味着企业的经营活动比较正常,具有"自我造血"功能,通过经营活动收取的现金,不仅能满足经营本身的需要,而且剩余的部分还可以用于再投资或偿债,体现企业稳定的经营活动对投资和理财的支持能力,也体现企业成长和支付的能力较好。此外,还应分析经营活动现金净流量大于零的程度,能否补偿非付现成本费用,否则就可能得出片面的结论。

(2)经营活动现金净流量等于零。即经营活动的现金流入量等于现金流出量,这种情况在现实中比较少见,意味着经营过程中的现金"收支平衡",长此以往不仅使得企业能够增加未来收益的长期投资无法实施,而且对简单再生产的维持也只能停留在短期内。此时如果企业想继续存在下去,只能通过外部融资来解决资金困难。因此,该情况对企业的长远发展不利。

(3)经营活动现金净流量小于零。即经营活动的现金流入量小于现金流出量,意味着经营过程的现金流转存在问题,经营中"入不敷出"。经营不仅不能支持投资或偿债,而且还要借助于收回投资或举借新债所取得现金才能维持正常的经营,如果这种局面长期内不能改变,企业将会陷于财务困境。

第三,经营活动的现金净流量可以观察企业销售和盈利的品质。利用一定时期企业销售商品所收到的现金对当期销售收入的比率,就可以观察销售收入的有效性和品质。会计利润是以权责发生制为基础确认的,销售一旦实现并确认,不管是否收到现金都会在账面上体现为收入,并由此带来利润的增加。这样的会计处理给企业管理当局留下了相当大的盈余管理空间。现金流量表的现金流量是按收付实现制为基础确认的。伴随着现金流入的利润质量更高也更可信。所以,从利润与现金流量的相关度进行分析,可以有效检验企业的利润质量。

1.2 投资活动现金流量的总体分析

第一,将投资活动的现金流入量与现金流出量联系起来分析。

(1)投资活动现金净流量大于或等于零。即投资活动产生的现金流入量大于或等于现金流出量,这种情况可以得出两种相反的结论:一种是企业投资收益显著,尤其是短期投资回报收现能力较强;另一种可能就是企业因为财务危机,同时又难以从外部筹资,而不得不处置一些长期资产,以补偿日常经营活动的现金需求。如果是后一种情况,分析时应进一步研究企业的财务状况以及以后期间是否会演化为财务危机。

(2)投资活动现金净流量小于零。即投资活动产生的现金流入量小于现金流出量,这种情况也有两种解释:一种是企业投资收益状况较差,投资没有取得经济效益,并导致现金的净流出;另一种可能是企业当期有较大的对外投资,因为大额投资一般会形成长期资产,并影响企业今后的生产经营能力,所以这种状况下的投资活动净现金流量小于零对企业的长远发展是有利的。因此分析时应注意区分该结果的原因,从而得出准确的结论。

第二,将投资收益所取得的现金项目与利润表中的投资收益项目联系起来分析。投资收益所取得的现金净流量项目与利润表中的投资收益项目金额的比值越大,说明企业所实现的变现投资收益越高。

第三,将投资活动的现金净流量与企业的理财和投资策略联系起来分析。一般来说,如果企业投资活动的现金流出量的数量较大,反映企业当期实施了投资和经营扩张性的政策,这说明企业可能面临新的投资和发展机遇;如果企业投资活动的现金流入量的数量较大,则反映企业当期实施了投资和经营紧缩的政策,这或者说明企业内部的经营出现困难,或者反映企业制定了调整经营的政策,或者是对外投资出现了问题等。

1.3 筹资活动现金流量的总体分析

第一,将筹资活动的现金流入量与现金流出量联系起来分析。

(1)筹资活动现金净流量大于零。正常情况下,企业的资金需求主要通过自身经营现金流入解决,但是当企业处于初创、成长阶段,或者企业遇到经营危机时,仅仅依靠经营现金流入是不够的,此时企业应通过外部筹资满足资金需求。因此,企业筹资活动现金净流量一般会大于零。但是分析时应注意分析筹资活动现金净流量大于零是否正常,企业的筹资活动是否已经纳入企业的发展规划,是企业管理层以扩大投资和经营活动为目标的主动筹资行为,还是企业因投资活动和经营活动的现金流出失控,企业不得已的筹资行为。

(2)筹资活动现金净流量小于零。这种情况的出现原因一般是企业在本会计期间集中发生偿还债务、支付筹资费用、进行利润分配、偿付利息等业务。但是,企业筹资活动现金净流量小于零,也可能是企业在投资活动和企业战略发展方面没有更多作为的一种表现。

第二,将筹资活动的现金净流量与企业理财政策的调整联系起来分析。如果用于支付分配股利或利润的现金支出对前期实现的净利润的比率过小的话,则说明企业实施了低利润分配政策,这也可能是投资任务过重引起的。

第三,还应分析融资组合和融资方式是否合理。例如,债务融资在通货膨胀时,企业以贬值的货币偿还债务会使企业获得额外利益,但债务融资的风险较大,在经济衰退时尤其如此。

2.现金流量项目的组合分析

我们将不同项目的现金流量,根据其净值为正还是为负,进行排列组合,可以发现,在不同的组合下,其产生的背景和结果是不同的,所要采取的措施也是不同的。具体分析情况见表 4-3。

表 4-3 现金流量项目的组合分析表

经营活动	投资活动	筹资活动	分析影响结果
＋	＋	＋	企业筹资能力强,经营与投资收益良好,是一种较为理想的状态。此时应警惕资金的浪费,把握良好的投资机会。
＋	＋	－	企业进入成熟期。在这个阶段产品销售市场稳定,已进入投资回收期,经营及投资进入良性循环,财务状况安全,但很多外部资金需要偿还,以保持企业良好的融资信誉。
＋	－	＋	企业高速发展扩张时期的表现。这时产品的市场占有率高,销售呈现快速上升趋势,造就经营活动中大量货币资金的回笼,当然为了扩大市场份额,企业仍需要大量追加投资,仅靠经营活动现金流量净额远不能满足所追加投资,必须筹集必要的外部资金作为补充。
＋	－	－	企业经营状况良好,可在偿还前欠债务的同时继续投资,但应密切关注经营状况的变化,防止由于经营状况恶化而导致财务状况恶化。
－	＋	＋	企业靠举债维持经营活动所需资金,财务状况可能恶化;投资活动现金流入增加是一个亮点,但要分析是来源于投资收益还是投资收回。如果是后者,企业面临的形势将更加严峻。
－	＋	－	企业衰退时期的症状:市场萎缩,产品销售的市场占有率下降,经营活动现金流入小于流出,同时企业为了应付债务不得不大规模收回投资以弥补现金的不足。如果投资活动现金流量来源于投资收益还好,如果来源于投资收回,则企业将会出现更深层次的危机。
－	－	＋	有两种情况:①企业处于初创期阶段,企业需要投入大量资金,形成生产能力,开拓市场,其资金来源只有举债融资等筹资活动;②企业处于衰退阶段,靠举债维持日常生产经营活动,如不能渡过难关,则前途不容乐观。
－	－	－	这种情况往往发生在盲目扩张后的企业,由于市场预测失误等原因,造成经营活动现金流出大于流入,投资效益低下造成亏损,使投入扩张的大量资金难以收回,财务状况异常危险,到期债务不能偿还。

注:"＋"表示现金流入量大于现金流出量;"－"表示现金流出量大于现金流入量。

3.现金流量表总体分析

进行现金流量表的总体分析,就是要根据现金流量表的数据,对企业现金流量主要情况进行总体分析与评价。这时,现金流量表本身就可作为一张分析表,根据表中资料可分析说明企业现金流量情况。下面以表 4-2 甲电气集团股份有限公司现金流量表为基础,对该公司 2020 年现金流量进行总体分析。

该公司 2020 年末现金及现金等价物比年初增加 52 764 874.43 元,其中,经营活动产生的现金流量净额为 68 288 084.18 元;投资活动产生的现金流量净额为－106 442 981.32 元;

筹资活动产生的现金流量净额为 90 919 771.57 元。

第一,该公司经营活动产生的现金流量净额为 68 288 084.18 元,其中经营活动现金流入 610 595 533.42 元,现金流出 542 307 449.24 元,说明企业经营活动的现金流量自我造血能力较强,通过经营活动收回的现金,不仅能够满足经营本身的需要,还可以为企业的其他各项活动(如用于再投资或偿债)提供有力的支持。

第二,该公司投资活动产生的现金流量净额为 －106 442 981.32 元,其中投资活动现金流入 79 879 739.14 元,现金流出 186 322 720.46 元。该公司购建固定资产、无形资产和其他长期资产支付的现金的现金流出为 78 118 157.21 元,远远大于处置固定资产、无形资产的现金流入 24 121 740.00 元,这是扩展中的企业表现出来的常态。而全部投资活动现金流量之所以为负数,主要是投资支付的现金和购建固定资产、无形资产和其他长期资产支付的现金数额较大所致。值得肯定的是,该公司对外投资取得的收益不错,收回的现金高达 55 757 999.14 元。

第三,该公司筹资活动产生的现金流量净额为 90 919 771.57 元,其中筹资活动现金流入 471 099 150.00 元,现金流出 380 179 378.43 元。该公司的筹资是以债务筹资为主,金额高达 448 190 000.00 元,占全部筹资活动现金流入的 95.14%。由于大量的债务筹资,使得还本付息的压力相当大。从表中可以看到,企业以现金偿还债务的本金高达 337 310 000.00 元。因此,企业应注重调整筹资的结构和比例,借以防范债务融资风险。

该电气集团股份有限公司正处于高速发展扩张时期。这时产品的市场占有率高,销售呈现快速上升趋势,造就经营活动中大量货币资金的回笼,当然为了扩大市场份额,企业仍需要大量追加投资,仅靠经营活动现金流量净额远不能满足所追加投资,必须筹集必要的外部资金作为补充。

从以上分析可以看出,对于一个健康的正在成长的企业来说,经营活动的现金流量净额应是正数,投资活动现金流量净额应是负数,筹资活动的现金流量净额应是正负相间的。

▶ 任务 4　现金流量表水平分析

现金流量表总体分析只说明了企业当期现金流量产生的原因,没能揭示本期现金流量与前期现金流量的差异。为了解决这个问题,可采用水平分析法对现金流量表进行分析。仍以甲电气集团股份有限公司资料为例,编制现金流量水平分析表,见表 4-4。

表 4-4　　　　　甲电气集团股份有限公司现金流量水平分析表　　　　　单位:元

项目	2020 年	2019 年	增减额	增减(%)
一、经营活动产生的现金流量				
销售商品、提供劳务收到的现金	469 234 955.89	441 230 068.03	28 004 887.86	6.35
收到的税费返还	885 303.19	5 577 938.18	－4 692 634.99	－84.13

(续表)

项目	2020年	2019年	增减额	增减(%)
收到其他与经营活动有关的现金	140 475 274.34	27 515 492.44	112 959 781.90	410.53
经营活动现金流入小计	610 595 533.42	474 323 498.65	136 272 034.77	28.73
购买商品、接受劳务支付的现金	334 374 490.59	325 039 019.91	9 335 470.68	2.87
支付给职工以及为职工支付的现金	44 557 809.35	37 539 638.32	7 018 171.03	18.70
支付的各项税费	21 594 053.78	21 704 168.21	−110 114.43	−0.51
支付其他与经营活动有关的现金	141 781 095.52	65 332 312.98	76 448 782.54	117.02
经营活动现金流出小计	542 307 449.24	449 615 139.42	92 692 309.82	20.62
经营活动产生的现金流量净额	68 288 084.18	24 708 359.23	43 579 724.95	176.38
二、投资活动产生的现金流量				
收回投资收到的现金	0	950 000.00	−950 000.00	−100.00
取得投资收益收到的现金	55 757 999.14	55 746 113.03	11 886.11	0.02
处置固定资产、无形资产和其他长期资产收回的现金净额	24 121 740.00	76 475.24	24 045 264.76	31 441.90
处置子公司及其他营业单位收到的现金净额	0	0		
收到其他与投资活动有关的现金	0	0		
投资活动现金流入小计	79 879 739.14	56 772 588.27	23 107 150.87	40.70
购建固定资产、无形资产和其他长期资产支付的现金	78 118 157.21	63 370 998.14	14 747 159.07	23.27
投资支付的现金	108 204 563.25	13 112 500.00	95 092 063.25	725.20
取得子公司及其他营业单位支付的现金净额	0	0		
支付其他与投资活动有关的现金	0	0		
投资活动现金流出小计	186 322 720.46	76 483 498.14	109 839 222.32	143.61
投资活动产生的现金流量净额	−106 442 981.32	−19 710 909.87	−86 732 071.45	440.02
三、筹资活动产生的现金流量				
吸收投资收到的现金	22 909 150.00	0	22 909 150.00	
取得借款收到的现金	448 190 000.00	224 460 000.00	223 730 000.00	99.67
收到其他与筹资活动有关的现金	0	0		
筹资活动现金流入小计	471 099 150.00	224 460 000.00	246 639 150.00	109.88
偿还债务支付的现金	337 310 000.00	234 460 000.00	102 850 000.00	43.87
分配股利、利润或偿付利息支付的现金	41 993 670.83	45 026 353.42	−3 032 682.59	−6.74
支付其他与筹资活动有关的现金	875 707.60	845 000.00	30 707.60	3.63
筹资活动现金流出小计	380 179 378.43	280 331 353.42	99 848 025.01	35.62
筹资活动产生的现金流量净额	90 919 771.57	−55 871 353.42	146 791 124.99	无意义

(续表)

项目	2020年	2019年	增减额	增减(%)
四、汇率变动对现金的影响	0	0		
五、现金及现金等价物净增加额	52 764 874.43	−50 873 904.06	103 638 778.49	无意义
六、期末现金及现金等价物余额	127 530 439.08	74 765 564.65	52 764 874.43	70.57

从表 4-4 可以看出，该电气集团股份有限公司 2020 年净现金流量比 2019 年增加 103 638 778.49 元。经营活动、投资活动和筹资活动产生的现金流量净额较上年的变动额分别为 43 579 724.95 元、−86 732 071.45 元和 146 791 124.99 元。

经营活动产生的现金流量净额比上年增长了 43 579 724.95 元，增长率为 176.38%。经营活动现金流入和现金流出分别比上年增长 28.73% 和 20.62%，增长额分别为 136 272 034.77 元和 92 692 309.82 元。经营活动现金流入量的增加主要是因为收到其他与经营活动有关的现金增加了 112 959 781.90 元，增长率为 410.53%；还有销售商品、提供劳务收到的现金增加了 28 004 887.86 元，增长率为 6.35%。经营活动现金流出量的增加主要是受支付其他与经营活动有关的现金增加 76 448 782.54 元、增长率 117.02% 的影响；另外，购买商品、接受劳务支付的现金和支付给职工以及为职工支付的现金亦有不同程度的增加。

投资活动产生的现金流量净额比上年减少 86 732 071.45 元，主要原因是由于投资支付的现金和购建固定资产、无形资产和其他长期资产支付的现金分别比上年增加 95 092 063.25 元和 14 747 159.07 元；而处置固定资产、无形资产和其他长期资产收回的现金净额却只有 24 045 264.76 元，取得投资收益收到的现金只增加了 11 886.11 元，微不足道到可以忽略不计。

筹资活动产生的现金流量净额比上年增长了 146 791 124.99 元，主要是本年取得借款收到的现金较上年增加了 223 730 000.00 元。

任务 5　现金流量表结构分析

现金流量表的结构分析的目的在于揭示现金流入量和现金流出量的结构情况，从而抓住企业现金流量管理的重点。对现金流量表进行结构分析的方法为垂直分析法。以下以甲电气集团股份有限公司现金流量表的资料为基础，经过处理，可得出现金流量结构分析表，见表 4-5。

表 4-5　甲电气集团股份有限公司现金流量结构分析表　　　　　　　　单位：元

项目	2020年	流入结构(%)	流出结构(%)	内部结构(%)
一、经营活动产生的现金流量				
销售商品、提供劳务收到的现金	469 234 955.89	40.40		76.85
收到的税费返还	885 303.19	0.08		0.14

(续表)

项目	2020年	流入结构(%)	流出结构(%)	内部结构(%)
收到其他与经营活动有关的现金	140 475 274.34	12.09		23.01
经营活动现金流入小计	610 595 533.42	52.57		100.00
购买商品、接受劳务支付的现金	334 374 490.59		30.16	61.66
支付给职工以及为职工支付的现金	44 557 809.35		4.02	8.22
支付的各项税费	21 594 053.78		1.95	3.98
支付其他与经营活动有关的现金	141 781 095.52		12.79	26.14
经营活动现金流出小计	542 307 449.24		48.91	100.00
经营活动产生的现金流量净额	68 288 084.18			
二、投资活动产生的现金流量				
取得投资收益收到的现金	55 757 999.14	4.80		69.80
处置固定资产、无形资产和其他长期资产收回的现金净额	24 121 740.00	2.08		30.20
投资活动现金流入小计	79 879 739.14	6.88		100.00
购建固定资产、无形资产和其他长期资产支付的现金	78 118 157.21		7.04	41.93
投资支付的现金	108 204 563.25		9.76	58.07
投资活动现金流出小计	186 322 720.46		16.80	100.00
投资活动产生的现金流量净额	−106 442 981.32			
三、筹资活动产生的现金流量				
吸收投资收到的现金	22 909 150.00	1.97		4.86
取得借款收到的现金	448 190 000.00	38.58		95.14
筹资活动现金流入小计	471 099 150.00	40.55		100.00
偿还债务支付的现金	337 310 000.00		30.42	88.72
分配股利、利润或偿付利息支付的现金	41 993 670.83		3.79	11.05
支付其他与筹资活动有关的现金	875 707.60		0.08	0.23
筹资活动现金流出小计	380 179 378.43		34.29	100.00
筹资活动产生的现金流量净额	90 919 771.57			
现金流入总额	1 161 574 422.56	100.00		
现金流出总额	1 108 809 548.13		100.00	
四、汇率变动对现金的影响	0			
五、现金及现金等价物净增加额	52 764 874.43			
六、期末现金及现金等价物余额	127 530 439.08			

1.现金流入结构分析

现金流入结构分为总流入结构和内部现金流入结构。现金总流入结构是反映企业经营活动的现金流入量、投资活动的现金流入量和筹资活动的现金流入量分别占现金总流入量的比重。内部现金流入结构反映的是经营活动、投资活动和筹资活动等各项业务活动现金流入中具体项目的构成情况。现金流入结构分析,可以明确企业的现金究竟来自何方,增加现金流入应在哪些方面采取措施等。

甲电气集团股份有限公司2020年现金流入总量为1 161 574 422.56元,其中经营活动现金流入、投资活动现金流入和筹资活动现金流入所占比重分别为52.57%、6.88%和40.55%。可见企业的现金流入量主要是由经营活动产生的。经营活动的现金流入量中销售商品、提供劳务收到的现金与收到其他与经营活动有关的现金,投资活动的现金流入量中取得投资收益收到的现金,筹资活动的现金流入量中取得借款收到的现金分别占各类现金流入量的较大比重。

总体来说,企业的现金流入量中,经营活动的现金流入量应当占较高比例,特别是其销售商品、提供劳务收到的现金应明显高于其他业务活动流入的现金。但是对于不同性质的企业,这个比例也可能有较大的差异。如一个单一经营且专心于某一特定经营业务,不愿意进行其他投资,筹资政策保守,不愿意举债经营的企业,该比例可能尤其高。

2.现金流出结构分析

现金流出结构分为总流出结构和内部现金流出结构。现金总流出结构是反映企业经营活动的现金流出量、投资活动的现金流出量和筹资活动的现金流出量分别占现金总流出量的比重。内部现金流出结构反映的是经营活动、投资活动和筹资活动等各项业务活动现金流出中具体项目的构成情况。现金流出结构分析,可以表明企业的现金究竟流向何方,要节约开支应从哪些方面入手等。

甲电气集团股份有限公司2020年现金流出总量为1 108 809 548.13元,其中经营活动现金流出、投资活动现金流出和筹资活动现金流出所占比重分别为48.91%、16.80%和34.29%。可见,在现金流出总量中经营活动现金流出量所占的比重最大,筹资活动现金流出量所占比重次之。在经营活动现金流出量中,购买商品、接受劳务支付的现金占30.16%,比重最大;支付其他与经营活动有关的现金占现金总流出量的比重为12.79%,占经营活动现金流出量的比重为26.14%,是现金流出的主要项目。投资活动的现金流出量主要是投资支付的现金,其占现金总流出量的比重为9.76%,占投资活动现金流出量的比重为58.07%。筹资活动的现金流出量主要用于偿还债务,当期偿还债务支付的现金占现金总流出量的比重为30.42%,占筹资活动现金流出量的比重为88.72%。

一般情况下,经营活动的如购买商品、接受劳务支付的现金往往要占到较大的比重,投资活动和筹资活动的现金流出则因企业的财务政策不同而存在更大的差异,有些企业较少,在总现金流出中所占比例甚微,而有些企业则可能很大,甚至超过经营活动的现金流出。在企业正常的经济活动中,其经营活动的现金流出应当具有一定的稳定性,各期变化幅度一般不会变化太大,但投资和筹资活动的现金流出的稳定性相对较差,甚至具有偶发性、随意性。随着交付投资款、偿还到期债务、支付股利等活动的发生,当期该类活动的现金流出便会呈现剧增。因此,分析企业的现金流出结构在不同期间难以采用统一的标准,应当结合具体情况分析。

项目小结

现金流量表反映的内容是企业经营活动、投资活动和筹资活动现金流量。通过现金流量表的分析,有助于了解企业偿债能力和营运能力;分析企业盈利的质量;预测企业未来现金流量,为投资者和债权人决策提供必要信息。

现金流量表分析内容主要包括现金流量表项目分析、现金流量表总体分析、现金流量表水平分析和结构分析。现金流量表项目分析是按现金流量的项目或类别,分析各类业务活动的现金流入与流出状况及其产生的原因;现金流量表总体分析,就是根据现金流量表的数据,对企业现金流量情况进行总体分析与评价;现金流量表水平分析则是通过本期现金流量与前期或预计现金流量的比较,揭示其差异;现金流量表结构分析,目的在于揭示现金流入量和现金流出量的结构情况,从而抓住企业现金流量管理的重点。

练习题

一、单项选择题

1. 下列选项中,不属于现金及现金等价物的是(　　)。
   A. 三个月内到期的债券　　　　B. 库存现金
   C. 银行活期存款　　　　　　　D. 银行定期存款

2. 在企业处于高速成长阶段,投资活动现金流量往往是(　　)。
   A. 流入量大于流出量　　　　　B. 流出量大于流入量
   C. 流入量等于流出量　　　　　D. 不一定

3. 根据《企业会计准则第31号—现金流量表》的规定,支付的现金股利归属于(　　)现金流量。
   A. 经营活动　　　　　　　　　B. 筹资活动
   C. 投资活动　　　　　　　　　D. 销售活动

4. 下列财务活动中不属于企业筹资活动的是(　　)。
   A. 发行债券　　　　　　　　　B. 分配股利
   C. 吸收权益性投资　　　　　　D. 购建固定资产

5. 下列各项,属于工业企业投资活动产生的现金流量的是(　　)。
   A. 向银行借款收到的现金　　　B. 以现金支付的债券利息
   C. 发行公司债券收到的现金　　D. 以现金支付的在建工程人员工资

6. 下列各项,不在"销售商品、提供劳务收到的现金"项目中反映的是(　　)。
   A. 应收账款的收回　　　　　　B. 预收销货款
   C. 向购买方收取的增值税销项税额　　D. 本期的购货退回

二、多项选择题

1. 现金流量表中现金所包括的具体内容是（　　）。
   A. 库存现金　　　　　　　　B. 银行存款
   C. 短期证券　　　　　　　　D. 发行债券

2. 属于筹资活动现金流量的项目有（　　）。
   A. 短期借款增加　　　　　　B. 增加长期投资
   C. 取得债券利息收入收到的现金　　D. 偿还长期债券

3. 下列活动中，属于经营活动产生的现金流量的有（　　）。
   A. 销售商品收到的现金　　　B. 分配股利支付的现金
   C. 提供劳务收到的现金　　　D. 出售设备收到的现金

4. 属于筹资活动现金流量的项目有（　　）。
   A. 短期借款的增加　　　　　B. 支付给职工的现金
   C. 取得债券利息收入　　　　D. 分配股利所支付的现金

5. 下列选项可能导致资产负债表"货币资金"项目期末余额，不等于现金流量表"现金及现金等价物"期末余额的有（　　）。
   A. 以交易为目的的股票投资
   B. 银行定期存款
   C. 申请开立银行承兑汇票时支付的保证金
   D. 银行活期存款

6. 下列选项中，可能导致"营业收入"和"销售商品、提供劳务收到的现金"两个项目不一致的有（　　）。
   A. 应收账款增加　　　　　　B. 应收票据增加
   C. 应付账款增加　　　　　　D. 预收账款增加

三、判断题

1. 固定资产折旧的变动不影响当期现金流量的变动。（　　）
2. 经营活动产生的现金流量大于零，则说明企业盈利。（　　）
3. 企业分配股利必然引起现金流出量的增加。（　　）
4. 利息支出将对筹资活动现金流量和投资活动现金流量产生影响。（　　）
5. 企业支付所得税将引起筹资活动现金流量的增加。（　　）
6. 现金流量表的编制基础是权责发生制。（　　）
7. 计提坏账准备将引起经营活动现金净流量的增加。（　　）
8. 企业经营活动的现金流量净额大于零，说明其当期销售商品所获得的收入全部收回现金。（　　）

四、计算题

1. 甲公司为增值税一般纳税企业。2021年度，甲公司营业收入为1 000万元，增值税销项税额为170万元；应收账款期初余额为100万元，期末余额为150万元；预收款项期初余额为50万元，期末余额为10万元。假定不考虑其他因素，请计算甲公司2021年度现金流量表中"销售商品、提供劳务收到的现金"项目的金额。

2. 乙公司2021年度发生的管理费用为1 200万元，其中：以现金支付退休职工统筹退休金 200 万元和管理人员工资 500 万元，存货盘亏损失 20 万元，计提固定资产折旧 100 万元，无形资产摊销 50 万元，计提坏账准备 10 万元，其余均以现金支付；2021 年发生的销售费用 500 万元，均以现金支付。假定不考虑其他因素，请计算乙公司 2021 年度现金流量表中"支付的其他与经营活动有关的现金"项目的金额。

五、案例分析题

案例资料：仍引用项目二练习题中 ZSJ 地产控股股份有限公司的案例资料。

该公司 2021 年度现金流量表如下表所示。

表 4-6　　　　　　　　　　　　　现金流量表

编制单位：ZSJ 地产控股股份有限公司　　2021 年 12 月 31 日　　　　　　　　　　　　单位：元

项目	2021 年	2020 年
一、经营活动产生的现金流量		
销售商品、提供劳务收到的现金	15 926 683 850.00	6 195 335 331.00
收到的税费返还	598 706.00	25 520 015.00
收到其他与经营活动有关的现金	3 542 739 117.00	887 926 560.00
经营活动现金流入小计	19 470 021 673.00	7 108 781 906.00
购买商品、接受劳务支付的现金	8 370 247 406.00	9 374 818 057.00
支付给职工以及为职工支付的现金	561 496 643.00	515 097 597.00
支付的各项税费	1 426 342 512.00	802 008 011.00
支付其他与经营活动有关的现金	2 057 203 779.00	336 701 916.00
经营活动现金流出小计	12 415 290 340.00	11 028 625 581.00
经营活动产生的现金流量净额	7 054 731 333.00	−3 919 843 675.00
二、投资活动产生的现金流量		
收回投资收到的现金	—	40 702 142.00
取得投资收益收到的现金	413 971.00	12 870 616.00
处置固定资产、无形资产和其他长期资产收回的现金净额	251 567.00	2 772 549.00
处置子公司及其他营业单位收到的现金净额	13 304 811.00	681 912 273.00
收到其他与投资活动有关的现金	485 915 710.00	—
投资活动现金流入小计	499 886 059.00	738 257 580.00
购建固定资产、无形资产和其他长期资产支付的现金	75 630 570.00	83 837 658.00
投资支付的现金	870 044 567.00	1 013 522 765.00
取得子公司及其他营业单位支付的现金净额	—	5 252 240.00
支付其他与投资活动有关的现金	—	54 886 338.00
投资活动现金流出小计	945 675 137.00	1 157 499 001.00
投资活动产生的现金流量净额	−445 789 078.00	−419 241 421.00
三、筹资活动产生的现金流量		
吸收投资收到的现金	338 613 350.00	6 444 200 352.00
取得借款收到的现金	5 612 106 753.00	8 943 642 350.00

（续表）

项目	2021 年	2020 年
收到其他与筹资活动有关的现金	—	—
筹资活动现金流入小计	5 950 720 103.00	15 387 842 702.00
偿还债务支付的现金	10 044 491 466.00	6 329 137 678.00
分配股利、利润或偿付利息支付的现金	1 095 366 405.00	894 253 290.00
支付其他与筹资活动有关的现金	—	—
筹资活动现金流出小计	11 139 857 871.00	7 223 390 968.00
筹资活动产生的现金流量净额	−5 189 137 768.00	8 164 451 734.00
四、汇率变动对现金的影响	−2 200 526.00	−12 294 446.00
五、现金及现金等价物净增加额	1 417 603 961.00	3 813 072 192.00
加：年初现金及现金等价物余额	7 358 057 106.00	3 544 984 914.00
六、期末现金及现金等价物余额	8 775 661 067.00	7 358 057 106.00

要求：

（1）对该公司的现金流量表进行水平分析；

（2）对该公司的现金流量表进行结构分析；

（3）对该公司的现金流量状况进行总体评价。

项目五

企业偿债能力分析

知识目标

- 了解偿债能力的目的和内容；
- 掌握短期偿债能力的概念、影响因素以及主要财务比率指标的计算与分析；
- 掌握长期偿债能力的概念、影响因素以及主要财务比率指标的计算与分析。

能力目标

- 培养学生熟练应用短期偿债能力指标对企业偿债能力进行静态分析和动态分析；
- 培养学生熟练掌握资产规模、盈利能力和现金流量对长期偿债能力影响的分析方法。

思政目标

- 培养学生诚信、法治、公正、敬业的社会主义核心价值观。
- 培养学生树立经营风险意识和金融安全意识，维护社会稳定和市场经济秩序。

案例导入

2018年1月17日，红星美凯龙于上海证券交易所主板挂牌上市（股票简称：美凯龙，股票代码：601828）。至此，红星美凯龙正式成为中国家居零售A+H第一股，通过匠心和创新，红星美凯龙不断重新定义和引领行业。2021年6月7日，中国连锁经营协会发布"2020年中国连锁百强榜单"，红星美凯龙位于榜单第三，2020年销售1080.19亿元（含税），2020年门店总数为476个。

但是，从美凯龙的年报来看，2017年至2020年，美凯龙的资产负债率在不断的增长，分别为54.72%、59.14%、59.95%、61.16%。美凯龙也认为，持续上升的资产负债率在一定程度上削弱了公司的抗风险能力，制约了公司的融资能力，使公司面临较高的财务风险。截止2020年末，美凯龙可用的货币资金为65.11亿元，但负债已经达到804.50亿元，其中流动负债的金额为316.39亿元。

2017年至2020年，美凯龙的流动比率分别为0.64、0.62、0.50、0.48；速动比率分别为0.64、0.61、0.49、0.47，流动比率和速动比率均较低，公司的偿债能力较低。

面对高额的负债,资金无法正常回笼,美凯龙陷入了"借新还旧"的困境中。2019年美凯龙发行 20 亿元公司债券,主要用于归还银行贷款、偿还公司债券;2020 年美凯龙共发行三次公司债券,金额共计 15 亿元,均用作还款。

红星美凯龙走到如今的窘境,和地产业务的失血密不可分。2018 年,红星地产喊出千亿目标后,便开始大举加杠杆拿地。截至 2020 年 9 月末,商业、住宅地产项目在建项目 54 个,拟建项目 2 个,资本支出规模较大。红星地产的狂奔给公司带来了繁重的债务压力。财报显示,截至 2020 年底,红星美凯龙短期借款为 67.19 亿元,同比增长 13.07%;一年内到期的非流动负债为 266.63 亿元,同比增长 14.57%;流动负债合计 1 256.37 亿元,同比增长 32.34%;负债合计 1 966.02 亿元,同比增长 16.96%。

巨大的债务压力下,红星美凯龙选择了借新还旧。现金流量表显示,2020 年,公司借款超过 186 亿元,同时只偿还了 146 亿元。长期的入不敷出,给公司带来了沉重的利息负担。财报显示,2020 年,公司利息支出高达 25.49 亿,而且当年资本化利息达到了 3.66 亿,全年利息开支远远超过了净利润。

案例分析要求:

面对如此巨额债务,红星美凯龙能否靠"瘦身"回血?

任务 1　偿债能力分析的目的和内容

1.偿债能力分析的目的

偿债能力是指企业偿还各种债务的能力。企业的负债按偿还期的长短,可以分为流动负债和非流动负债两大类。其中,反映企业偿付流动负债能力的是短期偿债能力;反映企业偿付非流动负债能力的是长期偿债能力。

企业偿债能力分析是财务报表分析的重要组成部分,也是企业经营者、投资人、债权人等都十分关心的重要问题。站在不同的角度,分析的目的也有区别。

投资者更重视企业的盈利能力,但他们认为,如果企业拥有良好的财务状况和较强的偿债能力更有助于提高企业的盈利能力。因此,他们同样会关注企业的偿债能力。对于投资者来说,如果企业的偿债能力发生问题,就会使企业的经营者花费大量的精力去筹措资金以应付还债,这不仅会增加筹资难度,加大临时性紧急筹资的成本,还会使企业经营者难以集中精力地管理企业,使企业盈利受到影响,最终影响到投资人的利益。

债权人对企业偿债能力的分析,目的在于进行正确的借贷决策,保证其资金安全。偿债能力对债权人的利益有着直接的影响,因为偿债能力的强弱直接决定着债权人信贷资金及其利息是否能收回的问题。通过对企业资金的主要来源和用途以及资本结构的分析,加上对企业过去盈利能力的分析和对未来盈利能力的预测,可以判断企业的偿债能力。

商品和劳务供应商主要是指赊销商品或劳务给企业的单位和个人，他们最关心的是能否尽快安全地收回资金。因此，他们必须判断企业能否及时支付商品和劳务的价款。从这个角度来说，商品和劳务供应商对企业偿债能力的分析与债权人类似。

如果从企业角度来说，任何一家企业要想维持正常的生产经营活动，必须持有足够的现金或者可以随时变现的流动资产，以支付各种到期的费用账单和其他债务。因此，其分析目的在于：

（1）了解企业的财务状况。从企业财务状况这一定义来看，企业偿债能力的强弱是反映企业财务状况的重要标志。对于小规模企业而言，投资者和经营者对企业的财务状况可以做到了如指掌，而银行和其他债权人则需要通过分析企业的财务资料，了解企业的偿债能力，判断企业的财务状况。大企业由于经营业务繁杂多样，就更加突显偿债能力分析的重要性。

（2）揭示企业所承担的财务风险程度。企业所承担的财务风险与负债筹资直接相关，负债必须到期归还，而且要支付利息，不管企业盈亏与否，其偿债义务必须履行。这就是说，当企业举债时，就可能出现债务到期不能按时偿付的可能，这就是财务风险的实质所在。而且，企业的负债比率越高，到期不能按时偿付的可能性越大，企业所承担的财务风险越大。如果企业有足够的现金或者可以随时变现的流动资产，即企业偿债能力强时，其财务风险就相对较低；反之，则财务风险就相对较高。

（3）预测企业筹资前景。当企业偿债能力强时，说明企业财务状况较好，信誉较高，债权人就愿意将资金借给企业。否则，债权人就不愿意将资金借给企业。因此，当企业偿债能力较弱时，企业筹资前景不容乐观，除非企业愿意付出较高的代价，才有可能举借到生产经营所需的资金，这样做会使企业所承担的财务风险更高。

（4）为企业进行各种理财活动提供重要参考。企业在理财活动中何时取得资金，需要多少资金，取决于生产经营活动的需要，这里也包括偿还债务的需要。如果企业偿债能力不强，特别是近期内有需要偿付的债务时，企业就必须及早地筹措资金，以便在债务到期时能够偿付，使企业信誉得以维护。如果企业偿债能力较强，企业就可以利用暂时闲置的资金进行其他投资活动，以提高资产的利用效果。

2.偿债能力分析的内容

一般地说，偿债能力分析通常分为短期偿债能力分析和长期偿债能力分析。

2.1 短期偿债能力分析

短期偿债能力是指企业偿还流动负债的能力，或者说是指企业在短期债务到期时可以变现为现金用于偿还流动负债的能力。因此短期偿债能力分析也称为企业流动性分析，进行短期偿债能力分析首先要明确影响短期偿债能力的因素，在此基础上，通过对一系列反映短期偿债能力的指标进行计算与分析，反映企业短期偿债能力状况及其原因。

2.2 长期偿债能力分析

长期偿债能力是指企业偿还长期负债的能力，或者说是在企业长期债务到期时，企业盈利或资产可用于偿还长期负债的能力。对企业长期偿债能力进行分析，要结合长期负债的特点，在明确影响长期偿债能力因素的基础上，从企业盈利能力和资产规模两方面对企业偿还长期负债的能力进行分析和评价。

2.3 短期偿债能力与长期偿债能力的关系

企业短期偿债能力与长期偿债能力通称为企业的偿债能力，它们共同构成企业对各种债务的偿还能力。两种偿债能力既相互统一，又有显著的区别；既有共同性，又各具特殊性。

(1) 短期偿债能力与长期偿债能力的区别

第一，短期偿债能力反映的是企业对偿还期在1年或超过1年的一个营业周期以内的短期债务的偿付能力；而长期偿债能力反映企业保证未来到期债务（一般为1年以上）有效偿付的能力。

第二，短期偿债能力所涉及的债务偿付一般是企业的流动性支出，这些流动性支出具有较大的波动性，从而使企业短期偿债能力也会呈现较大的波动性；而长期偿债能力所涉及的债务偿付一般为企业的固定性支出，只要企业的资本结构与盈利能力不发生显著的变化，企业的长期偿债能力会出现相对稳定的特点。

第三，短期偿债能力所涉及的债务偿付一般动用企业目前所拥有的流动资产，因此短期偿债能力的分析主要关注流动资产对流动负债的保障程度，即着重进行静态分析；而长期偿债能力所涉及的债务偿付保证一般为未来所产生的现金流入，因此企业资产和负债结构以及盈利能力是长期偿债能力的决定因素。

(2) 短期偿债能力与长期偿债能力的联系

第一，不管是短期偿债能力还是长期偿债能力，都是保障企业债务及时有效偿付的反映。但提高偿债能力，降低企业偿债风险，并不是企业财务运作的唯一目的，短期偿债能力与长期偿债能力都并非越高越好。企业应在股东财富最大化目标的框架下，合理安排企业债务水平与资产结构，实现风险与收益的权衡。

第二，由于长期负债在一定期限内将逐步转化为短期负债，因此长期负债得以偿还的前提是企业具有较强的短期偿债能力，短期偿债能力是长期偿债能力的基础。

▶ 任务 2　短期偿债能力分析

1. 短期偿债能力的概念与影响因素

1.1 短期偿债能力的概念及其意义

短期偿债能力是指企业用流动资产偿还流动负债的现金保障程度。短期偿债能力是企业任何利益相关者都应该重视的问题。

对企业经营者来说，短期偿债能力的强弱意味着企业承受财务风险的能力大小。若短期偿债能力下降，则企业偿债压力增大，企业如不能通过债务减免、债务展期或借新债还旧债等方式解决当期债务，就只能变现资产或破产清算，这都将会给企业带来致命的打击。

对投资者来说，短期偿债能力的强弱意味着企业盈利能力的高低和投资机会的多少。

对企业的债权人来说，短期偿债能力的强弱意味着本金与利息能否按时收回，并且企业长期偿债能力最终也要通过短期偿债能力来体现。

对企业的供应商和客户来说，短期偿债能力的强弱意味着企业履行合同能力的强弱，偿债能力的下降，可能会使企业正常的交易活动无法进行，从而损害供应商和客户的利益。

总之，短期偿债能力是十分重要的。当一个企业丧失短期偿债能力时，它的持续经营能力将受到质疑。此时，其他财务分析指标就显得不那么重要了。因此，短期偿债能力分析是财务报表分析的第一项内容。

1.2 短期偿债能力的影响因素

进行短期偿债能力分析，首先必须明确影响短期偿债能力的因素，这是企业短期偿债能力分析的基础。

(1) 企业内部因素

第一，流动资产的规模与结构。一般来说，流动资产越多，企业短期偿债能力越强，因为流动负债一般要通过流动资产变现来偿还。如果流动资产所占比重较高，但其内部结构不合理，其实际偿债能力也会受到影响。流动资产不同构成项目的变现能力以及对整个流动资产变现速度的影响也不尽相同。在整个流动资产中，变现能力最强的是货币资金，其次是交易性金融资产。相对而言，存货的流动性较差，变现时间长，而且有些存货由于品种、质量等原因变现能力可能很差，甚至无法变现。如果存货资产在流动资产中占较大比重，则其偿债能力是要打折扣的。从这个意义上讲，流动资产中的应收账款、存货的周转速度也是反映企业偿债能力强弱的辅助性指标。

第二，流动负债的规模与结构。流动负债的规模是影响企业短期偿债能力的重要因素，因为流动负债的规模越大，企业在短期内需要偿还的债务负担就越重。企业的流动负债有些必须以现金偿付，如短期借款、应交税费等；有些则要用商品或劳务来偿还，如预收款项等。需要用现金偿付的流动负债对资产的流动性要求更高，企业只有拥有足够的现金才能保证其偿债能力。此外，流动负债中各种负债的偿还期限是否集中，都会对企业偿债能力产生影响。也就是说，并非所有流动负债都需要在到期时立即偿还，有的债务存在固定支付日期，有的债务需要估计支付日期。例如，企业的短期借款、应付票据、应交税费等流动负债，都有约定的到期日期，需要到期立即偿还；而与企业有长期合作关系的一些供应商的负债往往具有时间弹性，如应付账款、预收款项等。一般情况下，时间刚性强的债务会加重企业的偿债压力，而时间刚性弱的债务则会减轻企业的偿债压力。

第三，企业的经营现金流量水平。企业的短期债务通常是用现金进行偿还的，因此，现金流量会直接影响企业的短期偿债能力。在三类现金流量中，经营活动带来的现金净流量在各期之间相对比较稳定，能够比较稳定地满足企业的短期现金支付，因此经营活动现金流量水平与企业短期偿债能力的关系最为密切。如果没有充足的现金流量，即使是盈利的企业也可能因无法及时偿还到期债务而导致信用危机甚至被迫破产。

第四，融资能力。单凭各种偿债能力指标还不足以判断企业的实际偿债能力。有些企业各种偿债能力指标都较好，但却不能按期偿付到期的债务；而另一些因为有较强的融资能力，如与银行等金融机构保持良好的信用关系，随时能够筹集到大量的资金，即使各种偿债能力指标不高，却总能按期偿付其债务和支付利息。

(2) 企业外部因素

第一，宏观经济形势。宏观经济形势是影响企业短期偿债能力的重要外部因素。当一国经济持续稳定增长时，社会的有效需求也会随之稳定增长，产品畅销。由于市场条件良好，企业的产品和存货可以较容易通过销售转化为货币资金，从而提高企业短期偿债能力。如果国民经济进入迟滞阶段，国民购买力不足，就会使企业产品积压，企业资金周转不灵，企业间货款相互拖欠，企业的偿债能力就会受到影响，反映短期偿债能力的指标也会不实。

第二，证券市场的发育与完善程度。在企业的流动资产中，常常会包括一定比例的有价证券，在分析企业偿债能力时，是可以把有价证券视为等量现金的。证券市场的发育与完善程度对企业短期偿债能力的影响还表现在：如果证券市场发达，企业随时可将手中持有的有价证券转换为现金；如果证券市场不发达，企业转让有价证券就很困难，或者不得不以较低的价格出售。可见，证券市场的发育与完善程度是企业短期偿债能力的重要影响因素。

第三，银行的信贷政策。国家为保证整个国民经济的健康发展，必然要采取宏观调控方法，利用金融、税收等宏观经济政策的制定，调整国家的产业政策和经济发展速度。一个企业，如果其产品是国民经济急需的，发展方向是属于国家政策鼓励的，就会较容易取得银行借款，其偿债能力也会提高。此外，当国家采取较宽松的信贷政策时，所有的企业都会在需要资金时较容易地取得银行信贷资金，其实际偿债能力就会提高。

2. 短期偿债能力指标的计算与分析

短期偿债能力的高低通常是以比率确定的。由于比率本身准确性的缺陷以及时空条件的变化，各种比率所反映的偿债能力也只是综合的、大致的、仅供参考的信息，并非百分之百准确，这在分析时应特别注意。

企业短期偿债能力可以从两个方面进行分析评价：一是根据资产负债表进行静态分析评价；二是根据现金流量表和其他资料进行动态分析评价。

2.1 短期偿债能力的静态分析

根据资产负债表，可以了解一个企业的流动资产规模和流动负债规模，但资产规模仅仅表现企业资产的流动性，而不能说明企业的偿债能力。流动负债规模也只能表明企业目前所承担的债务和资金的流动性，同样不能说明企业的偿债能力。最能反映企业短期偿债能力的指标，是建立在对企业流动资产和流动负债关系分析的基础之上的，主要有流动比率、速动比率和现金比率。

(1) 流动比率的计算与分析

流动比率是流动资产与流动负债的比值，表示每一元的流动负债，有多少流动资产作为偿还保证。其计算公式为：

$$流动比率 = \frac{流动资产}{流动负债}$$

流动比率是衡量企业短期偿债能力的重要指标。一般来说，从债权人立场上看，该指标越高越好，因为流动比率越高，债权越有保障，借出的资金越安全。但从经营者和所有者角度看，并不一定流动比率越高越好。根据诸多企业的长期实践所形成的经验规则，一般认为，流动比率应达到 2 以上比较适宜，但这样的经验值并不适用于所有的行业和企业。

由于流动比率也不可避免地存在一些问题，所以在运用该指标进行企业短期偿债能力分析时，要注意以下几个问题：

第一，流动比率所反映的是企业某一时点上可以动用的流动资产存量与流动负债的比率关系，而这种静止状态的资产与未来的现金流量并没有必然联系。流动负债是企业今后短时期内要偿还的债务，而企业现存的流动资产能否在较短时期内变成现金却难以确定。

第二，企业应收账款规模的大小，受企业销售政策和信用条件的影响，信用条件越是宽松，销售量越大，应收账款规模就越大，发生坏账损失的可能性也就越大。因此，不同的主观管理方法，会影响应收账款的规模和变现程度，使指标计算的客观性受到损害，容易导致计算结果产生误差。

第三，存货资产在流动资产中占较大比重，而企业又可以随意选择存货的计价方式，不同的计价方式对存货规模的影响也不同，也会使流动比率的计算带有主观色彩。同时，如果企业的存货积压，反而会表现出较高的流动比率。

第四，企业的债务并不是全部反映在资产负债表上，只以资产负债表上的流动资产与流动负债相比较来判断企业的短期偿债能力是不全面的。

第五，对企业短期偿债能力的判断必须结合所在行业的平均标准。不同行业因其资产、负债占用情况不同，流动比率会有较大区别，有些行业的流动比率达到 1 时就可能表示其有足够的偿债能力，而有些行业的流动比率达到或超过 2 时，也不一定表明其偿债能力很强。

第六，要注意人为因素对流动比率指标的影响。流动比率是根据资产负债表的资料计算出来的，体现的仅仅是账面上的偿债能力。企业管理人员出于某种目的，可以运用各种方式进行调整，使以流动比率表现出来的偿债能力与实际偿债能力有较大差异。例如，企业可以以本期末还贷、下期初再举债的方式调低期末流动负债余额，从而提高流动比率。分析时应注意联系流动资产和流动负债的变动情况及变动原因，对企业偿债能力的真实性做出判断。

一般情况下，流动资产中的应收账款和存货的周转速度是影响流动比率的主要因素。营业周期短、应收账款和存货的周转速度快的企业，其流动比率低一些也是可以接受的。

根据表 2-2 提供的资料，计算该公司的流动比率。

$$期初流动比率 = \frac{258\ 818\ 617.15}{270\ 762\ 157.06} = 0.96$$

$$期末流动比率=\frac{409\ 224\ 636.60}{348\ 924\ 252.83}=1.17$$

计算结果表明,该公司期初流动比率仅为0.96,短期偿债的压力是很大的。这种现象在期末稍稍得到一些缓解。但如果按照经验标准来判断,该公司无论是期初还是期末,流动比率都远低于2的水平,表明该公司的短期偿债能力较弱。

需要强调的是,随着时间的推移,影响企业经营的主、客观因素会发生较大的变化。企业对资产的流动性及资产的利用效果更加重视,任何企业都不会牺牲资产的流动性和利用效果来维持较高的流动比率。因此,近年来流动比率已呈下降的趋势。此外,还需要结合行业竞争对手以及行业标准,对企业的流动比率作进一步的分析。

(2)速动比率的计算与分析

速动比率又称酸性试验比率,是速动资产与流动负债的比值,用来衡量企业流动资产中可以立即变现偿付流动负债的能力。其计算公式为:

$$速动比率=\frac{速动资产}{流动负债}$$

速动资产是指几乎可以立即变现用来偿付流动负债的那些资产,一般包括:货币资金、交易性金融资产、应收票据、应收账款、其他应收款。计算速动资产之所以要排除存货和预付账款等,是因为存货是流动资产中变现速度最慢的资产,而且存货在销售时受到市场价格的影响,使其变现价值带有很大的不确定性。至于预付账款,本质上属于预付费用,只能减少企业未来时期的现金支出,其流动性实际很低。速动资产的另一种简单表达方式是流动资产减存货。

速动比率的分析要点:

(1)速动比率代表了企业直接的偿债能力,与流动比率相比,对短期偿债能力的分析考核更加稳妥可信。一般认为,速动比率等于或稍大于1比较理想。

(2)对于判断速动比率的标准不能绝对化,如零售企业大量采用现金结算,应收账款很少,因而允许保持低于1的速动比率,对不同行业、不同企业需具体分析。

(3)速动比率是一个静态指标,未考虑应收账款的可收回性和回收期限,这必然会减弱企业的短期偿债能力。

(4)过高的速动比率会影响企业的盈利能力。

根据表2-2提供的资料,可以计算该公司的速动比率。

$$期初速动比率=\frac{74\ 765\ 564.65+18\ 841\ 133.66+79\ 743\ 418.39+3\ 148\ 327.52}{270\ 762\ 157.06}$$
$$=0.65$$

$$期末速动比率=\frac{127\ 530\ 439.08+5\ 568\ 336.08+91\ 857\ 731.82+71\ 335\ 202.91}{348\ 924\ 252.83}$$
$$=0.85$$

计算结果表明,该公司期末短期偿债能力高于期初,但如果按照经验标准来判断,该公司无论是期初还是期末,速动比率都远低于1的水平,表明该公司的偿债能力较弱。

(3)现金比率的计算与分析

基于流动比率和速动比率都有可能高估企业的短期偿债能力,解决这个问题的方法就是采取更极端保守的态度计算和分析企业的短期偿债能力,也就是采用现金比率指标。

现金比率是指企业的现金类资产与流动负债的比率。其中,现金类资产包括企业所拥有的货币资金和交易性金融资产。它能反映企业的立即偿债能力,但没有考虑流动资产和流动负债的再生性。财务分析者可将现金比率看作是流动比率和速动比率的补充和延伸,是对企业短期资产的流动性、变现力及偿债能力更为严格的计量,是比流动比率和速动比率更加直接、更为严格的指标。其计算公式为:

$$现金比率 = \frac{现金类资产}{流动负债} = \frac{货币资金+交易性金融资产}{流动负债}$$

现金比率越高,表明企业可立即用于支付债务的现金类资产越多,对到期流动负债的偿还越有切实的保障。但对企业来说,现金比率的确定并不能仅仅考虑短期偿债能力的提高,应将风险与收益两方面的因素综合起来考虑。如果这一比率过高,表明企业通过负债方式所筹集的流动资金没有得到充分的利用,所以并不鼓励企业保留更多的现金类资产。一般认为,现金比率应维持在20%左右,在这一水平上,企业的直接支付能力不会有太大的问题。

运用该指标应当注意的问题:

(1)在评价企业短期偿债能力时,一般来说现金比率重要性不大,因为不可能要求企业用现金类资产来偿付全部流动负债,企业也没有必要总是保持足够还债的现金类资产。但是,当发现企业的应收账款和存货的变现能力存在问题时,现金比率就显得很重要了。

(2)现金比率高,说明企业即刻变现能力强。但过高的现金比率会带来较高的机会成本。

(3)具有特殊用途的货币资金不能作为可偿债资产,如某些限定用途、不能随便动用的现金;银行限制性条款中规定的最低存款余额等。

根据表2-2提供的资料,可以计算该公司的现金比率。

$$期初现金比率 = \frac{74\ 765\ 564.65}{270\ 762\ 157.06} = 0.28$$

$$期末现金比率 = \frac{127\ 530\ 439.08}{348\ 924\ 252.83} = 0.37$$

计算结果表明,该公司期末现金比率比期初现金比率增长了0.9%,这种变化表明企业的直接支付能力有很大提高。与经验标准相比,该公司期初、期末现金比率都已超过20%,因此该公司的直接支付能力较强。

2.2 短期偿债能力的动态分析

企业短期偿债能力分析中使用的流动负债只是企业某一时点的债务,并不表示这些债务已经到期并且需要在这一时点偿还。同样,在计算这些指标时所使用的流动资产或速动资产也只是在这一时点上的资产存量,并不表示这些资产马上就可以用于偿还债务,或一定能在现有负债到期时转化为现金来偿还这些债务。企业偿还债务是一个动态的过程,其偿债能力也应该是在未来某一时点的能力。因此,对企业短期偿债能力的分析还应该从动态方面进行。

从动态方面反映企业短期偿债能力的指标是建立在现金流量表和对经营活动现金流

量分析的基础之上的,主要有现金流动负债比率、近期支付能力系数和现金到期债务比率。

(1)现金流动负债比率的计算与分析

现金流动负债比率是企业一定时期的经营活动产生的现金流量净额与平均流动负债的比率,它可以从现金流量角度来反映企业当期偿付短期负债的能力。其计算公式为:

$$现金流动负债比率=\frac{经营活动产生的现金流量净额}{平均流动负债}$$

经营活动产生的现金流量净额的大小反映出企业某一会计期间经营活动产生现金的能力,是偿还企业到期债务的基本资金来源。当该指标大于或等于1时,表示企业生产经营活动产生的现金足以偿还其短期债务;如果该指标小于1,表示企业生产经营活动产生的现金不足以偿还其短期债务,必须采取对外筹资或出售资产等方式才能偿还债务。

根据表2-2和表4-2提供的资料,可以计算该公司的现金流动负债比率。

$$本期现金流动负债比率=\frac{68\ 288\ 084.18}{(270\ 762\ 157.06+348\ 924\ 252.83)\div 2}=0.22$$

计算结果表明,本期现金流动负债比率为0.22,说明经营活动产生的现金不足以偿还到期债务,公司必须要以其他方式取得现金,才能保证债务的及时偿还。

(2)近期支付能力系数的计算与分析

近期支付能力系数是反映企业有无足够的支付能力来偿还近期到期债务的指标。其计算公式为:

$$近期支付能力系数=\frac{近期能够用来支付的资金}{近期需要支付的各种款项}\times 100\%$$

其中,近期能够用来支付的资金包括企业现有的货币资金、近期能取得的营业收入、近期确有把握收回的各种应收款项等。近期需要支付的各种款项包括到期或逾期应交款项和未付款项,如应付职工薪酬、应付账款、银行借款、各种税费、应付股利等。

企业近期支付能力系数应等于或大于100%,且数值越高说明企业近期支付能力越强;如果该指标小于100%,则说明企业近期支付能力不足,应采取积极有效的措施,从各种渠道筹集资金,以便按期清偿到期债务,保证企业生产经营活动的正常进行。

(3)现金到期债务比率的计算与分析

现金到期债务比率是指经营活动产生的现金流量净额与本期到期债务的比率,用来衡量企业本期到期的债务用经营活动所产生的现金来支付的程度。其计算公式为:

$$现金到期债务比率=\frac{经营活动产生的现金流量净额}{本期到期债务}$$

如果该指标等于或大于1,表示企业有足够的能力以生产经营活动产生的现金来偿还当期的短期债务;如果该指标小于1,表示企业生产经营活动产生的现金不足以偿还当期到期的债务,必须采取其他措施才能满足企业当期偿还到期债务的需要。

需要说明的是,由于上述指标中一些数据难以获取,如近期能够用来支付的资金、本期到期债务等,这些指标往往适用于企业内部分析。

任务3　长期偿债能力分析

1.影响企业长期偿债能力的因素

长期偿债能力是指企业偿还非流动负债的能力,或者说企业偿还非流动负债的保障程度。影响企业长期偿债能力的主要因素有：

1.1　企业的盈利能力

企业的盈利能力是指企业在一定时期获取利润的能力,企业长期偿债能力与盈利能力密切相关。虽然资产或所有者权益是对企业债务的最终保障,但在正常的经营过程中,企业不可能靠出售资产来偿还债务。企业长期的盈利水平和经营活动产生的现金流量才是偿付债务本金和利息最稳定、最可靠的来源。从企业负债经营的实质内容来看,企业借入资金是为了用于企业的投资活动与经营活动,即购入相应的资产,并通过相应的运营赚取超过利息支出的利润。当企业盈利能力较强,借入资金的收益率超过固定支付的利息率,即可获取负债所带来的杠杆收益,并保障债务到期时能够足额偿还;而如果借入资金的收益率低于固定支付的利息率,则企业要承担更多的的损失,相应将会导致企业在债务到期时可能无法足额偿付本金和利息。因此,企业的盈利能力是决定企业长期偿债能力的主要因素。

1.2　权益资金的增长和稳定程度

尽管企业的盈利能力是影响长期偿债能力最重要的因素,但如果企业将绝大部分利润都分配给投资者,只留存少量的权益资金,就会降低偿还债务的保障性和可靠性。如果企业将利润的大部分留在企业,会使权益资金增加,同时也会增加偿还债务的可靠性,从而提高企业的长期偿债能力。

1.3　投资效果

企业举借长期债务用于固定资产等方面的长期投资,投资的效果决定了企业是否有能力偿还长期债务,特别是当某项具体投资的资金完全依靠非流动负债来筹措时更是如此。当然,企业必须有相当比例的权益资金来保障债权人的利益。但如果企业每一项投资都不能达到预期目标时,即使有相当比例的权益资金做保证,也会在相当程度上影响其偿债能力。

1.4　企业经营现金流量

虽然企业盈利能力是偿还债务的根本保证,但企业的债务主要还是用现金来清偿,而企业盈利毕竟不等同于现金流量充足。企业只有具备较强的变现能力,有充裕的现金,才能保证具有真正的偿债能力。因此,企业的现金流量状况是决定偿债能力保证程度的关键之所在。

2.长期偿债能力指标的计算与分析

长期偿债能力与企业的资产、盈利能力和现金流量关系密切,这些因素是从不同角度反映企业的偿债能力。资产是清偿债务的最终物资保障,盈利能力是清偿债务的经营收益保障,现金流量是清偿债务的支付保障。因此,企业长期偿债能力分析应从以下三个方面进行。

2.1 资产规模对长期偿债能力影响的分析

负债表明一个企业的债务负担,资产则是偿债的物质保证。单凭负债或资产不能说明一个企业的偿债能力,负债少并不等于说企业偿债能力强;同样,资产规模大也不一定表明企业偿债能力强。企业的偿债能力体现在资产和负债的对比关系上。由这种对比关系反映的企业长期偿债能力的指标主要有资产负债率、所有者权益比率和产权比率。

(1)资产负债率的计算与分析

资产负债率也称为负债比率,是企业负债总额与资产总额的比率。该指标反映了在企业全部资产中由债权人提供的资产所占比重的大小,反映了债权人向企业提供信贷资金的风险程度。该指标用于衡量企业利用负债融资进行财务活动的能力,也是综合反映企业偿债能力的重要指标。其计算公式为:

$$资产负债率 = \frac{负债总额}{资产总额} \times 100\%$$

该指标越大,说明企业的债务负担越重;反之,说明企业的债务负担越轻。从债权人的角度看,资产负债率越低越好,其偿债能力越强,债权人权益的保障程度越高;从投资者或股东的角度看,通过负债筹资可以给企业带来税额庇护利益,使负债筹资的资本成本低于权益资本筹资,企业可以通过负债筹资获得财务杠杆利益。从这一点看,投资者或股东希望保持较高的资产负债率水平;在全部资本利润率高于借款利息率时,负债比例越高越好;反之,负债比例越低越好;负债筹资只是改变了企业的资产负债比例,不会改变股东的控制权,从这一点看,股东希望保持较高的资产负债率;从经营者的角度看,他们最关心的是在充分利用借入资本给企业带来好处的同时,尽可能降低财务风险。所以,他们总是在预期的利润和增加的风险之间进行权衡,把资产负债率控制在适度的水平。

一般认为,资产负债率的适宜水平是40%~60%。如果这一比率超过100%,则表明企业已经资不抵债,视为达到破产的警戒线。

根据表2-2提供的资料,可以计算该公司的资产负债率。

$$期初资产负债率 = \frac{270\ 762\ 157.06}{1\ 139\ 945\ 667.14} \times 100\% = 23.75\%$$

$$期末资产负债率 = \frac{488\ 924\ 252.83}{1\ 497\ 344\ 634.68} \times 100\% = 32.65\%$$

通过比较可知,该公司期末资产负债率比期初提高了8.9%,表明该企业债务负担略有增加。但这一比率仍然相对较低,无论是企业本身,还是投资者或债权人均可接受,长期偿债能力较强,但不能充分发挥财务杠杆作用。

(2)所有者权益比率的计算与分析

所有者权益比率是企业所有者权益总额与资产总额的比率,反映企业权益资本在全部资产中所占的比重。其计算公式为:

$$\text{所有者权益比率} = \frac{\text{所有者权益总额}}{\text{资产总额}} \times 100\%$$

所有者权益比率是表示长期偿债能力保证程度的重要指标。该指标越高,说明企业资产中由所有者投资所形成的资产越多,偿还债务的保证程度越大。

根据表2-2提供的资料,可以计算该电气集团股份有限公司的所有者权益比率。

$$\text{期初所有者权益比率} = \frac{869\ 183\ 510.08}{1\ 139\ 945\ 667.14} \times 100\% = 76.25\%$$

$$\text{期末所有者权益比率} = \frac{1\ 008\ 420\ 381.85}{1\ 497\ 344\ 634.68} \times 100\% = 67.35\%$$

计算结果表明,该公司资产的32.65%是通过各种负债资金融通的,期末所有者权益比率为67.35%。可见,债权人利益的保障程度较高。

实务中,可将该指标以倒数的形式列示,称为权益乘数。

权益乘数是指企业资产总额相当于所有者权益总额的倍数,表示企业的负债程度,用来衡量企业的财务风险。其计算公式为:

$$\text{权益乘数} = \frac{\text{资产总额}}{\text{所有者权益总额}} = \frac{1}{1 - \text{资产负债率}}$$

权益乘数越大表明所有者投入企业的资本占全部资产的比重越小,企业负债的程度越高,财务风险也就越大;反之亦然。

$$\text{期初权益乘数} = 1 \div (1 - 23.75\%) = 1.31$$

$$\text{期末权益乘数} = 1 \div (1 - 32.65\%) = 1.48$$

计算结果表明,该公司期末的权益乘数大于期初,说明企业期末资产对负债的依赖性增大。但由于资产负债率较低,企业的长期偿债能力仍然较强。

(3)产权比率的计算与分析

产权比率是负债总额与所有者权益总额的比率。该指标表明由债权人提供的和由投资者提供的资金来源的相对关系,反映企业基本财务结构是否稳定。其计算公式为:

$$\text{产权比率} = \frac{\text{负债总额}}{\text{所有者权益总额}} \times 100\%$$

同为衡量企业长期偿债能力的指标,如果说资产负债率是反映债务负担的指标,所有者权益比率是反映偿债保证程度的指标,产权比率就是反映债务负担与偿债保证程度相对关系的指标。产权比率同资产负债率、所有者权益比率具有相同的经济意义,但该指标更直观地表示出了负债受到所有者权益的保护程度。该指标越小,表明企业长期偿债能力越强。

根据表2-2提供的资料,可以计算该电气集团股份有限公司的产权比率。

$$\text{期初产权比率} = \frac{270\ 762\ 157.06}{869\ 183\ 510.08} \times 100\% = 31.15\%$$

$$\text{期末产权比率} = \frac{488\ 924\ 252.83}{1\ 008\ 420\ 381.85} \times 100\% = 48.48\%$$

计算结果表明,该公司期初、期末的产权比率都较低,同资产负债率可相互印证,表明该公司的长期偿债能力较强,债权人权益的保障程度较高。

2.2 盈利能力对长期偿债能力影响的分析

资产固然可以作为偿债的保证,但企业取得资产的目的并不是为了偿债,而是通过利用资产进行经营以获取收益,所以债务的清偿要依赖于资产变现,资产的变现更主要的是要通过产品销售来实现。因此,盈利能力对偿债能力的影响更为重要。从盈利能力角度分析,评价企业长期偿债能力的指标主要有销售利息比率和已获利息倍数。

(1) 销售利息比率的计算与分析

销售利息比率是指一定时期的利息费用与营业收入的比率。其计算公式为:

$$销售利息比率 = \frac{利息费用}{营业收入} \times 100\%$$

这一指标可以反映企业销售状况对偿付债务的保证程度。在企业负债规模基本稳定的情况下,销售状况越好,偿还到期债务可能给企业造成的冲击越小。该指标越小,说明通过销售所得现金用于偿付利息的比例越小,企业的偿债压力越小。

根据表 3-2 提供的资料,可以计算该电气集团股份有限公司的销售利息比率。[注:利息费用按照财务费用计算,下同]

$$期初销售利息比率 = \frac{11\ 935\ 030.80}{478\ 503\ 678.72} \times 100\% = 2.49\%$$

$$期末销售利息比率 = \frac{10\ 069\ 947.35}{500\ 825\ 388.30} \times 100\% = 2.01\%$$

计算结果表明,无论是期初还是期末的销售利息比率都不高,尤其是期末下降到 2.01%,说明该公司通过销售所得现金用于偿付利息的比例较小,企业的偿债压力不大。

(2) 已获利息倍数的计算与分析

已获利息倍数(或称利息保障倍数)是指企业一定时期息税前利润与利息支出的比率。其计算公式为:

$$已获利息倍数 = \frac{息税前利润}{利息费用}$$

其中:息税前利润 = 利润总额 + 利息支出 = 净利润 + 所得税 + 利息费用

已获利息倍数反映了盈利能力与利息支出之间的特定关系。一般来说,该指标越高,说明企业的长期偿债能力越强;反之则越差。运用已获利息倍数分析评价企业长期偿债能力,从静态看,该指标至少应当大于1,否则说明企业偿债能力很差;从动态看,已获利息倍数提高,说明企业长期偿债能力增强,否则说明企业偿债能力下降。不过有时企业的已获利息倍数低于1,并不能说明企业就无法偿债,企业可以利用非付现的摊销和折旧费用来支付利息,也可以采取借新债还旧债的方式来进行付息。

同时还应注意,对企业和所有者来说,也并非简单地认为已获利息倍数越好。如果一个很高的已获利息倍数不是由于高利润带来的,而是由于低利息导致的,则说明企业的财务杠杆程度很低,未能充分利用举债经营的优势。

根据表 3-2 提供的资料,计算甲电气集团股份有限公司的已获利息倍数。

$$期初已获利息倍数 = \frac{88\ 428\ 590.07 + 11\ 935\ 030.80}{11\ 935\ 030.80} = 8.41$$

$$期末已获利息倍数=\frac{97\ 635\ 148.12+10\ 069\ 947.35}{10\ 069\ 947.35}=10.70$$

通过比较可知,该公司期末已获利息倍数比期初上升了 2.29 倍,且远大于 1,表明该公司支付利息的保障程度增大,长期偿债能力强。

2.3 现金流量对长期偿债能力影响的分析

运用现金流量指标,可以比较客观真实地反映企业的偿债能力,将现金流量与负债相比较,用来评价企业的长期偿债能力。

(1)到期债务偿付率的计算与分析

到期债务偿付率是企业当年经营活动产生的现金流量净额与本期到期债务总额之比,其中到期债务是指用现金支付的当期到期债务的本金和利息。其计算公式为:

$$到期债务偿付率=\frac{经营活动产生的现金流量净额}{当年到期债务总额}\times 100\%$$

该指标能够反映企业在某一会计期间每 1 元到期的债务有多少经营现金流量净额来补充。经营活动产生的现金流量是偿还企业债务最稳定、经常性的资金来源,因此,该指标数值越大,说明企业长期偿债能力越强。如果该指标小于 1,说明企业经营活动产生的现金不足以偿付到期债务,企业必须通过其他渠道筹资或出售资产才能清偿债务。

(2)全部债务现金流量比率的计算与分析

全部债务现金流量比率指标在国内教材中有许多名称,如现金债务总额比率、总负债保障率、现金流量对负债总额比等,它是经营活动产生的现金流量净额与负债总额之比。其计算公式为:

$$全部债务现金流量比率=\frac{经营活动产生的现金流量净额}{负债总额}\times 100\%$$

企业真正能用于偿还债务的是现金流量,通过经营活动产生的现金流量净额与负债总额的比较可以更好地反映企业的长期偿债能力。

该指标能够反映企业经营活动产生的现金流量净额对其全部负债的满足程度,说明企业偿债能力的强弱。该指标越高,说明企业偿还全部债务的能力越强。

根据表 2-2 和表 4-2 提供的资料,可以计算该公司的全部债务现金流量比率。

$$期初全部债务现金流量比率=\frac{24\ 708\ 359.23}{270\ 762\ 157.06}\times 100\%=9.13\%$$

$$期末全部债务现金流量比率=\frac{68\ 288\ 084.18}{488\ 924\ 252.83}\times 100\%=13.97\%$$

计算结果表明,该公司期末全部债务现金流量比率高于期初,说明该公司的长期偿债能力在不断增强。

项目小结

偿债能力是指企业偿还各种债务的能力。企业的负债按偿还期的长短，可以分为流动负债和非流动负债两大类。其中，反映企业偿付流动负债能力的是短期偿债能力；反映企业偿付非流动负债能力的是长期偿债能力。偿债能力是企业经营者、投资人、债权人等都十分关心的重要问题。其分析目的在于：第一，了解企业的财务状况；第二，揭示企业所承担的财务风险程度；第三，预测企业筹资前景；第四，为企业进行各种理财活动提供重要参考。

影响企业短期偿债能力的因素主要包括流动资产和流动负债的规模与结构、企业的经营现金流量水平等企业内部因素，以及宏观经济形势、证券市场的发育与完善程度和银行的信贷政策等企业外部因素。企业短期偿债能力可以从两个方面进行分析评价：一是短期偿债能力的静态分析，其分析指标主要包括流动比率、速动比率、现金比率；二是短期偿债能力的动态分析，其分析指标主要包括现金流动负债比率、近期支付能力系数和现金到期债务比率。

影响企业长期偿债能力的因素主要包括企业的盈利能力、权益资金的增长和稳定程度、投资效果以及企业经营现金流量。长期偿债能力分析的内容包括三个方面：第一，资产规模对长期偿债能力影响的分析。其指标主要有包括资产负债率、所有者权益比率、产权比率。第二，盈利能力对长期偿债能力影响的分析。其指标主要有销售利息比率和已获利息倍数。第三，现金流量对长期偿债能力影响的分析。其指标主要有到期债务偿付率和全部债务现金流量比率。

练习题

一、单项选择题

1．某企业现在的流动比率为2，下列经济业务中会引起该比率降低的是（　　）。

A．用银行存款偿还应付账款　　B．发行股票收到银行存款

C．收回应收账款　　D．开出短期票据借款

2．如果流动比率大于1，则下列结论成立的是（　　）。

A．速动比率大于1　　B．现金比率大于1

C．营运资本大于0　　D．短期偿债能力绝对有保障

3．某企业年初流动比率为2.2，速动比率为1；年末流动比率为2.4，速动比率为0.9。发生这种情况的原因可能是（　　）。

A．存货增加　　B．应收账款增加

C．应付账款增加　　D．预收账款增加

4.如果流动资产大于流动负债,则月末用现金偿还一笔应付账款会使(　　)。
   A.营运资金减少　　　　　　B.营运资金增加
   C.流动比率提高　　　　　　D.流动比率降低

5.若企业税后利润为75万元,所得税税率为25%,利息费用50万元,则该企业的已获利息倍数为(　　)。
   A.2.78　　　　　　　　　　B.3
   C.1.9　　　　　　　　　　　D.0.78

6.下列各项中,不属于影响企业短期偿债能力因素的是(　　)。
   A.企业的投资效果　　　　　B.企业的融资能力
   C.企业的权益结构　　　　　D.企业的资产结构

7.下列各项中,属于从动态方面反映企业短期偿债能力的指标是(　　)。
   A.流动比率　　　　　　　　B.现金比率
   C.速动比率　　　　　　　　D.现金流动负债比率

8.下列各项中,与资产负债率指标之和等于1的指标是(　　)。
   A.权益乘数　　　　　　　　B.所有者权益比率
   C.产权比率　　　　　　　　D.已获利息倍数

9.下列指标中,其数值大小与偿债能力大小同方向变动的是(　　)。
   A.产权比率　　　　　　　　B.资产负债率
   C.已获利息倍数　　　　　　D.权益乘数

10.下列各项中,属于运用资产负债表可计算的比率是(　　)。
   A.应收账款周转率　　　　　B.总资产报酬率
   C.已获利息倍数　　　　　　D.现金比率

二、多项选择题

1.某企业流动比率为2,下列经济业务中会使该比率下降的有(　　)。
   A.偿还应付账款　　　　　　B.从银行取得短期借款已入账
   C.赊购商品与原材料　　　　D.收回应收账款

2.如果流动比率过高,意味着企业存在以下几种可能(　　)。
   A.存在闲置现金　　　　　　B.存在存货积压
   C.应收账款周转缓慢　　　　D.短期偿债能力差

3.以下对流动比率的表述中正确的有(　　)。
   A.不同企业的流动比率有统一的标准
   B.流动比率越高越好
   C.流动比率需要用速动比率加以补充和说明
   D.流动比率高,并不意味着企业短期偿债能力一定强

4.企业采用备抵法核算坏账损失,如果实际发生一笔坏账,冲销应收账款,则会引起(　　)。
   A.流动比率提高　　　　　　B.流动比率降低
   C.流动比率不变　　　　　　D.速动比率不变

5.计算速动比率时,把存货项目从流动资产中扣除的重要原因有(　　)。
A.存货的流动性较差　　　　　　B.存货的变现价值不确定
C.存货的质量难以保证　　　　　D.存货的变现速度较慢

6.下列各项中,能同时影响流动比率和速动比率的经济业务有(　　)。
A.以银行存款购买国债　　　　　B.偿还短期借款
C.采购原材料　　　　　　　　　D.以银行存款购买固定资产

7.下列关于资产负债率的表述中,正确的有(　　)。
A.从债权人角度看,负债比率越大越好
B.从债权人角度看,负债比率越小越好
C.从股东角度看,负债比率越大越好
D.从股东角度看,当全部资本利润率高于债务利息率时,负债比率越大越好

8.已获利息倍数指标所反映的企业财务层面包括(　　)。
A.盈利能力　　　　　　　　　　B.长期偿债能力
C.短期偿债能力　　　　　　　　D.发展能力

9.下列关于产权比率的表述中,正确的有(　　)。
A.产权比率＝负债总额/所有者权益总额
B.企业应在保障债务偿还安全的前提下,应尽可能提高产权比率
C.产权比率与资产负债率对评价偿债能力的作用基本相同
D.产权比率越高,资产负债率越低

10.运用现金流量表中的信息分析企业的长期偿债能力,通常采用的指标有(　　)。
A.到期债务偿付率　　　　　　　B.现金流动负债比率
C.全部债务现金流量比率　　　　D.营业收入收现率

三、判断题

1.企业拥有的各项资产都可以作为偿还债务的保障。（　　）
2.如果已获利息倍数低于1,则企业一定无法支付到期利息。（　　）
3.资产负债率与产权比率的乘积等于1。（　　）
4.尽管流动比率可以反映企业的短期偿债能力,但却存在有的企业流动比率较高,却没有能力支付到期的应付账款。（　　）
5.对债权人而言,企业的资产负债率越高越好。（　　）
6.对任何企业而言,速动比率应该大于1才是正常的。（　　）
7.某企业销售一批产成品,无论当期是否收到货款,都可以使速动比率增大。（　　）
8.对于应收账款和存货变现存在问题的企业,分析速动比率尤为重要。（　　）
9.企业偿债能力的高低不仅看其偿付利息的能力,更重要的是看其偿还本金的能力。（　　）
10.盈利能力强的企业,其长期偿债能力弱。（　　）

四、计算题

1.某企业2020年流动负债为250万元,流动资产为500万元,其中应收账款200万元(坏账损失率2‰),预付款项10万元,存货100万元。

要求：计算该企业2020年的流动比率和速动比率。

2.某公司的流动资产由速动资产和存货组成。2021年年末流动资产余额为300万元，流动比率为3，速动比率为1.2，非流动负债余额为200万元，全部债务现金流量比率为1.5。

要求：

(1)计算该公司2021年年末流动负债余额；

(2)计算该公司2021年年末存货余额；

(3)计算该公司2021年经营活动产生的现金流量净额。

五、案例分析题

案例资料：沿用项目二、三、四练习题中ZSJ地产控股股份有限公司的资产负债表、利润表和现金流量表。

要求：

(1)计算并填列下表中的偿债能力指标

表5-1

指标	2020年		2021年	
	ZSJ地产	行业平均值	ZSJ地产	行业平均值
流动比率		1.95		2.10
速动比率		0.75		0.76
现金比率		—		—
现金流动负债比率(%)		−0.8		−0.8
资产负债率(%)		74.9		75.0
产权比率		—		—
权益乘数		—		—
已获利息倍数		3.8		3.3
现金债务总额比率		—		—

(2)结合房地产行业平均值，对ZSJ地产控股股份有限公司的偿债能力进行分析评价。

项目六

企业盈利能力分析

知识目标

- 了解盈利能力分析的目的与内容；
- 掌握商品经营、资本经营、资产经营盈利能力的内涵及指标；
- 熟悉上市公司盈利能力分析。

能力目标

- 培养学生熟悉掌握收入利润率、成本利润率、净资产收益率、资本收益率、总资产报酬率的计算与分析；
- 培养学生能够具体运用商品经营盈利能力、资本经营盈利能力、资产经营盈利能力分析方法分析上市公司的盈利能力。

思政目标

- 培养学生知法、懂法、守法的能力，树立正确的"社会主义义利观"。
- 培养学生坚持履行社会责任，增强"共同富裕"的制度认同。

案例导入

2020年7月27日，财富中文网发布2020年《财富》中国500强排行榜，考量了全球范围内最大的中国上市企业在过去一年的业绩和成就。2020中国企业500强共实现营业收入86.02万亿元，比上年增长8.75%；实现利润总额55 705.76亿元，实现归属母公司的净利润38 924.14亿元，利润总额、净利润分别比上年500强增长20.02%、10.20%；收入利润率为4.53%，比上年小幅提高了0.06个百分点；资产利润率为1.25%，比上年小幅提升了0.07个百分点；净资产利润率为9.52%，比上年下降了0.13个百分点。

2020中国企业500强中，有27家企业净利润出现亏损，亏损企业数量比上年减少10家；合计亏损额为243.19亿元，与上年的665.20亿元相比大幅减少；净利润同比负增长的企业为171家，比上年的181家减少了10家，也就是说，有更多的企业实现了净利润同比正增长。

在盈利能力方面，与去年情况相同，最赚钱的 10 家上市公司除了中国工商银行、中国建设银行、中国农业银行等几大商业银行和保险公司之外，仍是阿里巴巴、中国移动和腾讯。这十家公司在去年的总利润约为 1.7 万亿元，接近全部上榜公司利润总和的 40%。

据财富中文网统计，今年上榜企业的净利润率从 8.0% 同比上升至 8.4%。从行业角度看，地产行业仍然是入榜公司最多的行业，今年共有 53 家地产公司上榜，但受到地产周期的影响，地产行业的净利率从 10.2% 下降至 9.7%。金融企业盈利水平明显高于非金融企业，但二者之间的盈利水平差距有所缩小。2020 中国企业 500 强中，39 家金融企业的收入利润率、净资产利润率分别为 14.39%、11.69%，明显高于非金融企业的 2.84%、8.20%。

贵州茅台酒利润率达 46.38%，稳居第一。上海银行、宁波银行、招商证券等银行券商利润率靠前。值得一提的是，"日赚 1 亿"京沪高铁利润率达到 36.24%。

在所有上市公司中，净资产收益率（ROE）最高的 10 家公司中房地产行业占了 4 家，其中仁恒置地集团有限公司 ROE 高达 43.5%，位居 ROE 榜第一，网易公司位居第二。与老百姓餐桌相关的农林牧渔和食品饮料行业在 ROE 榜占据 3 席，分别是佛山市海天调味食品股份有限公司、温氏食品集团股份有限公司、贵州茅台酒股份有限公司。

案例分析要求：

从中国企业 500 强的案例可以看出，企业的盈利能力是评价企业实力的重要依据。那么，我们应当如何运用盈利能力分析方法对企业的盈利能力进行全面、深入、综合的分析？

任务 1　盈利能力分析的目的与内容

1. 盈利能力分析的目的

盈利能力又称获利能力，是指企业在一定时期内获取利润的能力，它是企业持续经营和发展的保证。企业的盈利能力越强，给企业获取的利润就越多。而利润作为企业投资者取得投资收益、债权人收取债务本息、国家取得财政税收、企业职工取得劳动收入和福利保障的集中体现，因此，企业的盈利能力对企业的所有利益相关者来说都很重要。然而，由于报表使用者的分析目的不同，被分析企业的情况也有差别，不同盈利能力分析的侧重点有所差异。

从企业的角度来看，企业持续稳定地经营和发展是获取利润的基础，而最大限度地获取利润又是企业持续稳定发展的目标和保证。因此，盈利能力是企业经营者最重要的业绩衡量标准，也是发现问题、改进企业管理的突破口。

对于债权人来说,企业的短期债权人主要关心企业本期的盈利能力及盈利情况下的现金支付能力;企业的长期债权人则关心企业是否有高水平、稳定持久的盈利能力基础,以预计长期债务本息足额收回的可靠性。由此可见,偿债能力的强弱最终取决于企业的盈利能力。因此,对债权人而言,分析企业的盈利能力是非常重要的。

企业投资者(或股东)比其他利益相关者更关心企业的盈利能力分析,他们的直接目的就是获得更多的利润,因而企业所有者要分析企业盈利能力的大小、盈利能力的稳定持久性及未来的发展趋势。

当然,应该注意到的是,盈利能力是一个相对概念。不能仅凭企业获得利润的多少来判断其盈利能力的大小,因为企业利润水平还受到企业规模、行业水平等诸多因素的影响,不同资源投入、不同收入情况下的盈利能力一般不具有可比性。这就要求我们用一个更加灵活的视角来看企业的盈利能力:首先,应该用利润率这个比率指标而非利润的绝对数量来衡量盈利能力,唯有如此才能摒除企业规模因素的影响;其次,计算出来的利润率应该与行业的平均水平相比较,如石油行业与纺织行业的利润率显然有着巨大差异,简单地把分别属于两个不同行业企业的利润率放在一起比较,是很难对二者盈利能力的大小做出准确判断的。

2.盈利能力分析的内容

盈利能力分析是财务报表分析的重点。财务结构分析、偿债能力分析等的根本目的是通过分析及时发现问题,改善企业财务结构,提高企业的偿债能力和经营能力,最终提高企业的盈利能力。对企业盈利能力的分析不能仅进行利润额分析,必须要对利润率进行分析。

本项目对企业盈利能力的分析分别从商品经营、资本经营、资产经营等方面进行。同时,还要对上市公司特有的盈利能力指标进行分析。

2.1　商品经营盈利能力分析

商品经营盈利能力分析,即利用利润表资料进行利润率分析,包括收入利润率分析和成本利润率分析两个方面。

2.2　资本经营盈利能力分析

资本经营盈利能力分析主要对净资产收益率和资本收益率两个指标进行分析和评价。

2.3　资产经营盈利能力分析

资产经营盈利能力分析主要是对总资产报酬率指标进行分析和评价。

2.4　上市公司盈利能力分析

上市公司盈利能力分析主要是对每股收益、每股股利、市盈率和股利支付率等指标进行分析。

任务 2　商品经营盈利能力分析

1. 商品经营盈利能力分析的内涵与指标

商品经营是相对于资本经营和资产经营而言的。商品经营盈利能力分析不考虑企业的筹资或投资问题,只研究利润与收入或成本之间的比率关系。因此,反映商品经营盈利能力的指标可分为两类:一类是各种利润额与收入之间的比率,统称收入利润率;另一类是各种利润额与成本之间的比率,统称成本利润率。

2. 收入利润率分析

反映收入利润率的指标主要有营业收入毛利率、营业收入利润率、总收入利润率、销售净利率、销售息税前利润率等。不同的收入利润率,其内涵不同,所揭示的收入与利润关系不同,在分析评价中所起的作用也不同。

(1) 营业收入毛利率,是指营业毛利额(营业收入与营业成本的差额)与营业收入之间的比率。其计算公式为:

$$营业收入毛利率 = \frac{营业收入 - 营业成本}{营业收入} \times 100\%$$

(2) 营业收入利润率,是指营业利润与营业收入之间的比率。其计算公式为:

$$营业收入利润率 = \frac{营业利润}{营业收入} \times 100\%$$

(3) 总收入利润率,是指利润总额与企业总收入之间的比率,其中,企业总收入包括营业收入、其他收益、投资净收益、公允价值变动净收益、资产处置净收益和营业外收支净额。其计算公式为:

$$总收入利润率 = \frac{利润总额}{企业总收入} \times 100\%$$

(4) 销售净利率,是指企业净利润与营业收入之间的比率。其计算公式为:

$$销售净利率 = \frac{净利润}{营业收入} \times 100\%$$

(5) 销售息税前利润率,是指息税前利润额与营业收入之间的比率,其中,息税前利润额是指利润总额与利息支出之和。其计算公式为:

$$销售息税前利润率 = \frac{息税前利润}{营业收入} \times 100\%$$

收入利润率指标是正指标,指标值越高,说明企业的盈利能力越强。分析时应根据分析目的和要求,确定适当的标准值,如可用行业平均值、全国平均值、企业目标值等。

根据表 3-2 利润表资料,结合上述企业收入利润率计算公式,计算甲电气集团股份有限公司 2020 年的收入利润率及与 2019 年对比的变动情况,见表 6-1。

表 6-1　　　　　　　　　甲电气集团股份有限公司收入利润率分析表　　　　　　　单位:%

项目	2020年	2019年	差异
营业收入毛利率	17.27	15.63	1.64
营业收入利润率	15.09	17.94	−2.85
总收入利润率	16.53	16.13	0.40
销售净利率	18.99	18.02	0.97
销售息税前利润率	21.51	20.97	0.54

从表6-1可以看出,该公司2020年与2019年相比,仅有营业收入利润率小幅下降了2.85%,营业收入毛利率、总收入利润率、销售净利率和销售息税前利润率均有所提高。从总体上来说,该公司商品经营盈利能力相比上年有所增强。但是,当2020年的营业收入较2019年有所上升的情况下,营业收入利润率却不升反降,说明企业的费用管理出现了较为突出问题。另外,2020年净利润的实现更多地依赖营业外收支净额大幅增加,企业持续盈利能力不容乐观。

3.成本利润率分析

反映成本利润率的指标有很多,主要有营业成本利润率、营业费用利润率、全部成本费用利润率等。

(1)营业成本利润率,是指营业利润与营业成本之间的比率。其计算公式为:

$$营业成本利润率 = \frac{营业利润}{营业成本} \times 100\%$$

(2)营业费用利润率,是指营业利润与营业费用总额之间的比率。营业费用总额包括营业成本、税金及附加、期间费用、研发费用、资产减值损失和信用减值损失。期间费用包括销售费用、管理费用、财务费用。其计算公式为:

$$营业费用利润率 = \frac{营业利润}{营业费用总额} \times 100\%$$

(3)全部成本费用利润率。该指标可分为全部成本费用总利润率和全部成本费用净利润率两种形式。全部成本费用总利润率是指利润总额与全部成本费用之间的比率;全部成本费用净利润率是指净利润与全部成本费用之间的比率。全部成本费用包括营业费用总额和营业外支出。其计算公式为:

$$全部成本费用总利润率 = \frac{利润总额}{营业费用总额 + 营业外支出} \times 100\%$$

$$全部成本费用净利润率 = \frac{净利润}{营业费用总额 + 营业外支出} \times 100\%$$

以上各种成本利润率指标反映企业投入产出水平,即所得与所费的比率,体现了增加利润是以降低成本及费用为基础的。这些指标的数值越高,表明生产和销售产品的每1元成本及费用取得的利润越多,劳动耗费的效益越高;反之,则表明每耗费1元成本及费用实现的利润越少,劳动耗费的效益越低。因此,成本利润率是综合反映企业成本效益的重要指标。

成本利润率也是正指标,即指标值越高越好。分析评价时,可将各指标实际值与标准值进行对比。标准值可根据分析目的和管理要求确定,如可用行业平均值、全国平均值、企业目标值等。

根据表 3-2 利润表资料,结合上述企业成本利润率计算公式,计算与分析甲电气集团股份有限公司的成本利润率,见表 6-2。

表 6-2　　　　甲电气集团股份有限公司成本利润率分析表　　　　单位:%

项目	2020 年	2019 年	差异
营业成本利润率	18.23	21.26	−3.03
营业费用利润率	15.32	18.67	−3.35
全部成本费用总利润率	19.79	19.18	0.61
全部成本费用净利润率	19.28	18.70	0.58

从表 6-2 可以看出,该公司 2020 年与上年相比,营业成本利润率和营业费用利润率均有所降低。但是,该公司全部成本费用总利润率和全部成本费用净利润率却有小幅上升。总体来说,该公司商品经营盈利能力相比上年略有增强。

任务 3　资本经营盈利能力分析

1. 资本经营盈利能力的内涵

资本经营盈利能力,是指企业所有者投入的资本通过经营取得利润的能力。

2. 资本经营盈利能力分析的指标

反映资本经营盈利能力的指标有两个:一是净资产收益率;二是资本收益率。

2.1　净资产收益率

净资产收益率是企业本期净利润与平均净资产的比率。其计算公式为:

$$净资产收益率 = \frac{净利润}{平均净资产} \times 100\%$$

上式中:净利润是指企业当期税后利润;净资产是指企业资产总额减去负债总额后的余额,也就是资产负债表中的所有者权益总额,即:

$$平均净资产 = (所有者权益年初数 + 所有者权益年末数) \div 2$$

净资产收益率是反映企业盈利能力的核心指标。企业的根本目标是股东价值最大化,而净资产收益率既可直接反映资本的增值能力,又影响企业股东价值的大小。一般认为,净资产收益率越高,企业盈利能力越强。

根据表 2-2 和表 3-2 提供的甲电气集团股份有限公司资料,计算该公司净资产收益率。(假设 2019 年初所有者权益总额为 788 785 608.95 元)

$$2019年净资产收益率=\frac{86\ 217\ 767.48}{(788\ 785\ 608.95+869\ 183\ 510.08)\div 2}\times 100\%=10.40\%$$

$$2020年净资产收益率=\frac{95\ 132\ 412.82}{(869\ 183\ 510.08+1\ 008\ 420\ 381.85)\div 2}\times 100\%$$
$$=10.13\%$$

计算表明,该公司的净资产收益率2020年比上年有所降低,说明该公司的盈利能力在下降。

2.2 资本收益率

资本收益率用以表明企业所有者投入资本赚取利润的能力。其计算公式为:

$$资本收益率=\frac{净利润}{平均资本}\times 100\%$$

其中:

$$平均资本=\frac{(年初实收资本+年初资本公积)+(年末实收资本+年末资本公积)}{2}$$

该指标越高,表明投入资本的收益回报水平越高,企业的盈利能力就越强。

根据表2-2和表3-2提供的甲电气集团股份有限公司资料,计算该公司资本收益率。(假设2019年初实收资本和资本公积分别为280 025 600.00元、288 686 258.75元)

2019年平均资本

$$=\frac{(280\ 025\ 600.00+288\ 686\ 258.75)+(283\ 127\ 200.00+328\ 843\ 060.67)}{2}$$

$$=590\ 341\ 059.71(元)$$

2020年平均资本

$$=\frac{(283\ 316\ 200.00+328\ 843\ 060.67)+(285\ 127\ 200.00+405\ 134\ 463.62)}{2}$$

$$=651\ 210\ 462.15(元)$$

$$2019年资本收益率=\frac{86\ 217\ 767.48}{590\ 341\ 059.71}\times 100\%=14.6\%$$

$$2020年资本收益率=\frac{95\ 132\ 412.82}{651\ 210\ 462.15}\times 100\%=14.61\%$$

计算表明,该公司2020年的资本收益率比2019年略有回升,说明该公司的盈利能力在不断增强。

任务4 资产经营盈利能力分析

1.资产经营盈利能力的内涵与指标

资产经营盈利能力,是指企业运营资产而产生利润的能力。反映资产经营盈利能力

的指标是总资产报酬率,即息税前利润与平均资产总额之间的比率。其计算公式为:

$$总资产报酬率 = \frac{息税前利润总额}{平均资产总额} \times 100\%$$

其中:

$$平均资产总额 = (期初资产总额 + 期末资产总额) \div 2$$

利润总额是企业各项生产经营活动的收益总计,它既不与投入的全部资产相关,又不与所有者投入的净资产相关。企业总资产的资金来源有两部分:一是所有者权益;二是负债。所有者的投资报酬体现为利润,债权人的报酬体现为利息。所以在衡量投资报酬时不能直接采用利润总额,而应采用息税前利润总额。再者,资产经营的目标决定了总资产报酬率的分子应使用息税前利润而不是息税后利润,因为资产经营的目标不仅仅是企业资本所有者利益,而是企业所有利益相关者的利益,用税前利润而不是税后利润,有利于全面反映企业总资产的贡献能力,包括对国家或社会的贡献能力。此外,由于资产负债表是静态报表,利润表是动态报表,所以,如果一项指标既涉及资产负债表的数字,又涉及利润表的数字,则资产负债表的数字一般要使用平均数。

一般情况下,总资产报酬率越高,表明企业的资产利用效率越好,也意味着企业盈利能力越强。

2.资产经营盈利能力分析

根据表2-2和表3-2提供的资料,可以计算该公司的总资产报酬率。(假设2019年初资产总额为987 556 324.34元)

$$2019年总资产报酬率 = \frac{88\ 428\ 590.07 + 11\ 935\ 030.80}{(987\ 556\ 324.34 + 1\ 139\ 945\ 667.14) \div 2} \times 100\%$$

$$= \frac{100\ 363\ 620.87}{1\ 063\ 750\ 995.74} \times 100\% = 9.43\%$$

$$2020年总资产报酬率 = \frac{97\ 635\ 148.12 + 10\ 069\ 947.35}{(1\ 139\ 945\ 667.14 + 1\ 497\ 344\ 634.68) \div 2} \times 100\%$$

$$= \frac{107\ 705\ 095.47}{1\ 318\ 645\ 150.91} \times 100\% = 8.17\%$$

由计算结果可以看出,该公司的盈利能力有所下降。进一步分析可以发现,企业平均总资产占有的增长超过了利润总额的增长,致使企业投资报酬能力出现下降,企业对此应认真关注,采取切实措施加以改进。

任务5 上市公司盈利能力分析

随着我国市场经济体制的建立、完善和发展,股份制企业的增多和资本市场的完善,上市公司也会越来越多。截至2021年12月,中国资本市场上市公司总数已突破4 717家。

由上市公司自身特点所决定,其盈利能力除了可通过一般企业盈利能力的指标分析外,还应进行一些特殊指标的分析,特别是一些与企业股票价格或市场价值相关的指标分析,如每股收益、每股股利、市盈率、股利支付率等指标。

1.每股收益

每股收益是反映上市公司盈利能力的一项重要指标,也是作为股东对上市公司最为关注的指标,其基本含义是指每股发行在外的普通股所能分摊到的净收益额。

根据《企业会计准则第34号——每股收益》的规定,每股收益由于对分母部分的发行在外流通股股数的计算口径不同,可以分为基本每股收益与稀释每股收益。

1.1 基本每股收益

基本每股收益是指企业按照归属于普通股股东的当期净利润,除以发行在外普通股的加权平均数。其计算公式为:

$$基本每股收益=\frac{净利润-优先股股利}{发行在外的普通股加权平均数(流通股数)}$$

由于优先股股东对股利的受领权优于普通股股东,因此在计算普通股股东所能享有的收益额时,应将优先股股利扣除。公式中分母采用平均数,是因为本期内发行在外的普通股股数只能在增加以后的这一段时期内产生收益,减少的普通股股数在减少以前的期间仍产生收益,所以必须采用平均数,以正确反映本期内发行在外的股份数额。发行在外的普通股加权平均数按下列公式计算:

$$发行在外的普通股加权平均数=期初发行在外普通股股数+当期新发行普通股股数×\frac{已发行时间}{报告期时间}-当期回购普通股股数×\frac{已回购时间}{报告期时间}$$

已发行时间、报告期时间和已回购时间一般按照天数;在不影响计算结果合理性的前提下,也可以采用简化的计算方法。

例如,某公司2021年初发行在外的普通股股数为20万股,该年7月1日又增发了6万股,并且该年内未发行其他股票,亦无退股事项,则该年度普通股流通在外的平均数应为 $23(20+6×\frac{6}{12})$ 万股。

1.2 稀释每股收益

稀释每股收益是指当企业存在稀释性潜在普通股时,应当分别调整归属于普通股股东的当期净利润和发行在外普通股的加权平均数,并据以计算稀释每股收益。

稀释性潜在普通股,是指假设当期转换为普通股会减少每股收益的潜在普通股,如可转换公司债券、认股权证和股份期权。

计算稀释每股收益时,应当根据下列事项对归属于普通股股东的当期净利润进行调整:(1)当期已确认为费用的稀释性潜在普通股的利息;(2)稀释性潜在普通股转换时将产生的收益或费用。

计算稀释每股收益时,当期发行在外普通股的加权平均数应当为计算基本每股收益时普通股的加权平均数与假定稀释性潜在普通股转换为已发行普通股而增加的普通股股数的加权平均数之和。计算稀释性潜在普通股转换为已发行普通股而增加的普通股股数的加权平均数时,以前期间发行的稀释性潜在普通股,应当假设在当期期初转换;当期发行的稀释性潜在普通股,应当假设在发行日转换。

1.3 每股收益的分析

每股收益是反映上市公司盈利能力的一个非常重要的指标。每股收益越高,一般可以说明盈利能力越强。这一指标的高低,往往会对股票价格产生较大的影响。

由表 3-2 可见,甲电气集团股份有限公司 2020 年的基本每股收益比 2019 年增长了 10.29%,2020 年的稀释每股收益比 2019 年增长了 9.66%,这些都表明该公司的盈利能力在不断增强。

对每股收益也可以进行横向和纵向的比较。通过与同行业平均水平或竞争对手的比较,可以考察企业每股收益在整个行业中的状况以及与竞争对手相比的优劣。不过,在进行每股收益的横向比较时,需要注意不同企业的每股股本金额是否相等,否则每股收益不便直接进行横向比较。通过与企业以往各期的每股收益进行比较,可以看出企业每股收益的变动趋势。

该指标与其他指标不同的是:每股收益需要会计人员计算并列示在利润表上,分析者不必另外计算。我国《企业会计准则第 34 号—每股收益》第十四条明确规定,企业应当在利润表中单独列示基本每股收益和稀释每股收益。

2. 每股股利

普通股每股股利简称每股股利,它反映每股普通股获得现金股利的情况。其计算公式为:

$$每股股利 = \frac{普通股现金股利总额}{发行在外的普通股股数}$$

由于股利通常只派发给年末的股东,因此计算每股股利时分母采用年末发行在外的普通股股数,而不是全年发行在外的平均股数。

每股股利反映了上市公司普通股股东获得现金股利的情况。每股股利越高,说明普通股获取的现金报酬越多。当然,每股股利并不完全反映企业的盈利情况和现金流量状况。因为股利分配状况不仅取决于企业的盈利水平和现金流量状况,还与企业的股利分配政策相关。而且,在中国目前的资本市场中,股东对现金股利的期望往往并不高,更多的投资者是希望通过股票的低买高卖来获取报酬。

3. 市盈率

市盈率是上市公司普通股每股市价相对于每股收益的倍数,反映投资者对上市公司每股净利润愿意支付的价格,可以用来估计股票的投资报酬和风险。

$$市盈率 = \frac{普通股每股市价}{普通股每股收益}$$

市盈率是反映上市公司盈利能力的一个重要财务指标,投资者对这个指标十分重视。一般来说,市盈率高,说明投资者对该公司的发展前景看好。例如,假设甲、乙两个公司的每股收益相等,说明两个公司当期每股的盈利能力相同。如果甲公司的市盈率高于乙公司,说明甲公司的每股市价高于乙公司的每股市价。对当期盈利能力相同的两支股票,投资者愿意出较高的价格购买甲公司的股票,这说明投资者对甲公司的未来发展更加看好。因此,一些成长性较好的公司股票的市盈率通常要高一些。但是,也应该注意,如果某一种股票的市盈率过高,则也意味着这种股票具有较高的投资风险。例如,还是上述甲、乙两个公司,假设它们的每股收益都为 0.5 元。甲公司的市盈率为 80,乙公司的市盈率为 20,也就是说甲公司的每股市价为 40 元,而乙公司的每股市价只有 10 元。那么,此时购买甲公司的股票所花费的代价是乙公司股票的 4 倍,但甲公司股票报酬能达到或超过乙公司股票报酬的 4 倍的可能性并不大。因此,这种情况下购买乙公司的股票可能更加有利,而购买甲公司的股票则投资风险较大。

在我国现阶段,股票的市价可能并不能很好地代表投资者对公司未来前景的看法,因为股价中含有很多炒作的成分在内。因此,我国应用市盈率对公司作评价时需要谨慎。

4.股利支付率

股利支付率又称股利发放率,是指普通股每股股利与普通股每股收益的比率,其计算公式为:

$$股利支付率 = \frac{每股股利}{每股收益} \times 100\%$$

一般来说,公司发放股利越多,股利的分配率越高,因而对股东和潜在投资者的吸引力越大,也就越有利于建立良好的公司信誉。一方面,由于投资者对公司的信任,会使公司股票供不应求,从而使公司股票市价上升。公司股票的市价越高,对公司吸引投资、再融资越有利。另一方面,过高的股利分配率政策,一是会使公司的留存收益减少,二是如果公司要维持高股利分配政策而对外大量举债,会增加资本成本,最终必定会影响公司的未来收益和股东权益。

股利支付率是股利政策的核心。确定股利支付率,首先要弄清公司在满足未来发展所需的资本支出需求和营运资本需求,有多少现金可用于发放股利,然后考察公司所能获得的投资项目的效益如何。如果现金充裕,投资项目的效益又很好,则应少发或不发股利;如果现金充裕但投资项目效益较差,则应多发股利。

▶ 任务 6 盈利质量分析

严格来讲,盈利质量分析是广义的盈利能力分析的一部分,对盈利质量进行分析的最终目的还是评价企业的收益状况及获取利润的能力。前面所述的盈利能力分析主要是以资产负债表、利润表为基础,在权责发生制的基础上对企业在一定时期内获取利润能力的一种评价结果。而盈利质量分析则在盈利能力评价的基础上,以收付实现制为计算基础,以现金流量表所列示的各项财务数据为基本依据,通过一系列现金流量指标的计算,对公司盈利能力的进一步修复与检验。通过现金流量指标的计算来修正和补充盈利能力指标更有利于对公司盈利状况进行多视角、全方位综合分析,从而反映公司获取利润的品质。

1. 经营获现能力分析

经营获现能力是指企业通过各项生产经营和投资活动获得现金的能力。经营获现能力比率指标的分子项通常是经营活动和投资活动的现金净流量或现金流入,分母项则可以分别从三张报表中的有关项目摘取。我们把分母项来自利润表收入和利润项目的获现能力指标称为盈利获现能力指标,把分母项来自资产负债表资产项目的获现能力指标称为投资获现能力指标,把分母项来自现金流量表经营活动现金流有关项目的获现能力指标称为现金获现能力指标。

1.1 盈利获现能力指标

(1)营业收入收现率

营业收入收现率也称销售现金比率,是销售商品、提供劳务收到的现金与营业收入之比。其计算公式为:

$$营业收入收现率 = \frac{销售商品、提供劳务收到的现金}{营业收入} \times 100\%$$

该指标接近 1,说明企业销售形势很好,或企业信用政策合理,收款工作得力,能及时收回货款,收益质量高;反之则说明说明企业销售形势不佳,或企业信用政策不合理,收款不得力,收益质量差。当然,分析时还应结合资产负债表中"应收账款"的变化和利润表中"利润总额"的变化趋势。如果该指标出现大于 1,也可能是由于企业本年销售萎缩,或以前应收账款的收回而形成。

根据表 3-2 和表 4-2 提供的甲电气集团股份有限公司资料,计算该公司营业收入收现率。

$$2019 年营业收入收现率 = \frac{441\ 230\ 068.03}{478\ 503\ 678.72} \times 100\% = 92.21\%$$

$$2020 年营业收入收现率 = \frac{469\ 234\ 955.89}{500\ 825\ 388.30} \times 100\% = 93.69\%$$

计算结果表明,该公司营业收入收现率有所提高,说明公司通过销售获取现金的能力增强,收益质量较高。无论是 2019 年还是 2020 年的营业收入收现率都已经非常接近 1 了,可初步判断该公司产品销售形势较好,信用政策合理,能及时收回货款,收款工作得力。

(2)盈余现金保障倍数

盈余现金保障倍数,也称为盈利现金比率,是本期经营活动产生的现金净流量与净利润之比,用以说明公司的盈利质量。其计算公式为:

$$盈余现金保障倍数 = \frac{经营活动产生的现金净流量}{净利润}$$

在现金流量表中的三类现金流量,以经营活动产生的现金流量最为重要,它反映了企业利润背后是否有充足的现金流入支撑,财务报表的使用者可据此对企业的利润质量做出基本判断。

该指标能反映会计利润与真实利润的匹配程度,对于防范人为操纵利润而导致会计信息使用者决策失误至关重要,因为虚计的账面利润不能带来相应的现金流入。所以,一般认为,该指标的数值越高,说明企业利润与现金流量的相关度越高,利润的质量也就越高。然而,该指标存在着分子分母不配比的问题。分子的经营活动产生的现金净流量是经营活动现金流入与现金流出之差,是按收付实现制确认的;而分母的净利润是按权责发生制确认的,它不仅包括营业利润,而且还包括营业外收支。

根据表 3-2 和表 4-2 提供的甲电气集团股份有限公司资料,计算该公司盈余现金保障倍数。

$$2019 年盈余现金保障倍数 = \frac{24\ 708\ 359.23}{86\ 217\ 767.48} = 0.29$$

$$2020 年盈余现金保障倍数 = \frac{68\ 288\ 084.18}{95\ 132\ 412.82} = 0.72$$

计算结果表明,该公司 2020 年盈余现金保障倍数比 2019 年大幅提高,说明该公司的获现能力增强,盈利质量大为提高。

(3)投资收益收现比率

投资收益收现比率是取得投资收益所收到的现金与利润表中投资收益之比,用以说明企业投资收益的质量。其计算公式为:

$$投资收益收现比率 = \frac{取得投资收益所收到的现金}{投资收益} \times 100\%$$

该指标如果接近于 1,说明投资收益的收现能力强,收益质量高,反之说明投资收益有一部分未收回,投资收益的质量差。

根据表 3-2 和表 4-2 提供的甲电气集团股份有限公司资料,计算该公司投资收益收现比率。

$$2019 年投资收益收现比率 = \frac{55\ 746\ 113.03}{67\ 115\ 706.01} \times 100\% = 83.06\%$$

$$2020 年投资收益收现比率 = \frac{55\ 757\ 999.14}{67\ 667\ 955.90} \times 100\% = 82.40\%$$

计算结果表明,该公司本年投资收益收现比率比上年有所下降,但由于其比值较高,说明无论是 2019 年还是 2020 年,该公司的投资收益的收现能力均较强,收益质量较高。

1.2 投资获现能力指标

(1)全部资产现金回收率

全部资产现金回收率是指经营活动产生的净现金流量与平均总资产之间的比率。其计算公式为:

$$全部资产现金回收率 = \frac{经营活动产生的净现金流量}{平均总资产} \times 100\%$$

该指标可以作为对总资产报酬率的补充,反映企业利用资产获取现金的能力,可以衡量企业资产获现能力的强弱。该指标数值越大,说明企业的投资现金回报越高,获现能力越强。

根据表 2-2 和表 4-2 提供的甲电气集团股份有限公司资料,计算该公司全部资产现金回收率。

$$2019年全部资产现金回收率 = \frac{24\ 708\ 359.23}{1\ 063\ 750\ 995.74} \times 100\% = 2.32\%$$

$$2020全部资产现金回收率 = \frac{68\ 288\ 084.18}{1\ 318\ 645\ 150.91} \times 100\% = 5.18\%$$

计算结果表明,该公司 2020 年全部资产现金回收率高于 2019 年,说明投资获现能力在增强。但无论 2019 年还是 2020 年,全部资产现金回收率均较低,有待进一步提高。

(2)净资产现金回收率

净资产现金回收率也称资本现金流量比率,是经营活动产生的净现金流量与平均净资产之间的比率。该指标是对净资产收益率的有效补充,对那些提前确认收益而长期未收现的企业,可以用净资产现金回收率与净资产收益率进行对比,从而补充观察净资产收益率的盈利质量。其计算公式为:

$$净资产现金回收率 = \frac{经营活动产生的净现金流量}{平均净资产} \times 100\%$$

该指标反映了企业所有者投入资本的现金回报能力,也是投资报酬获现能力的重要指标。该指标数值越大,表明权益投资获现能力越强。

1.3 现金获现能力指标

(1)经营支出收现率

经营支出收现率是经营活动产生的现金净流量与经营活动现金支出的比率,其计算公式为:

$$经营支出收现率 = \frac{经营活动产生的净现金流量}{经营活动现金支出} \times 100\%$$

该指标反映了企业在经营活动中,每单位现金支出能够获取的净现金流量的多少。该指标数值越大,说明企业用现金投入获取现金净值的水平越高。

(2)现金营运指数

现金营运指数也称现金净收益比率,是经营活动产生的现金净流量与经营活动净收益的比率,其计算公式为:

$$现金营运指数 = \frac{经营活动产生的净现金流量}{经营活动净收益} \times 100\%$$

该指标分母项"经营活动净收益"是用净利润减去非经营活动收益,再加上非付现费用后所得到的数值,也就是企业经营应得到的现金。
其中:

非经营活动收益 = 投资收益 + 处置长期资产收益 − 固定资产报废损失 − 财务费用
非付现费用 = 固定资产折旧 + 无形资产、长期资产摊销 + 计提的减值准备

该指标反映经营活动净收益中产生现金净流量的能力。如果该指标小于 1,说明经营活动现金净流量小于经营活动净收益,其差额已被投入到营运资金中,这表明取得同样

的收益需占用更多的营运资金,现金收益质量降低;反之则说明企业现金收益质量提高。

2.现金盈利能力分析

2.1 经营现金流量净利率

经营现金流量净利率是以净利润与经营活动产生的现金流量净额相比,反映企业年度内每1元经营活动产生的现金流量带来多少净利润,用来衡量经营活动产生的现金流量净额的获利能力。其计算公式为:

$$经营现金流量净利率 = \frac{净利润}{经营活动产生的现金流量净额} \times 100\%$$

这一指标是以权责发生制原则计算的净利润与以收付实现制计算的经营活动产生的现金流量净额之比,可评价企业经营质量的优劣,如果企业有虚假利润等就很容易判别出来。该指标数值越大,表明企业现金盈利能力越强。

$$2019\ 年经营现金流量净利率 = \frac{86\ 217\ 767.48}{24\ 708\ 359.23} \times 100\% = 348.94\%$$

$$2020\ 年经营现金流量净利率 = \frac{95\ 132\ 412.82}{68\ 288\ 084.18} \times 100\% = 139.31\%$$

计算结果表明,该公司2020年经营现金流量净利率低于2019年,说明其现金获利能力在减弱。

2.2 经营现金流出净利率

经营现金流出净利率是净利润与企业经营活动现金流出总额的比率,其计算公式为:

$$经营现金流出净利率 = \frac{净利润}{企业经营活动现金流出总额} \times 100\%$$

该指标反映了企业在经营活动中发生全部现金流出后所实现的净利润的多少。该指标数值越大,表明企业运用现金的盈利能力越强。

$$2019\ 年经营现金流出净利率 = \frac{86\ 217\ 767.48}{449\ 615\ 139.42} \times 100\% = 19.18\%$$

$$2020\ 年经营现金流出净利率 = \frac{95\ 132\ 412.82}{542\ 307\ 449.24} \times 100\% = 17.54\%$$

计算结果表明,该公司2020年经营现金流出净利率低于2019年,说明其现金获利能力在下降。

项目小结

盈利能力是指企业在一定时期内获取利润的能力,它是企业持续经营和发展的保证。企业的盈利能力对企业的所有利益相关者来说都很重要。

盈利能力根据资源投入及经营特点可以分为:商品经营盈利能力分析、资本经营盈利能力分析、资产经营盈利能力分析。同时,由于上市公司因为股权流通、股票价格公开等因素,具有一些特殊的指标,因而还应对上市公司的盈利能力指标进行分析。

商品经营盈利能力分析,即利用利润表资料进行利润率分析,包括收入利润率分析和成本利润率分析两方面内容;资本经营盈利能力分析主要对净资产收益率和资本收益率指标进行分析和评价;资产经营盈利能力分析主要是对总资产报酬率指标进行分析和评价;上市公司盈利能力除了可通过一般企业盈利能力的指标分析外,还应进行一些特殊指标的分析,特别是一些与企业股票价格或市场价值相关的指标分析,如每股收益、每股股利、市盈率、股利支付率等指标。

盈利质量分析是在盈利能力评价的基础上,以收付实现制为计算基础,以现金流量表所列示的各项财务数据为基本依据,通过一系列现金流量指标的计算,对公司盈利能力的进一步修复与检验。通过现金流量指标的计算来修正和补充盈利能力指标更有利于对公司盈利状况进行多视角、全方位综合分析,从而反映公司获取利润的品质,其主要财务指标有营业收入收现率、盈余现金保障倍数、全部资产现金回收率等。

练习题

一、单项选择题

1. 商品经营盈利能力分析是利用( )资料进行分析。
A. 资产负债表 B. 现金流量表
C. 利润表 D. 所有者权益变动表

2. 反映商品经营盈利能力的指标可分为两类:一类统称收入利润率;另一类统称( )。
A. 成本利润率 B. 营业成本利润率
C. 营业费用利润率 D. 全部成本费用利润率

3. 在企业各种收入利润率中,( )通常是其他利润率的基础。
A. 营业收入毛利率 B. 总收入利润率
C. 营业收入利润率 D. 销售净利润率

4. 下列各项中,属于反映盈利能力核心指标的是( )。
A. 总资产报酬率 B. 营业收入利润率
C. 净资产收益率 D. 销售净利润率

5. 计算净资产收益率指标的分子是( )。
A. 利润总额 B. 营业利润
C. 净利润 D. 息税前利润

6. 某企业2021年年初实收资本和资本公积分别为2 000 000元和900 000元,年末实收资本和资本公积分别为2 200 000元和1 000 000元,净利润为750 000元,则该企业的资本收益率为( )。
A. 35.71% B. 24.59%
C. 14.58% D. 32.45%

7.用于评价企业盈利能力的总资产报酬率指标中的"报酬"是指(　　)。
A.息税前利润   B.营业利润
C.利润总额   D.净利润

8.某企业年初资产总额为 100 万元,年末资产总额为 140 万元,当年利润总额为 24 万元,所得税额为 8 万元,利息支出为 4 万元。则该企业总资产报酬率为(　　)。
A.20%   B.13.33%
C.23.33%   D.30%

9.(　　)指标越高,说明企业资产盈利能力越强。
A.总资产周转率   B.固定资产周转率
C.总资产报酬率   D.流动资产周转率

10.上市公司盈利能力分析与一般企业盈利能力分析的区别关键在于(　　)。
A.利润水平   B.股东权益
C.股利发放   D.股票价格

11.下列各项中,属于上市公司特殊盈利能力指标的是(　　)。
A.总资产报酬率   B.每股收益
C.净资产收益率   D.营业收入毛利率

12.下列现金流量比率中,最能够反映盈利质量的指标是(　　)。
A.现金比率   B.现金流量充足率
C.现金流动负债比率   D.盈余现金保障倍数

二、多项选择题

1.下列各项中,反映企业盈利能力的指标有(　　)。
A.总资产报酬率   B.销售净利润率
C.资本收益率   D.资产负债率

2.下列各项中,反映收入利润率的指标主要有(　　)。
A.营业收入利润率   B.营业成本利润率
C.总收入利润率   D.销售息税前利润率

3.下列各项中,影响全部成本费用利润率指标的因素有(　　)。
A.营业成本   B.税金及附加
C.期间费用   D.研发费用

4.下列各项中,反映商品经营盈利能力的指标有(　　)。
A.营业收入利润率   B.总资产报酬率
C.销售息税前利润率   D.营业成本利润率

5.下列各项分析企业盈利能力的指标中,其分子采用"净利润"的有(　　)。
A.总资产报酬率   B.销售净利润率
C.资本收益率   D.净资产收益率

6.下列各项中,属于只利用利润表就可以计算的盈利能力指标有(　　)。
A.营业收入利润率   B.营业费用利润率
C.总收入利润率   D.净资产收益率

7.下列各项中,属于通用盈利能力指标的有( )。
A.营业收入利润率　　　　　　B.营业成本利润率
C.营业费用利润率　　　　　　D.市盈率
8.下列各项指标中,需要利用现金流量表的数据才能计算出来的有( )。
A.净资产现金回收率　　　　　B.盈余现金保障倍数
C.营业收入收现率　　　　　　D.现金比率

三、判断题

1.资本经营盈利能力分析主要对全部资产报酬率指标进行分析和评价。( )
2.对企业盈利能力的分析主要指对利润额的分析。( )
3.企业盈利能力的高低与利润的高低呈正比。( )
4.影响营业成本利润率的因素与影响营业收入利润率的因素是相同的。( )
5.所得税税率变动对营业收入利润率没有影响。( )
6.销售净利润率是综合反映企业成本效益的重要指标。( )
7.企业总收入包括营业收入、其他收益、投资净收益、公允价值变动净收益、资产处置净收益和营业外收支净额。( )
8.总资产报酬率是反映企业盈利能力的核心指标。( )
9.总资产报酬率越高,净资产收益率就越高。( )
10.股票价格的变动对每股收益不产生影响。( )

四、计算题

某公司2021年财务报表的有关资料如下表所示,该公司适用的所得税税率为25%。

表6-1　　　　　　　　某公司2021年有关的财务资料　　　　　　　单位:万元

项　目	年末数	年初数
资产总额	8 000	7 650
所有者权益总额	3 000	2 800
营业收入	6 700	5 380
营业成本	5 500	4 660
管理费用	460	450
利息费用	310	280
经营活动产生的现金净流量	100	90

要求:
(1)根据上述有关资料,计算该公司2021年的销售毛利和净利润;
(2)计算该公司2021年的营业收入利润率、营业费用利润率、总资产报酬率、净资产收益率和盈余现金保障倍数。

五、案例分析题

案例资料:沿用项目二、三、四练习题中ZSJ地产控股股份有限公司的资产负债表、利润表和现金流量表。

该公司2020年初有关财务资料:资产总额为25 107 163 682.00元,实收资本为

844 867 002.00 元,资本公积为 3 413 857 995.00 元,所有者权益总额为 9 144 744 728.00 元。

要求:

(1)计算并填列下表中的盈利能力指标

表 6-2

指　标	2020 年		2021 年	
	ZSJ 地产	行业平均值	ZSJ 地产	行业平均值
营业收入毛利率(%)		39.18		37.26
营业收入利润率(%)		19.0		12.30
全部成本费用利润率(%)		9.8		2.2
销售净利润率(%)		15.49		14.33
净资产收益率(%)		7.8		7.3
总资产报酬率(%)		4.4		3.9
盈余现金保障倍数		－1.6		－2.6
资本收益率(%)		8.2		1.1
每股收益		—		—

(2)结合房地产行业平均值,对 ZSJ 地产控股股份有限公司的盈利能力进行分析评价。

项目七

企业营运能力分析

知识目标

- 了解企业营运能力分析的目的；
- 掌握企业营运能力指标的计算和分析方法。

能力目标

- 培养学生能够在总资产营运能力指标因素分析的基础上，对总资产营运能力做出评价；
- 培养学生熟练运用企业营运能力指标对流动资产营运能力和固定资产营运能力进行分析评价。

思政目标

- 培养学生坚持守正创新，树立提高全要素生产率意识；
- 培养学生自觉遵守国家的法律法规，维护正常的市场经济秩序。

案例导入

华能国际(600011)主要在中国全国范围内开发、建设和经营管理大型发电厂，是中国最大的上市发电公司之一。截至2020年12月31日，公司拥有可控发电装机容量113 357兆瓦，权益发电装机容量98 948兆瓦，天然气、水电、风电、太阳能和生物质发电等清洁能源装机占比达到了20.60%。境内电厂全年发电量4 040.16亿千瓦时，居国内行业可比公司第一。公司中国境内电厂广泛分布在二十六个省、自治区和直辖市；公司在新加坡全资拥有一家营运电力公司，在巴基斯坦投资一家营运电力公司。

该公司2020年实现营业收入1 694.39亿元，同比下滑2.39%；净利润45.65亿元，同比增长191.51%；净资产收益率4.14%，同比增长122.18%；总资产报酬率4.16%，同比增长10.93%。任何一个企业的经营状况和经济效益，从根本上讲，都取决于企业的营运资产的利用及其能力。华能国际的利润之所以能持续增长，并在行业中处于领先地位，通过其资产利用效率可以给出答案。该公司2020年存货周转率18.07次，而行业平均值为14.5次；

应收账款周转率 6.26 次,而行业平均值为 5.8 次;流动资产周转率 2.66 次,而行业平均值仅为 1.1 次;总资产周转率 0.4 次,而行业平均值为 0.3 次。这些指标都高于行业的平均水平,表明该公司具有较高的资产利用效率。

案例分析要求:

为什么说该公司营运资产的营运状况,从根本上决定了该公司的经营状况和经济效益?

任务 1　营运能力分析的目的与内容

1.企业营运能力分析的目的

营运能力是指企业在经营过程当中使用资产获取回报的效率。企业的营运资产,主体是流动资产和固定资产,尽管无形资产是企业资产的重要组成部分,并随着从工业经济时代向知识经济时代转化,在企业资产中所占比重越来越高,而且在提高企业经济效益方面发挥巨大的作用,但无形资产的作用必须通过或依附于有形资产才能发挥出来。从这个意义上说,企业营运资产的营运状况,从根本上决定了企业的经营状况和经济效益。

进行企业营运能力分析的目的是:

(1)评价企业资产的营运效率。营运资产的效率通常是指资产的周转速度,反映企业资金利用的效率,表明企业管理人员经营管理、运用资金的能力。资产在各种形态之间的转化速度越快,资产营运的效率也就越高。

(2)评价企业资产的营运效益。企业经营的根本目的在于获取收益。企业资产运用能力的实质,就是以尽可能少的资产占用,尽可能短的时间周转,生产出尽可能多的产品,从而实现收益最大化。当把前序周转过程中的获利投入到后序周转当中,企业便扩大了经营规模,每次周转的获利水平得到提高,由此便可实现资产营运效益的增长。

(3)挖掘企业资产利用的潜力。企业营运能力的高低,取决于多种因素,通过企业营运能力分析,可以了解企业资产利用方面存在哪些问题,尚有多大的潜力,进而采取有效措施,提高企业资产营运能力。

2.企业营运能力分析的内容

企业营运能力分析的主要内容包括:

(1)总资产营运能力分析

通过对总资产收入率和总资产周转率的分析,揭示总资产周转速度和利用效率变动的原因,评价总资产营运能力。

(2)流动资产营运能力分析

通过对流动资产周转率、存货周转率和应收账款周转率的分析,揭示流动资产周转速度变动的原因,评价流动资产的营运能力。

(3)固定资产营运能力分析

通过固定资产产值率和固定资产周转率的分析,揭示固定资产利用效率变动的原因,评价固定资产的营运能力。

任务 2　总资产营运能力分析

1. 营运能力指标的一般计算

企业营运能力通常使用资产周转速度指标来衡量。反映企业资产周转速度的指标一般有周转率和周转期两种形式。周转率又叫周转次数,代表一定时期内资产完成的循环次数。周转期又叫周转天数,代表资产完成一次循环所需要的天数。它们的基本计算公式如下：

$$资产周转率(次数)=\frac{计算期的资产周转额}{计算期资产平均占用额}$$

$$资产周转期(天数)=\frac{计算期天数}{资产周转率(次数)}$$

其中：

(1)计算期天数,从理论上说应使用计算期间的实际天数,但为了计算方便,全年按 360 天计算,季度按 90 天计算,月份按 30 天计算。

(2)资产平均占用额,也称资产平均余额,是反映企业一定时期资产占用的动态指标,从理论上说,应是计算期内每日资产余额的平均额,但为了计算方便,通常按期初和期末的算术平均数计算。具体计算公式为：

$$某项资产平均占用额=(期初资产总额+期末资产总额)\div 2$$

(3)资产周转额,是指计算期内完成周转的资产金额。在计算不同资产的周转率时,所选用的"计算期的资产周转额"的替代指标也各不相同。一般情况下,计算总资产周转率和分类资产周转率选用"营业收入"作为"资产周转额";而单项资产周转率有两种计算方法：一种是以营业收入为周转额,一种是以营业成本为周转额。

资产周转次数和资产周转天数从两个不同的角度表示资产的周转速度。资产周转次数和资产周转天数呈反方向变动,在一定时期内,资产周转次数越多,周转天数越少,周转速度就越快,营运效率就越高;反之,则周转速度越慢,营运效率越低。

2. 总资产营运能力指标

2.1　总资产收入率的计算与分析

总资产收入率反映了企业总资产与营业收入之间的对比关系。其计算公式为：

$$总资产收入率 = \frac{营业收入}{平均总资产} \times 100\%$$

该指标反映企业整个经营过程中资产的利用效果,其数值越高,说明企业总资产营运能力越强。

根据表 2-2 和表 3-2 提供的资料,可以计算该公司的总资产收入率。(假设 2019 年初资产总额为 987 556 324.34 元)

$$2019 年总资产收入率 = \frac{478\ 503\ 678.72}{(987\ 556\ 324.34 + 1\ 139\ 945\ 667.14) \div 2} \times 100\% = 44.98\%$$

$$2020 年总资产收入率 = \frac{500\ 825\ 388.30}{(1\ 139\ 945\ 667.14 + 1\ 497\ 344\ 634.68) \div 2} \times 100\% = 37.98\%$$

计算结果表明,该公司 2020 年总资产收入率低于 2019 年,总资产营运能力有所下降。

2.2 总资产周转率的计算与分析

总资产周转率是指企业一定时期内的营业收入与平均资产总额的比率,它反映企业的总资产在一定时期内(通常为 1 年)周转的次数。其计算公式为:

$$总资产周转率 = \frac{营业收入}{平均资产总额}$$

总资产周转速度也可以用周转期(天数)来表示。总资产周转期是反映企业所有资产周转情况的另一个重要指标,它等于计算期天数与总资产周转率之比。其计算公式为:

$$总资产周转期 = \frac{计算期天数}{总资产周转率} = \frac{总资产平均余额 \times 360}{营业收入}$$

从总资产周转率指标分子、分母的构成来看,在营业收入一定的情况下,一个会计期间内,企业运营占用资产规模越小,总资产周转率越高,企业资产的利用效率越高。若要减少资产的占用,则要从加快资金循环入手。企业的短期资金循环,尤其是流动资产周转速度的快慢是决定企业总资产周转速度的关键性因素。下面的分解式可以反映出这种关系,也为进行总资产周转率分析、提高总资产周转速度指明了方向。

$$总资产周转率 = \frac{营业收入}{流动资产平均余额} \times \frac{流动资产平均余额}{总资产平均余额}$$
$$= 流动资产周转率 \times 流动资产占总资产的比重$$

由此可见,总资产周转速度的快慢取决于两大因素:一是流动资产周转率。流动资产的周转速度要高于其他类资产的周转速度,加速流动资产周转,就会使总资产周转速度加快;反之,则会使总资产周转速度减慢。二是流动资产占总资产的比重。由于流动资产的周转速度要高于其他类资产的周转速度,所以,企业流动资产所占比例越大,总资产周转速度越快;反之,则越慢。

根据表 2-2 和表 3-2 提供的甲电气集团股份有限公司资料,计算该公司总资产周转率有关指标,见表 7-1。(假设 2019 年初资产总额为 987 556 324.34 元)

表 7-1　　　　　　　　总资产周转率指标计算分析表　　　　　　　金额单位：元

项　目	2020 年	2019 年	差　异
营业收入	500 825 388.30	478 503 678.72	22 321 709.58
总资产平均余额	1 318 645 150.91	1 063 750 995.74	254 894 155.17
总资产周转率(次)	0.38	0.45	－0.07
总资产周转期(天数)	947.37	800.00	147.37
流动资产周转率(次)	1.50	2.07	－0.57
流动资产占总资产比重(%)	27.33	22.71	4.62

甲电气集团股份有限公司总资产周转率比上年降低了 0.07 次,其原因是：

流动资产周转率下降,使总资产周转率下降：
$$(1.50-2.07)\times 22.71\% = -0.13(次)$$

流动资产占总资产比重提高,使总资产周转加速：
$$1.50\times(27.33\%-22.71\%) = 0.07(次)$$

计算结果表明,该电气集团股份有限公司总资产周转率 2020 年比 2019 年有所下降且比值较低,主要原因是流动资产周转率下降；其次是流动资产占总资产比重提高,资产流动性增强,加快了总资产周转速度。但总的来说,该公司总资产的利用效率较低,总资产营运能力有所下降。必须指出的是,由于投资性资产并不会直接增加企业的营业收入,多数情况下也不对营业收入的取得发生直接作用,所以,当企业存在较大规模的对外投资时,将会影响总资产周转率的计算分析效果。

任务 3　流动资产营运能力分析

1.全部流动资产营运能力分析

企业的营运过程,实质上是资产的转换过程。企业经营成果的取得,主要依靠流动资产的形态转换。尽管固定资产的整体实物形态都处在企业营运过程之中,但从价值形态上讲,相对于折旧的那部分资金需要参与企业当期的营运,它的价值实现(或者说是价值回收)要依赖于流动资产的价值实现。一旦流动资产的价值实现(或者说是形态转换)出现问题,不仅固定资产价值不能实现,企业所有的经营活动都会受到影响。因此可以说,流动资产营运能力分析是企业营运能力分析最重要的组成部分。

1.1　流动资产营运能力指标的计算

流动资产完成从货币到商品,再到货币这一循环过程,表明流动资产周转了 1 次,以商品实现销售为标志。表示实现销售的指标有两个,即营业收入和营业成本。流动资产周转率是反映流动资产总体周转情况的重要指标,是指一定时期内流动资产的周转额与流动资产的平均占用额之间的比率,一般情况下选择以一定时期内取得的营业收入作为流动资产周转额的替代指标。其计算公式为：

$$流动资产周转率 = \frac{营业收入}{流动资产平均余额}$$

式中，流动资产平均余额＝（流动资产期初余额＋流动资产期末余额）÷2

流动资产周转天数是反映流动资产周转情况的另一个重要指标，其计算公式为：

$$流动资产周转天数 = \frac{计算期天数}{流动资产周转率} = \frac{流动资产平均余额 \times 360}{营业收入}$$

1.2 流动资产周转率指标分析

流动资产周转率指标的分析要点如下：

（1）企业流动资产周转率越高，流动资产周转天数越短，表明企业以相同的流动资产占用实现的销售收入越多，说明企业流动资产的运用效率越好，进而使企业的偿债能力和盈利能力均得以增强。反之，则表明企业利用流动资产进行经营活动的能力较差，营运效率较低。

（2）由于流动资产是企业短期偿债能力的基础，企业应该有一个比较稳定的流动资产数额，并以此提高使用效率，应防止企业以大幅度降低流动资产为代价追求高周转率。

根据表 2-2 和表 3-2 提供的甲电气集团股份有限公司资料，计算该公司流动资产周转率和流动资产周转天数。（假设 2019 年初流动资产余额为 202 567 324.56 元）

$$2019 年流动资产周转率 = \frac{478\ 503\ 678.72}{230\ 692\ 970.86} = 2.07（次）$$

其中：2019 年流动资产平均余额＝（202 567 324.56＋258 818 617.15）÷2＝230 692 970.86（元）

$$2019 年流动资产周转天数 = 360/2.07 = 173.91（天）$$

$$2020 年流动资产周转率 = \frac{500\ 825\ 388.30}{334\ 021\ 626.88} = 1.50（次）$$

其中：2020 年流动资产平均余额＝（258 818 617.15＋409 224 636.60）÷2＝334 021 626.88（元）

$$2020 年流动资产周转天数 = 360/1.50 = 240（天）$$

计算结果表明，该公司的流动资产周转率 2020 年比 2019 年有所下降，流动资产周转天数有所上升，说明该公司流动资产的利用效率在不断下降。

2. 应收账款营运能力分析

2.1 应收账款周转率的计算

应收账款周转率又叫应收账款周转次数，是企业一定时期内赊销收入与应收账款平均余额的比率，是反映应收账款周转速度的指标。其计算公式为：

$$应收账款周转率（周转次数） = \frac{营业收入}{应收账款平均余额}$$

式中：

$$应收账款平均余额 = \frac{应收账款余额年初数 + 应收账款余额年末数}{2}$$

利用上述公式计算应收账款周转率时，需要注意以下几个问题：

(1)应收账款一般包括应收账款和应收票据。应收账款是指因商品购销关系所产生的债权资产,而不是单指会计核算上的应收账款科目,一般包括应收账款和应收票据。

(2)外部分析以营业收入作为周转额。计算公式中所采用的周转额从理论上说应采用赊销收入,不包括现销收入,但赊销收入作为企业的商业秘密并不对外公开,所以外部分析者难以取得赊销收入的资料,因此,"赊销收入"一般用"营业收入"代替,即:

$$应收账款周转率(周转次数)=营业收入/应收账款平均余额$$

(3)经营季节性特征的影响。应收账款周转率计算公式的分母是应收账款期初余额和期末余额的算术平均数,这是基于企业应收账款在一个会计期间内呈线性增加或者减少的假设。但是有些企业的业务会呈现出明显的季节性特征,应收账款的占用额会由于季节因素呈非线性波动。对于这类企业,应收账款周转率指标的分析效力会受到影响。假设A公司生产销售羽绒服,销售活动主要发生在冬季,其1月份和12月份的应收账款余额处于全年的高位。而B公司生产销售驱蚊产品,主要在夏季销售,其1月份和12月份的应收账款余额处于全年的低位。按照年度报告计算的应收账款平均余额,A公司会被高估,而B公司则会被低估,因此,A公司的应收账款周转率会被低估,B公司会被高估。

(4)应收账款变化趋势问题。这又是一个计算应收账款余额算术平均数带来的问题。假设甲公司应收账款的期初余额是100万元,期末余额是200万元;而乙公司应收账款的期初余额是200万元,期末余额是100万元。如果两个公司的营业收入是一样的,那么计算所得的应收账款周转率将是相同的,无法显示出乙公司应收账款回收变化趋势好于甲公司的情况。

2.2　应收账款周转期的计算

应收账款周转期又叫应收账款周转天数,它是计算期天数与应收账款周转率之比。其计算公式为:

$$应收账款周转期(周转天数)=\frac{计算期天数}{应收账款周转率}=\frac{应收账款平均余额\times 360}{营业收入}$$

2.3　应收账款营运能力分析

应收账款周转率或周转期反映了企业应收账款变现速度的快慢及营运效率的高低。其分析要点如下:

(1)一定时期内,应收账款周转率越高,应收账款周转天数越短,说明应收账款收回得越快,应收账款的流动性越强,同时应收账款发生坏账的可能性也就越小。反之亦然。

(2)影响应收账款周转率下降的原因主要是企业的信用政策、客户故意拖延和客户财务困难。如果一个企业的应收账款周转率过高,则可能是由于企业的信用政策过于苛刻所致,这样又可能会限制企业销售规模的扩大,损害企业的市场占有率,影响企业长远的盈利能力。因此,对应收账款周转率和应收账款周转天数不能片面地分析,应结合企业具体情况深入了解原因,以便做出正确的决策。

(3)应收账款是时点指标,易受季节性、偶然性和人为因素的影响,分析时应注意该指标被严重高估或低估的现象。

根据表 2-2 和表 3-2 提供的甲电气集团股份有限公司资料,计算该公司应收账款周转率和应收账款周转天数。(假设 2019 年初应收账款为 68 677 988.85 元、应收票据为 9 357 420.55 元)

2019 年应收账款和应收票据年初数＝68 677 988.85＋9 357 420.55＝78 035 409.40(元)

2020 年应收账款和应收票据年初数＝79 743 418.39＋18 841 133.66＝98 584 552.05(元)

2020 年应收账款和应收票据年末数＝91 857 731.82＋5 568 336.08＝97 426 067.90(元)

2019 年应收账款周转率＝$\dfrac{478\ 503\ 678.72}{88\ 309\ 980.73}$＝5.42(次)

其中:2019 年应收账款平均余额＝$\dfrac{78\ 035\ 409.40＋98\ 584\ 552.05}{2}$＝88 309 980.73(元)

2019 年应收账款周转天数＝360/5.42＝66.42(天)

2020 年应收账款周转率＝$\dfrac{500\ 825\ 388.30}{98\ 005\ 309.98}$＝5.11(次)

其中:2020 年应收账款平均余额＝$\dfrac{98\ 584\ 552.05＋97\ 426\ 067.90}{2}$＝98 005 309.98(元)

2020 年应收账款周转天数＝360/5.11＝70.45(天)

计算结果表明,该公司应收账款周转率 2020 年比 2019 年有所下降,且应收账款周转天数均在 2 个月以上,说明该公司资产的使用效率不高。

3. 存货营运能力分析

在流动资产中,存货所占比重较大,存货的流动性将直接影响企业的流动比率。存货营运能力分析同样可以通过存货周转率(次数)和存货周转期(天数)反映。

3.1 存货周转率的计算

存货周转率又叫存货周转次数,是企业一定时期内营业成本(或销售成本)与存货平均余额的比率,是反映企业销售能力和存货周转速度的一个指标,也是衡量和评价企业购入存货、投入生产、销售收回等各环节管理效率的综合性指标。其计算公式为:

$$存货周转率(周转次数)=\dfrac{营业成本}{存货平均余额}$$

式中,存货平均余额＝(存货余额年初数＋存货余额年末数)÷2

3.2 存货周转期的计算

存货周转期又称为存货周转天数,是反映存货周转情况的另一个重要指标,它是计算期天数与存货周转率之比。其计算公式为:

$$存货周转天数=\dfrac{计算期天数}{存货周转率}=\dfrac{存货平均余额\times 360}{营业成本}$$

3.3 存货营运能力分析

其分析要点如下:

(1)一般来说,存货周转率越高,表明存货周转速度越快,存货变现能力越强,资金使用效率越低,但存货周转率偏高也不一定代表企业经营出色,当企业为扩大销路而降价销售或大量赊销,则营业利润会受到影响或产生大量的应收账款。一个适度的存货周转率除参考企业的历史水平之外,还应参考同行业的平均水平。

(2) 如果存货周转率恶化,则可能由以下原因造成:低效率的存货控制和管理导致存货的过度购置;销售困难导致存货积压或不适当的销售政策导致销售不畅;预测存货将升值而故意囤积居奇。

(3) 不同企业存货计价方法不一样,可能会造成指标差异。例如,在物价上涨时,采用先进先出法计价的企业的存货成本会相对较高。

根据表 2-2 和表 3-2 提供的甲电气集团股份有限公司资料,计算该公司存货周转率和存货周转天数。(假设 2019 年初存货额为 53 765 925.26 元)

$$2019 年存货周转率 = \frac{403\ 708\ 188.42}{58\ 333\ 370.66} = 6.92(次)$$

其中:2019 年存货平均余额 =(53 765 925.26+62 900 816.06)÷2=58 333 370.66(元)

2019 年存货周转天数 =360/6.92=52.02(天)

$$2020 年存货周转率 = \frac{414\ 347\ 374.98}{70\ 703\ 816.47} = 5.86(次)$$

其中:2020 年存货平均余额 =(62 900 816.06+78 506 816.87)÷2=70 703 816.47(元)

2020 年存货周转天数 =360/5.86=61.43(天)

计算结果表明,该公司 2020 年存货周转率比 2019 年有所下降,说明存货营运效率在逐渐退步。但无论是 2019 年还是 2020 年,存货周转率的比值还是不低的,整体来说,存货营运效率还不错。

4.营业周期计算与分析

营业周期是指企业从购入存货到生产、销售产品并最后收回现金所经历的时间。营业周期的计算公式为:

营业周期=存货周转天数+应收账款周转天数

营业周期反映了企业经营活动的效率,营业周期越短说明资产的使用效率越高。在其他条件不变的情况下,缩短营业周期将有助于提升企业的盈利能力。通常企业还可以通过计算自身的营业周期,来确定合理的信用采购还款期限。如果企业在采购时,能够从供应商处获得不短于自身营业周期的延迟付款期限(信用期限),那么意味着企业不需要额外筹集资金用于采购业务。

任务 4 固定资产营运能力分析

固定资产是企业一类重要资产,在总资产中占用较大比重,更重要的是固定资产的生产能力,关系到企业产品的产量与质量,进而关系到企业的盈利能力。所以,固定资产营运能力如何,对企业至关重要。

对固定资产营运能力的分析一般通过固定资产产值率和固定资产周转率两个财务指标进行。

1.固定资产产值率

固定资产是企业主要的生产手段,固定资产的利用效率可以直接通过所生产的产品价值(产值)表现出来,将一段时期按不变价格计算的产值与固定资产平均总值进行对比,就可以计算出固定资产产值率。其计算公式为:

$$固定资产产值率 = \frac{总产值}{固定资产平均总值} \times 100\%$$

公式中的分母既可以使用固定资产原值,也可以使用固定资产净值,究竟采用什么数值取决于分析的目的和要求。如果从固定资产规模和生产能力方面来分析,应使用固定资产原值;如果从固定资产资金占用方面分析,则以固定资产净值为宜。

该指标意味着每1元的固定资产可以创造出多少元的产品。不同的行业,由于技术装备不同,每元固定资产创造的产值也有很大差别,所以该指标在不同行业不具备可比性。

企业的固定资产在生产经营活动中的不同环节,发挥着不同的功能和作用。既有生产用固定资产,也有非生产用固定资产。生产用固定资产直接为生产产品服务,其所占比重越高,周转速度快,企业创造价值的效率和效果越好。因此,固定资产产值率可做如下分解:

$$全部固定资产产值率 = \frac{总产值}{生产用固定资产平均余额} \times \frac{生产用固定资产平均余额}{固定资产平均余额}$$

$$= 生产用固定资产产值率 \times 生产用固定资产占固定资产的比重$$

该因素分析表明,全部固定资产产值率受生产用固定资产产值率和生产用固定资产占固定资产的比重的影响。

2.固定资产周转率

固定资产周转率是反映企业固定资产营运能力的重要指标,它是指一段时期实现的营业收入与固定资产平均余额之比。其计算公式为:

$$固定资产周转率 = \frac{营业收入}{固定资产平均余额}$$

式中:

$$固定资产平均余额 = (固定资产期初余额 + 固定资产期末余额) \div 2$$

该指标同固定资产产值率一样,其分母既可用原值表示,也可用净值表示。该指标意味着每1元的固定资产所产生的收入。由于营业收入反映产品的数量和质量已得到社会承认,避免了固定资产产值率计算中存在的问题。

固定资产周转天数是反映流动资产周转情况的另一个重要指标,其计算公式为:

$$固定资产周转天数 = \frac{计算期天数}{固定资产周转率} = \frac{固定资产平均余额 \times 360}{营业收入}$$

一般来说,固定资产周转率越高,周转天数越少,表明企业固定资产利用越充分,同时也说明企业固定资产投资得当,固定资产结构分布合理,能够较充分地发挥固定资产的使用效率,营运能力越强。

企业要想提高固定资产周转率,就应加强对固定资产的管理,做到固定资产投资规模得当、结构合理。规模过大,造成设备闲置,形成资产浪费,固定资产使用效率下降;规模过小,生产能力小,形不成规模效益。应引起重视的是,非生产性固定资产投资过大是造成固定资产利用率低的重要原因。同时,固定资产应及时维护、保养和更新,对技术性能落后、消耗高、效益低的固定资产要下决心处理,引进技术水平高,生产能力强,生产质量高的固定资产,并且要加强对固定资产的维护保管。

3.固定资产营运能力的分析

根据表 2-2 和表 3-2 提供的甲电气集团股份有限公司资料,计算该公司固定资产周转率和固定资产周转天数。(假设 2019 年初固定资产为 186 558 520.75 元)

$$2019 年固定资产周转率 = \frac{478\ 503\ 678.72}{197\ 642\ 017.34} = 2.42(次)$$

其中:2019 年固定资产平均余额=(186 558 520.75+208 725 513.92)÷2=197 642 017.34(元)

$$2019 年固定资产周转天数 = 360/2.42 = 148.76(天)$$

$$2020 年固定资产周转率 = \frac{500\ 825\ 388.30}{219\ 928\ 600.07} = 2.28(次)$$

其中:2020 年固定资产平均余额=(208 725 513.92+231 131 686.21)÷2=219 928 600.07(元)

$$2020 年固定资产周转天数 = 360/2.28 = 157.89(天)$$

计算结果表明,该电气集团股份有限公司的固定资产周转率有所下降,说明固定资产营运能力也在下降。

项目小结

营运能力是指企业在经营过程当中使用资产获取回报的效率。营运能力分析的目的是评价企业资产的营运效率,评价企业资产的营运效益,挖掘企业资产利用的潜力。

反映总资产营运能力的指标包括总资产收入率和总资产周转率。总资产收入率反映企业整个经营过程中资产的利用效果;总资产周转率是从周转速度角度反映总资产利用效率的指标,总资产周转率的快慢,取决于流动资产周转率的快慢和流动资产占总资产比重的高低。

反映流动资产周转速度的主要指标是流动资产周转率、应收账款周转率和存货周转率。

对固定资产营运能力的分析一般通过固定资产产值率和固定资产周转率两个财务指标进行。

练习题

一、单项选择题

1. 从资产流动性方面反映总资产效率的指标是（　　）。
   A. 总资产报酬率　　　　　　　　B. 总资产产值率
   C. 总资产收入率　　　　　　　　D. 总资产周转率

2. 某企业2021年营业收入为36 000万元，流动资产平均余额为4 000万元，固定资产平均余额为8 000万元。假定没有其他资产，则该企业2021年的总资产周转率为（　　）次。
   A. 3.0　　　　　　　　　　　　　B. 3.4
   C. 2.9　　　　　　　　　　　　　D. 3.2

3. 在计算总资产周转率指标时，所使用的"资产周转额"是（　　）。
   A. 营业收入　　　　　　　　　　B. 资产处置收益
   C. 投资收益　　　　　　　　　　D. 营业外收入

4. 在计算应收账款周转率时，其分母除包括"应收账款"外，还应包括（　　）
   A. 预收款项　　　　　　　　　　B. 其他应收款
   C. 应收票据　　　　　　　　　　D. 预付款项

5. 存货周转率指标的分子是（　　）。
   A. 营业收入　　　　　　　　　　B. 营业成本
   C. 营运资本　　　　　　　　　　D. 存货平均余额

6. 假设企业的应收账款周转天数为80天，存货周转天数为120天，则营业周期为（　　）天。
   A. 40　　　　　　　　　　　　　B. 80
   C. 120　　　　　　　　　　　　　D. 200

7. 某公司上年度和本年度的流动资产年平均占用额分别为100万元和120万元，流动资产周转率分别为6次和8次，则本年比上年营业收入增加（　　）万元。
   A. 180　　　　　　　　　　　　　B. 360
   C. 320　　　　　　　　　　　　　D. 80

8. （　　）不会直接增加企业的营业收入，多数情况下也不对营业收入的取得发生直接作用。
   A. 存货　　　　　　　　　　　　B. 交易性金融资产
   C. 固定资产　　　　　　　　　　D. 应收账款

二、多项选择题

1. 反映企业营运能力的指标有（　　）。
   A. 流动资产周转率　　　　　　　B. 总资产收入率
   C. 应收账款周转率　　　　　　　D. 存货周转率

2. 应收账款周转率越高越好，因为它表明企业（　　）。
   A. 收款迅速　　　　　　　　　　B. 资产流动性高

C.营业收入增加　　　　　　　D.减少坏账损失

3.在其他条件不变的情况下,缩短应收账款周转天数,则有利于( )。

A.提高流动比率　　　　　　　B.缩短现金周转期

C.企业减少资金占用　　　　　D.企业扩大销售规模

4.应收账款周转率分析应考虑的问题包括( )。

A.外部分析以营业收入做周转额

B.经营季节性特征的影响

C.应收账款变化趋势问题

D.应收账款余额算术平均带来的问题

5.存货周转率偏低的原因可能是( )。

A.应收账款增加　　　　　　　B.降价销售

C.产品滞销　　　　　　　　　D.销售政策发生变化

6.存货周转率中,( )。

A.存货周转次数越多,表明存货周转快

B.存货周转次数越少,表明存货周转快

C.存货周转天数越多,表明存货周转快

D.存货周转天数越少,表明存货周转快

三、判断题

1.资产的周转期越长,说明资产的使用效率越高。（　）

2.在其他条件不变时,流动资产比重越高,总资产周转速度越快。（　）

3.企业总资产营运能力的高低取决于流动资产营运能力的高低。（　）

4.企业只要提高营运能力,盈利能力就一定能提升。（　）

5.A公司的总资产周转率高于B公司,说明A公司的资产管理效率高于B公司。（　）

6.对于企业而言,存货周转率越高越好。（　）

7.存货周转率的计算与其他资产周转率的计算相同,都是以"营业收入"为周转额。（　）

8.最能反映资产运用效率的是资产所产生的收入。（　）

9.营业周期是存货周转天数与应收账款周转天数之差。（　）

10.总资产报酬率与总资产周转率的经济实质是一样的。（　）

四、计算分析题

已知：某企业上年营业收入为6 900万元,全部资产平均余额为2 760万元,流动资产平均余额为1 104万元；本年营业收入为7 938万元,全部资产平均余额为2 940万元,流动资产平均余额为1 323万元。

要求：

（1）计算上年与本年的总资产周转率（次）、流动资产周转率（次）和资产结构（流动资产占全部资产的比重）；

（2）运用差额分析法计算流动资产周转率与资产结构变动对总资产周转率的影响。

五、案例分析题

案例资料：沿用项目二、三、四练习题中 ZSJ 地产控股股份有限公司的资产负债表、利润表和现金流量表。

该公司 2020 年初有关财务资料：资产总额为 25 107 163 682.00 元，应收账款余额为 56 498 734.00 元，存货余额为 17 167 330 873.00 元，流动资产总额为 21 665 720 980.00 元，固定资产总额为 289 152 145.00 元。

要求：

(1) 计算并填列下表中的营运能力指标

表 7-2

指 标	2020 年		2021 年	
	ZSJ 地产	行业平均值	ZSJ 地产	行业平均值
应收账款周转率（次）		8.3		7.8
存货周转率（次）		1.4		1.4
流动资产周转率（次）		0.4		0.3
固定资产周转率（次）		—		—
总资产周转率（次）		0.3		0.3

(2) 结合房地产行业平均值，对 ZSJ 地产控股股份有限公司的营运能力进行分析评价。

项目八

企业发展能力分析

知识目标
- 了解企业发展能力分析的目的和内容;
- 掌握企业单项发展能力的分析指标;
- 掌握企业整体发展能力分析的方法。

能力目标
- 培养学生掌握并运用增长率指标分析企业单项发展能力;
- 培养学生掌握并运用企业整体发展能力分析框架对企业的发展能力做出合理的评价。

思政目标
- 培养学生践行新发展理念,实现高质量发展;
- 培养学生树立可持续发展理念,推进构建新发展格局。

案例导入

伊利股份(600887),作为中国唯一一家同时服务于奥运会和世博会的大型民族企业,始终以强劲的实力领跑中国乳业,并以极其稳健的增长态势成为持续发展的乳品行业代表。回首过往,伊利股份于1996年在上交所挂牌上市,成为全国乳品行业首家A股上市公司,凭借良好的业绩和高速的成长性成为证券市场公认的蓝筹绩优股。2014年7月,伊利股份成功跻身全球乳业10强,成为唯一一家进入全球10强的亚洲乳品企业。

伊利股份一直秉承"厚度优于速度"的发展观,既然如此,我们就有必要从财务的角度分析其发展的深度与速度是否匹配,从而考察伊利股份的发展能力究竟如何。伊利股份的营业收入增长能力指标见表8-1,利润增长能力指标见表8-2,总资产增长能力指标见表8-3。

表 8-1　伊利股份营业收入增长能力指标

项目	2015 年	2016 年	2017 年	2018 年	2019 年	2020 年
营业收入（亿元）	603.60	606.09	680.58	795.53	902.23	965.24
营业收入增长率（%）	10.88	0.41	12.29	16.89	13.41	6.98

表 8-2　伊利股份利润增长能力指标

项目	2015 年	2016 年	2017 年	2018 年	2019 年	2020 年
净利润（亿元）	46.32	56.62	60.01	64.40	69.34	70.78
净利润增长率（%）	11.76	22.24	5.99	7.31	7.67	2.08

表 8-3　伊利股份资产增长能力指标

项目	2015 年	2016 年	2017 年	2018 年	2019 年	2020 年
总资产（亿元）	396.31	392.62	493.00	476.06	604.61	711.54
总资产增长率（%）	0.35	−0.93	25.57	−3.44	27.00	17.69

案例分析要求：

1.2015～2020 年伊利股份的营业收入和净利润均处于不断增长态势，2017～2019 年的营业收入增长率均超过 10%，保持了较好的增长势头，但 2020 年的营业收入增长率远低于 2019 年且只有 6.98%；通过对公司净利润分析，发现 2015～2016 年净利润增速较高，净利润增长较快，到了 2017 年开始，基本保持个位数增速，2017 年为 5.99%，2020 年仅为 2.08%，这是否意味着公司的成长速度稍微有所放缓？

2.伊利股份的总资产增长率起伏相对较大，而优秀的企业一般是稳定的持续增长，这是否说明该公司的资产管理存在问题？

任务 1　发展能力分析的目的和内容

1.企业发展能力分析的目的

企业发展能力通常是指企业未来生产经营活动的发展趋势和发展潜能，也可以称为企业增长能力。企业应该追求健康的、可持续的增长，这需要企业管理者利用股东和债权人的资本进行有效运营，合理控制成本，增加收入获得利润，在补偿了债务资本成本之后实现股东财富增加，进而提高企业价值。这种增长的潜力就是企业的发展能力，对这种能力进行分析便能对企业的未来成长性进行预测，从而评估企业价值。可见，企业发展能力分析具有重要意义。

通过企业发展能力分析，可以实现以下目的：

（1）补充和完善传统财务报表分析。一方面，传统的财务报表分析侧重回顾过去，但财务报表分析的最大贡献不在于了解过去，而是预测未来，而企业发展能力分析是展望未来,这种对企业未来发展的预期满足了报表使用者的需求;另一方面,传统财务报表分析从静态角度分析盈利能力、营运能力和偿债能力,而发展能力分析则是从动态角度分析这三种能力。

(2)为预测分析和价值评估做铺垫。企业发展能力分析并不是对报表项目逐一进行分析,而是根据收入、利润、所有者权益和资产之间的联系使这些财务数据相互贯通,从而衡量企业的增长。而从企业发展能力分析中得出的增长率数据将是后续一系列预测分析和价值评估工作的基础数据来源,对以预测分析为基础的价值评估而言十分重要。

(3)满足利益相关者的决策需求。对于股东而言,可以通过发展能力分析衡量企业创造股东价值的程度,从而为采取下一步战略行动提供依据;对于潜在的投资者而言,可以通过发展能力分析评价企业的成长性,从而选择合适的目标,做出正确的投资决策;对于经营者而言,可以通过发展能力分析发现影响企业未来发展的关键因素,从而采取正确的经营策略和财务策略促进企业可持续发展;对于债权人而言,可以通过发展能力分析判断企业未来盈利能力,从而做出正确的信贷决策。

2. 企业发展能力分析的内容

企业发展能力的大小是一个相对概念。仅仅利用增长额仅仅利用增长额只能说明企业某一方面的增减额度,无法反映企业在某一方面的增减幅度,既不利于不同规模企业之间的横向对比,也不能准确反映企业的发展能力。因此,在实践中通常是使用增长率来进行企业发展能力分析。当然,企业不同方面的增长率相互作用、相互影响,所以,只有将各方面的增长率进行交叉比较分析,才能全面分析企业的整体发展能力。

可见,企业发展能力分析的内容可分为两个部分:

(1)企业单项发展能力分析。企业价值要获得增长,就必须依赖于所有者权益、利润、收入和资产等方面的不断增长。企业单项发展能力分析就是通过计算和分析资本积累率、利润增长率、销售(营业)增长率、总资产增长率等指标,分别衡量企业在所有者权益、利润、收入和资产等方面所具有的发展能力,并对所有者权益、利润、收入和资产等方面所具有的发展趋势进行评估。

(2)企业整体发展能力分析。企业要获得可持续增长,就必须在所有者权益、利润、收入和资产等方面谋求协调发展。企业整体发展能力分析就是通过对资本积累率、利润增长率、销售(营业)增长率、总资产增长率等指标进行相互比较与全面分析,综合判断企业的整体发展能力。

任务 2 单项发展能力分析

1. 资本积累率计算与分析

资本积累率,又称所有者权益(或股东权益)增长率,它是企业本年所有者权益增长额

与年初所有者权益的比率。它反映企业当年资本的积累能力,是评价企业发展潜力的重要指标。其计算公式为:

$$资本积累率 = \frac{本年所有者权益增长额}{年初所有者权益} \times 100\%$$

式中:

$$本年所有者权益增长额 = 所有者权益年末数 - 所有者权益年初数$$

资本积累率是企业当年所有者权益总的增长率,反映了企业所有者权益在当年变动水平,体现了企业资本的积累情况,是企业发展强盛的标志,也是企业扩大再生产的源泉,展示了企业的发展潜力。资本积累率还反映了投资者投入企业资本的保全性和增长性。该指标应大于 0,指标值越高表明企业的资本积累越多,持续发展的能力就越大;该指标若为负值,表明企业资本受到侵蚀,所有者权益受到损害。

根据表 2-2 提供的甲电气集团股份有限公司资料,计算该公司资本积累率。(假设 2019 年初所有者权益总额为 788 785 608.95 元)

$$2019 年资本积累率 = \frac{869\ 183\ 510.08 - 788\ 785\ 608.95}{788\ 785\ 608.95} \times 100\% = 10.19\%$$

$$2020 年资本积累率 = \frac{1\ 008\ 420\ 381.85 - 869\ 183\ 510.08}{869\ 183\ 510.08} \times 100\% = 16.02\%$$

计算结果表明,该公司 2020 年的资本积累率大于 2019 年,这说明该公司的所有者权益规模在不断增长。进一步分析还可以看出,公司所有者权益的增长主要来自于留存收益的增加,而不是来源于实收资本(或股本)的增加,据此可以判断该公司在所有者权益方面具有较强的发展能力。

此外,还应计算与分析资本保值增值率。资本保值增值率是企业扣除客观因素后的本年末所有者权益总额与年初所有者权益总额的比率,反映企业当年资本在企业自身努力下的实际增减变动情况。其计算公式为:

$$资本保值增值率 = \frac{扣除客观因素后的年末所有者权益总额}{年初所有者权益总额} \times 100\%$$

一般认为,资本保值增值率越高,表明企业的资本保全状况越好,所有者权益增长越快,债权人的债务越有保障。该指标通常应大于 100%。

根据表 2-2 提供的甲电气集团股份有限公司资料,计算该公司资本保值增值率。

$$2019 年资本保值增值率 = \frac{869\ 183\ 510.08}{788\ 785\ 608.95} \times 100\% = 110.19\%$$

$$2020 年资本保值增值率 = \frac{1\ 008\ 420\ 381.85}{869\ 183\ 510.08} \times 100\% = 116.02\%$$

计算结果表明,该公司无论是 2019 年还是 2020 年,其资本保值增长率均大于 1,且本年比上年有所增长,说明该公司资本保全状况较好。

2.利润增长率计算与分析

2.1 净利润增长率

净利润增长率是本期净利润增长额与上期净利润的比率。其计算公式为:

$$净利润增长率=\frac{本期净利润增长额}{上期净利润}\times100\%$$

该指标为正数,说明企业本期净利润增加,净利润增长率越大,说明企业收益增长得越多;净利润增长率为负数,则说明企业本期净利润减少,收益降低。

必须指出的是,如果企业的净利润主要来源于营业利润,则表明企业盈利能力强,具有良好的发展能力;相反,如果企业的净利润不是主要来源于正常业务,而是来自于营业外收入或其他项目,说明企业的持续发展能力并不强。

根据表 3-2 提供的甲电气集团股份有限公司资料,计算该公司净利润增长率。(假设 2019 年初净利润为 2 098 556.68 元)

$$2019\ 年净利润增长率=\frac{2\ 210\ 822.59-2\ 098\ 556.68}{2\ 098\ 556.68}\times100\%=5.35\%$$

$$2020\ 年净利润增长率=\frac{2\ 502\ 735.30-2\ 210\ 822.59}{2\ 210\ 822.59}\times100\%=13.20\%$$

计算结果表明,该公司 2020 年净利润增长率高于 2019 年,但其增长并不主要依靠营业利润的增长,而是得益于营业外收入的增加和营业外支出的减少,说明该公司在净利润方面具有一定的增长能力,但其未来增长的稳定性有待进一步观察。

2.2 营业利润增长率计算与分析

如果一个企业营业收入增长,但利润并未增长,那么从长远看,它并没有创造经济价值。同样,一个企业如果营业利润增长,但营业收入并未增长,也就是说其利润的增长并不是来自于营业收入,那么这样的增长也是不能持续的,随着时间的推移也将会消失。如果企业的营业利润增长率高于企业的销售(营业)增长率,说明企业正处于成长期,业务不断拓展,企业的盈利能力不断增强;反之,如果企业的营业利润增长率低于企业的销售(营业)增长率,则反映企业营业成本、税金及附加、期间费用等成本费用的上升超过了营业收入的增长,说明企业的营业盈利能力不强,企业发展潜力值得怀疑。因此,利用营业利润增长率这一指标也可以较好地考察企业的成长性。

营业利润增长率是企业本年营业利润增长额与上年营业利润总额的比率,反映企业营业利润的增减变动情况。其计算公式为:

$$营业利润增长率=\frac{本年营业利润增长额}{上年营业利润总额}\times100\%$$

式中:

本年营业利润增长额=本年营业利润总额-上年营业利润总额

该指标为正数,说明企业本期营业利润增加,营业利润增长率越大,说明企业收益增长得越多;营业利润增长率为负数,则说明企业本期营业利润减少,收益降低。

根据表 3-2 提供的甲电气集团股份有限公司资料,计算该公司营业利润增长率。(假设 2019 年初营业利润为 86 356 745.18 元)

$$2019\ 年营业利润增长率=\frac{85\ 842\ 559.11-86\ 356\ 745.18}{86\ 356\ 745.18}\times100\%=-0.60\%$$

$$2020\ 年营业利润增长率=\frac{75\ 548\ 720.19-85\ 842\ 559.11}{85\ 842\ 559.11}\times100\%=-11.99\%$$

计算结果表明,该公司的营业利润增值率均为负数,且 2020 年的下降幅度大于 2019 年,说明该公司成本费用的增长速度大于营业收入的增长速度,公司的持续增长能力在下降。

3.销售(营业)增长率计算与分析

销售(营业)增长率是指企业本年销售(营业)收入增长额同上年销售(营业)收入总额的比率。其计算公式为:

$$销售(营业)增长率 = \frac{本年销售(营业)收入增长额}{上年销售(营业)收入总额} \times 100\%$$

式中:

$$本年销售(营业)收入增长额 = 本年销售(营业)收入总额 - 上年销售(营业)收入总额$$

如果本年销售(营业)收入低于上年,本年销售(营业)增长额用"-"表示。

利用该指标进行企业发展能力分析需要注意以下几点:

第一,该指标若大于 0,表明企业本年的销售(营业)收入有所增长,指标值越高,表明增长速度越快,企业市场前景越好;若该指标小于 0,则表明企业或是产品不适销对路、质次价高,或是在售后服务方面存在问题,产品销售不出去,市场份额萎缩。

第二,要判断企业在销售方面是否具有良好的成长性,必须分析销售增长是否具有效益性。如果销售(营业)收入的增长主要依赖于资产的相应增长,也就是销售增长率低于资产增长率,说明这种销售增长不具有效益性,同时也反映企业在销售方面可持续发展能力不强。正常情况下,一个企业的销售(营业)增长率应高于其资产增长率,只有在这种情况下,才能说明企业在销售方面具有良好的成长性。

第三,要全面、正确地分析和判断一个企业营业收入的增长趋势和增长水平,必须将企业不同时期的销售(营业)增长率加以比较和分析。因为销售(营业)增长率仅仅就某个时期的销售情况而言,某个时期的销售(营业)增长率可能会受到一些偶然的和非正常的因素影响,而无法反映出企业实际的销售发展能力。

第四,销售(营业)增长率作为相对数指标,也存在受增长基数影响的问题,如果增长基数即上年销售(营业)收入额特别小,即使销售(营业)收入出现较小幅度的增长,也会出现较大数值的增长,不利于企业之间进行比较。比如某企业上年度营业收入为 10 万元,本年度营业收入为 100 万元,那么该企业的销售(营业)增长率为 900%,这种情况实际上并不能说明该企业具有很高的发展能力。

根据表 3-2 提供的甲电气集团股份有限公司资料,计算该公司销售(营业)增长率。(假设 2019 年初营业收入为 459 765 434.58 元)

$$2019 年销售(营业)增长率 = \frac{478\ 503\ 678.72 - 459\ 765\ 434.58}{459\ 765\ 434.58} \times 100\% = 4.08\%$$

$$2020 年销售(营业)增长率 = \frac{500\ 825\ 388.30 - 478\ 503\ 678.72}{478\ 503\ 678.72} \times 100\% = 4.67\%$$

计算结果表明,该公司 2020 年的销售(营业)增长率虽然略高于 2019 年,但由于增长的比率太低,且远低于其资产增长率,说明公司的销售增长能力较差,2020 年销售的增长主要是依靠资产的追加投入所致,其增长不具备效益性。

4.总资产增长率计算与分析

资产代表着企业用以取得收入的资源,同时也是企业偿还债务的保障,资产的增长是企业发展的一个重要方面,也是实现企业价值增长的重要手段。

总资产增长率是指本年总资产增长额同年初(上年末)资产总额的比率,该指标是从企业资产总量扩张方面衡量企业的发展能力,表明企业规模增长水平对企业发展后劲的影响。其计算公式为:

$$总资产增长率 = \frac{本年总资产增长额}{年初资产总额} \times 100\%$$

公式中:本年总资产增长额=资产总额年末数-资产总额年初数。如果本年资产总额减少,用"-"表示。

对总资产增长率进行分析时应注意以下几点:

第一,一般来说,该指标越高,表明企业在一个经营周期内资产经营规模扩张的速度越快。但企业总资产增长率高并不意味着企业的资产规模就一定适当,因此也应注意资产规模扩张的质与量的关系,以及企业的后续发展能力,避免资产盲目扩张。只有在一个企业的销售增长、利润增长超过资产规模增长的情况下,这种资产规模增长才属于效益型增长,才是适当的、正常的。

第二,需要正确分析企业资产增长的来源。如果一个企业资产的增长完全依赖于负债的增长,而所有者权益项目在年度内没有发生变化或者变动不大,则说明企业不具备良好的发展潜力。从企业自身的角度看,企业资产的增长应该主要取决于企业盈利的增加。当然,盈利的增长能带来多大程度的资产增长还要视企业实行的股利政策而定。

第三,为全面认识企业资产规模的增长趋势和增长水平,应将企业不同时期的资产增长率加以对比。因为一个健康的处于成长期的企业,其资产规模应该是不断增长的,如果时增时减,则反映出企业的经营业务并不稳定,同时也说明企业并不具备良好的发展能力。

根据表 2-2 提供的甲电气集团股份有限公司资料,计算该公司总资产增长率。(假设 2019 年初资产总额为 987 556 324.34 元)

$$2019 年总资产增长率 = \frac{1\ 139\ 945\ 667.14 - 987\ 556\ 324.34}{987\ 556\ 324.34} \times 100\% = 15.43\%$$

$$2020 年总资产增长率 = \frac{1\ 497\ 344\ 634.68 - 1\ 139\ 945\ 667.14}{1\ 139\ 945\ 667.14} \times 100\% = 31.35\%$$

2020 年所有者权益增加额占资产增加额的比重

$$= \frac{1\ 008\ 420\ 381.85 - 869\ 183\ 510.08}{1\ 497\ 344\ 634.68 - 1\ 139\ 945\ 667.14} \times 100\% = 38.96\%$$

计算结果表明,该公司的总资产有较大增长,说明公司资产增长能力较强。且资产增长来源中所有者权益的增长额在总资产增长额中所占比重也达到了 38.96%,这说明该公司资产增长来源有了较大程度的改善。

任务3　整体发展能力分析

1.企业整体发展能力分析框架

评价企业的发展能力,除了对企业发展能力进行单项分析以外,还需要分析企业的整体发展能力。其原因在于:第一,资本积累率、利润增长率、销售(营业)增长率和总资产增长率等指标,只能从所有者权益、利润、营业收入和资产等不同的侧面考察企业的发展能力,不足以涵盖企业发展能力的全部;第二,资本积累率、利润增长率、销售(营业)增长率和总资产增长率等指标之间存在相互作用、相互影响的关系,不能截然分开。因此,在实际运用时,只有把四种类型的增长率指标相互联系起来进行综合分析,才能正确评价一个企业的整体发展能力。

企业整体发展能力的具体分析思路是:

(1)分别计算资本积累率、利润增长率、销售(营业)增长率和总资产增长率等指标的实际值;

(2)分别将上述增长率指标实际值与以前不同时期增长率数值、同行业平均水平进行比较,分析企业在所有者权益、利润、营业收入和资产等方面的发展能力;

(3)比较资本积累率、利润增长率、销售(营业)增长率和总资产增长率等指标之间的关系,判断不同方面增长的效益性以及它们之间的协调性;

(4)根据以上分析结果,运用一定的分析标准,判断企业的整体发展能力。一般而言,只有一个企业的资本积累率、总资产增长率、销售(营业)增长率、利润增长率保持同步增长,且不低于行业平均水平,才可以判断这个企业具有良好的发展能力。

根据上述分析思路可形成企业整体发展能力分析框架,如图8-1所示。

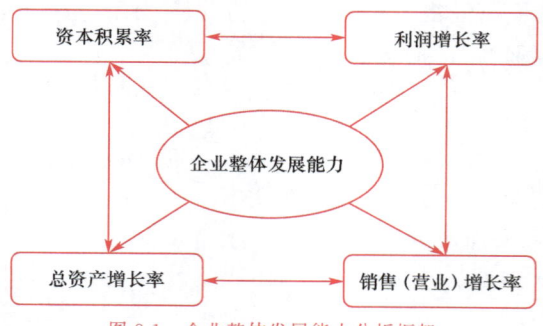

图8-1　企业整体发展能力分析框架

运用这一分析框架,能够比较全面地分析企业发展的影响因素,从而能够比较全面地评价企业的发展能力,但对于各因素的增长与企业发展的关系无法从数量上进行确定。

2.企业整体发展能力分析框架应用

2.1 对所有者权益(或股东权益)增长的分析

所有者权益(或股东权益)的增长主要来自于两个方面：一方面来源于净利润，净利润主要来自于营业利润，营业利润又主要取决于营业收入，并且营业收入的增长在资产使用效率保持一定的前提下要依赖于资产投入的增加；另一方面来源于股东的净投资，而净投资取决于本期股东投资资本的增加和本期对股东股利的发放。

2.2 对利润增长的分析

利润的增长主要表现为净利润的增长，而对于一个持续增长的企业而言，其净利润的增长应该主要来源于营业利润的增长，而营业利润的增长又应该主要来自于营业收入的增加。

2.3 对销售增长的分析

销售增长是企业营业收入的主要来源，也是企业价值增长的源泉。一个企业只有不断开拓市场，保持稳定的市场份额，才能不断扩大营业收入，增加所有者权益(或股东权益)，同时为企业进一步扩大市场、开发新产品和进行技术改造提供资金来源，最终促进企业的进一步发展。

2.4 对资产增长的分析

企业资产是取得营业收入的保障，要实现营业收入的增长，在资产使用效率一定的条件下就需要扩大资产规模。要扩大资产规模，一方面可以通过负债融资实现，另一方面可以依赖所有者权益(或股东权益)的增长，即净利润和净投资的增长。

总之，在运用这一框架时需要注意这四种类型增长率之间的相互关系，否则无法对企业的整体发展能力做出准确的判断。

以下对甲电气集团股份有限公司 2019~2020 年的资本积累率、净利润增长率、营业利润增长率、销售(营业)增长率和总资产增长率等进行分析，并判断该公司的整体发展能力。它们的计算结果列示见表 8-4。

表 8-4　　甲电气集团股份有限公司 2019~2020 年单项增长率一览表　　单位：%

项　目	2019 年	2020 年
资本积累率	10.19	16.02
净利润增长率	5.35	13.20
营业利润增长率	−0.60	−11.99
销售(营业)增长率	4.08	4.67
总资产增长率	15.43	31.35

从表 8-4 可以看出，甲电气集团股份有限公司 2019 年~2020 年的资本积累率、净利润增长率、销售(营业)增长率和总资产增长率均为正值，这说明该公司的资产规模一直在扩大，营业收入和净利润一直在增加，所有者权益(或股东权益)也一直在增加，但营业利润出现了负增长。

从发展趋势来看，甲电气集团股份有限公司 2019 年以来的资本积累率、净利润增长率、销售（营业）增长率和总资产增长率均呈上升的趋势，其中净利润增长率和总资产增长率的增幅较大，而营业利润增长率则持续下降，但这种下降趋势是否会持续仍需进一步分析。

再比较各种类型增长率的关系。首先看销售（营业）增长率和总资产增长率，不管是2019年还是2020年，总资产增长率都显著高于销售（营业）增长率，可见销售增长主要是依赖于资产投入的增加，说明这种销售增长不具有效益性。

其次，比较资本积累率与净利润增长率。该公司2019年和2020年的资本积累率均高于当年的净利润增长率，这说明该公司这两年的净利润增长主要依赖于所有者权益的增加，不属于好现象。但是，2020年两者的差异在缩小，应进一步进行分析。

再次，比较净利润增长率和营业利润增长率。可以发现，净利润增长率在急速攀升，而营业利润增长率却在大幅下降，说明净利润的高增长不是源于营业利润的增长，而是因非经常性损益的影响导致利润由亏转盈，净利润增长的持续性仍值得关注。

最后，比较营业利润增长率和销售（营业）增长率。可以看到，2019年和2020年的营业利润增长率都低于销售（营业）增长率，表明该公司成本费用的上升可能超过了营业收入的增长，营业利润增长存在一定的问题。

通过以上分析，对甲电气集团股份有限公司的发展能力可以得出一个初步的结论，即该公司除了个别方面的增长存在效益性问题以外，其他方面表现出较好的增长能力。总体而言，该公司具有较好的整体发展能力。

项目小结

企业发展能力通常是指企业未来生产经营活动的发展趋势和发展潜能，也可以称为增长能力。进行企业发展能力分析的目的在于：第一，补充和完善传统财务报表分析；第二，为预测分析和价值评估做铺垫；第三，满足利益相关者的决策需求。

企业发展能力分析的内容可分为以下两个部分：

一是企业单项发展能力分析。企业价值要获得增长，就必须依赖于所有者权益、利润、收入和资产等方面的不断增长。企业单项发展能力分析就是通过计算和分析资本积累率、利润增长率、销售（营业）增长率、总资产增长率等指标，分别衡量企业在所有者权益、利润、收入和资产等方面所具有的发展能力，并对所有者权益、利润、收入和资产等方面所具有的发展趋势进行评估。

二是企业整体发展能力分析。企业要获得可持续增长，就必须在所有者权益、利润、收入和资产等方面谋求协调发展。企业整体发展能力分析就是通过对资本积累率、利润增长率、销售（营业）增长率、总资产增长率等指标进行相互比较与全面分析，综合判断企业的整体发展能力。

项目八　企业发展能力分析

练习题

一、单项选择题

1.如果说生存能力是企业实现盈利的前提,那么企业实现盈利的根本途径是(　　)。
A.营运能力　　　B.发展能力　　　C.偿债能力　　　D.资本积累

2.下列指标中,不属于企业发展能力分析的指标是(　　)。
A.总资产报酬率　　　　　　B.销售(营业)增长率
C.资本积累率　　　　　　　D.总资产增长率

3.资本积累率指标的大小直接取决于(　　)。
A.年初资产总额　　　　　　B.年初所有者权益总额
C.年初净利润总额　　　　　D.年初营业收入总额

4.下列选项中,不属于利润增长的来源是(　　)。
A.企业正常经营活动带来的利润增长
B.不构成企业日常经营活动的投资活动产生的收益
C.非经常性收益项目,如债务重组收益等
D.股东对企业当年的新增投资

5.如果企业某一种产品处于成熟期,其收入增长率的特点是(　　)。
A.收入增长率较高
B.与上期相比,收入增长率变动不大
C.收入增长率较低
D.与上期相比,收入增长率变动非常小

6.下列项目中,不属于企业资产规模增加的原因的是(　　)。
A.企业对外举债　　B.企业盈利增加　　C.企业发放股利　　D.企业发行股票

7.下列关于收入增长率的分析,说法错误的是(　　)。
A.要判断企业在销售方面是否具有良好的成长性,最重要的是分析其销售增速是否快速
B.要全面、正确地分析和判断一个企业营业收入的增长趋势和增长水平,必须将企业不同时期的收入增长率加以比较和分析
C.判断企业收入增长率是否合理,应该将其与企业成本增长率和费用增长率进行对比分析
D.判断企业收入增长率是否合理,应该将其与企业应收账款增长率和存货增长率进行对比分析

8.下列计算资本积累率的公式中,正确的是(　　)。
A.本期所有者权益期末余额/所有者权益期初余额×100%
B.本期所有者权益增长额/上期所有者权益期末余额×100%
C.本年所有者权益增长额/上期所有者权益期初余额×100%
D.净资产收益率+股东净投资率

二、多项选择题

1. 下列指标中,可以用于反映企业发展能力的有(   )。
   A.净利润增长率　　　　　　B.股利发放率
   C.销售(营业)增长率　　　　D.总资产增长率

2. 企业单项发展能力包括(   )。
   A.资产发展能力　B.收益发展能力　C.收入发展能力　D.负债发展能力

3. 下列不属于增长率指标的有(   )。
   A.产权比率　　B.资本积累率　　C.总资产增长率　　D.资本收益率

4. 对于收入增长率,下列表述中正确的有(   )。
   A.它是评价企业成长状况和发展能力的重要指标
   B.收入增长率不会受到一些偶然的和非正常因素的影响
   C.企业应收账款增长率大于企业收入增长率,表明企业应收账款管理存在问题
   D.收入增长率为正数,则说明企业本期销售规模增加;收入增长率为负数,则说明企业销售规模减小,销售情况较差

5. 一个发展能力强的企业,表现为(   )。
   A.资产规模不断扩大　　　　B.营运效率不断提高
   C.股东财富持续增长　　　　D.盈利能力不断增强

6. 下列表述中正确的有(   )。
   A.如果一个企业营业收入增长但利润并未增长,那么从长远看,它并没有增加股东权益
   B.如果企业的营业利润增长率高于企业营业收入增长率,说明企业为成长型企业
   C.如果企业的营业利润增长率低于企业营业收入增长率,说明企业盈利能力并不强,企业营业利润发展潜力受限,此时企业产品进入成熟期或衰退期
   D.应将企业连续多期的净利润增长率和营业利润增长率指标进行对比分析

三、判断题

1. 与传统财务报表分析从静态角度分析盈利能力、营运能力以及偿债能力不同,发展能力分析是从动态角度分析这三种能力的。(   )

2. 企业能否持续增长对投资者、经营者至关重要,但对债权人而言相对不重要,因为他们更关心企业的变现能力。(   )

3. 企业存货增长率超过了企业收入增长率,则表明企业库存开始积压。(   )

4. 总资产增长率越高,则说明企业的资产规模增长势头一定越好。(   )

5. 盈利能力强的企业,其增长能力也强。(   )

6. 正常情况下,一个企业的收入增长率应高于其资产增长率,只有这样才说明企业在销售方面具有良好的效益性。(   )

7. 评价企业的发展能力,只需要对企业单项发展能力进行分析即可。(   )

8. 对企业股东权益、利润、营业收入和资产等增长率指标的分析是对企业未来的发展能力的评价,与企业过去无关,因此最重要的是分析增长率指标的当期实际值。(   )

四、计算分析题

A 公司 2021 年财务报表的有关资料如下表所示：

表 8-1　　　　　　　　　A 公司 2021 年有关的财务资料　　　　　　　　单位：万元

资产负债表项目	年末数	年初数
资产总额	23 000	18 980
负债总额	6 500	5 880
所有者权益总额	16 500	13 100
利润表项目		
营业收入	2 400	1 800
营业利润	600	360
净利润	400	240

要求：

(1) 根据上述资料，计算该公司的销售（营业）增长率、总资产增长率、资本积累率、资本保值增值率、净利润增长率和营业利润增长率；

(2) 分析该公司的整体发展能力。

五、案例分析题

案例资料：沿用项目二、三、四练习题中 ZSJ 地产控股股份有限公司的资产负债表、利润表和现金流量表。

该公司 2020 年初有关财务资料：资产总额为 25 107 163 682.00 元，所有者权益总额为 9 144 744 728.00 元，营业收入总额为 4 111 644 668.00 元，营业利润为 1 327 211 067.00 元，净利润为 1 195 130 888.00 元。

要求：

(1) 计算并填列下表中的发展能力指标

表 8-2

指　标	2020 年		2021 年	
	ZSJ 地产	行业平均值	ZSJ 地产	行业平均值
销售（营业）增长率(%)		16.9		16.4
总资产增长率(%)		13.5		12.5
资本积累率(%)		10.8		9.8
资本保值增值率(%)		105.8		105.5
净利润增长率(%)		20.92		23.76
营业利润增长率(%)		17.3		17.0

(2) 结合房地产行业平均值，对 ZSJ 地产控股股份有限公司的发展能力进行分析评价。

项目九

财务报表综合分析与评价

知识目标

- 了解财务报表综合分析与业绩评价析的目的和内容；
- 掌握杜邦财务分析法的基本原理；
- 掌握综合评分法的原理及实施步骤。

能力目标

- 培养学生能够运用杜邦财务分析法对企业进行综合财务分析；
- 培养学生能够运用综合评分法对企业的经营业绩进行综合评价。

思政目标

- 培养学生增强团队协作能力，具有大局意识；
- 培养学生诚实守信、遵纪守法、廉洁自律、客观公正的职业素养。

案例导入

苏宁易购集团股份有限公司(002024)创办于1990年12月26日，总部位于南京，是中国商业企业的领先者，经营商品涵盖传统家电、消费电子、百货、日用品、图书、虚拟产品等综合品类。全场景苏宁易购线下网络覆盖全国，拥有苏宁广场、苏宁易购广场、家乐福社区中心、苏宁百货、苏宁小店、苏宁零售云、苏宁极物、苏宁红孩子、苏宁体育、苏宁影城、苏宁汽车超市等"一大两小多专"各类创新互联网门店13 000多家，稳居国内线下网络前列；苏宁易购线上通过自营、开放和跨平台运营，跻身中国B2C行业前列。线上线下的融合发展引领零售发展新趋势。正品行货、品质服务、便捷购物、舒适体验。

根据苏宁易购2016～2020年年报，整理出关于该公司的盈利能力、营运能力和偿债能力指标的相关数据，见表9-1、表9-2和表9-3。

表 9-1　　　　　　　　　苏宁易购 2016～2020 盈利能力指标

年份	销售毛利率(%)	销售净利率(%)	净资产收益率(%)
2016	14.36	0.33	1.41
2017	14.10	2.15	5.76
2018	15.00	5.16	16.83
2019	14.84	3.66	11.77
2020	11.28	−1.69	−5.08

从销售毛利率来看,过去 5 年销售毛利率平均为 13.92%,2016～2019 年基本保持稳定,但 2020 年降至最低点 11.28%。

从销售净利率来看,过去 5 年销售净利率平均为 1.92%,2016 年为低谷期,销售净利率仅为 0.33%。2017～2019 年这个时间阶段销售净利率均在 2% 以上,其中 2018 年最高,达到 5.16%。由于受疫情的影响,2020 年降至 −1.69%。

从净资产收益率来看,过去 5 年净资产收益率平均为 6.14%,2016～2017 年是一个低谷期,其中最高的 2017 年也仅有 5.76%。2018 年和 2019 年有明显回暖,分别达到 16.83% 和 11.77%。但是,2020 年竟降至 −5.08%。

表 9-2　　　　　　　　　苏宁易购 2016～2020 营运能力指标

年份	应收账款周转率(次)	存货周转率(次)	总资产周转率(次)
2016	164.26	8.96	1.32
2017	107.61	9.80	1.28
2018	62.77	10.20	1.37
2019	42.20	9.38	1.23
2020	33.89	8.80	1.12

从应收账款周转率来看,过去 5 年应收账款周转率平均为 82.15 次,2016～2017 年为较高水平,其中 2016 年达到 164.26 次,自 2018 年开始逐年下滑,2020 年的 33.89 次为近 5 年来的最低。

从存货周转率来看,过去 5 年存货周转率平均为 9.43 次,2016～2018 年连续 3 年有所提升,且 2018 年首次突破 10 次,之后有所下滑。

从总资产周转率来看,过去 5 年总资产周转率平均为 1.26 次,2016 年起明显下滑,期间仅有 2018 年出现过小幅回升,2020 年的 1.12 次更是近 5 年来的最低值。

表 9-3　　　　　　　　　苏宁易购 2016～2020 偿债能力指标

年份	流动比率	速动比率	资产负债率(%)
2016	1.34	1.11	49.02
2017	1.37	1.08	46.83
2018	1.41	1.17	55.78
2019	1.00	0.78	63.21
2020	0.86	0.67	63.77

从近 5 年流动比率来看,2016~2018 年保持上升势头,从 2019 年起呈下降趋势,2020 年最低,流动比率跌破 1 且为 0.86。

从近 5 年速动比率来看,2016~2018 年较为稳定且保持在 1 以上。从 2019 年开始呈下降趋势,2020 年仅为 0.67。

从近 5 年资产负债率来看,从 2017 年起逐年上升,但基本维持在 63.3% 的行业平均值。

案例分析要求:

请根据苏宁易购 2019 年和 2020 年的年报及相关数据,应用杜邦财务分析法分析苏宁易购 2020 年净资产收益率较 2019 年下降的原因。

任务 1　财务报表综合分析与业绩评价

1. 财务报表综合分析与业绩评价的目的

财务报表分析从企业的盈利能力、营运能力、偿债能力角度对企业的经营活动、投资活动和筹资活动状况进行了深入、细致的分析,以判明企业的财务状况和经营业绩,这对于企业投资者、债权人、经营者、政府及其他利益相关者了解企业的财务状况和经营业绩是十分有益的。但前述财务报表分析通常是从某一特定角度,就企业某一方面的经营活动做分析,这种分析不足以全面评价企业的总体财务状况和经营业绩,很难对企业总体财务状况和经营业绩的关联性得出结论。为弥补财务报表分析这一不足,有必要在财务能力单项分析的基础上,将有关指标按其内在联系结合起来进行综合分析。

业绩评价是指在综合分析的基础上,运用业绩评价方法对企业财务状况和经营成果所得的综合结论。业绩评价以财务报表分析为前提,财务报表分析以业绩评价为结论,财务报表分析离开业绩评价就没有太大的意义了。在前述的财务报表分析中,都曾在分析的基础上做出了相应的评价,那只是就单项财务能力所做的分析及评价,其具有片面性,只有在综合分析的基础上进行业绩评价才能从整体上全面、系统地评价企业的财务状况及经营成果。

综合分析与业绩评价的目的在于:

(1)通过综合分析评价,明确企业经营活动、投资活动和筹资活动的相互关系,找出制约企业发展的"瓶颈"所在。

(2)通过综合分析评价企业财务状况和经营业绩,明确企业的经营水平、行业地位及发展方向。

(3)通过综合分析评价,为企业利益相关者进行投资决策提供参考。

(4)通过综合分析评价,为完善企业财务管理和经营管理提供依据。

2. 综合分析与业绩评价的内容

根据综合分析与业绩评价的目的,综合分析与业绩评价至少应包括以下两个方面内容:

(1)财务目标与财务环节相互关联综合分析评价

企业的财务目标是股东财富最大化,而股东财富最大化其实就是资本增值最大化。资本增值的核心在于资本收益能力的提高,而资本收益能力受企业各方面、各环节财务状况的影响。财务综合分析正是要以净资产收益率为核心,通过对净资产收益率的分解,找出企业经营各环节对其影响以及影响程度,从而综合评价企业各环节及各方面的经营业绩。杜邦财务分析法是进行这一分析的最基本方法。

(2)企业经营业绩综合分析评价。虽然财务目标与财务环节的联系分析可以解决单项指标分析或单方面分析给评价带来的困难,但由于没能采用某种计量手段给相互关联指标以综合评价,因此,往往难以准确得出企业经营业绩改善与否的定量结论。企业经营业绩综合分析评价正是从解决这一问题出发,利用业绩评价的不同方法对企业经营业绩进行量化分析,最后得出企业经营业绩评价的唯一结论。

任务 2　杜邦财务分析法

杜邦财务分析法是利用相关的财务比率的内在联系构建一个综合的指标体系,来考察企业整体财务状况和经营成果的一种分析方法。由于这种分析方法由美国杜邦(Dupont)公司在20世纪20年代率先采用,故称杜邦财务分析法。

1. 杜邦财务分析法的基本原理

在一个企业内部,企业各项财务活动、各项财务指标不是孤立存在的,因此要求财务人员进行财务分析时,将企业的财务活动看作一个大的系统,对系统内部相互依存、相互作用的各种因素进行分析。而杜邦财务分析法是以盈利能力为企业的核心能力,以净资产收益率为核心财务指标,根据盈利能力、资产管理比率和债务管理比率三者之间的内在联系,对企业的财务状况和经营成果进行全面、系统而又实用的分析和评价的一种方法。该方法需要将核心指标净资产收益率分解为上述三组重要财务比率中的各一项较关键的财务比率,并将其相互结合为一体形成一个完整的财务综合分析体系。

杜邦财务分析法的核心指标是净资产收益率。用公式表示为

$$净资产收益率 = \frac{净利润}{净资产} = \frac{净利润}{总资产} \times \frac{总资产}{净资产} = \frac{净利润}{营业收入} \times \frac{营业收入}{总资产} \times \frac{总资产}{净资产}$$

$$= 营业净利率 \times 总资产周转率 \times 权益乘数$$

从上述公式可以得知,决定净资产收益率的因素有三个方面:营业净利率、总资产周

转率和权益乘数。而这三个因素分别代表了盈利能力、营运能力、偿债能力及资本结构。这样分解后,可以把净资产收益率这样一项综合性指标发生的原因具体化,从而比只用单独一项指标更能够说明问题。

2.杜邦财务分析指标体系图

杜邦财务分析指标体系图,是根据净资产收益率这一核心指标与各项分解指标之间的内在联系,以及所涉及的各项会计要素,按照一定的规律有序排列指标体系图。这个体系图可以使杜邦分析法更直观、更清晰、更便于理解。杜邦财务分析指标体系图如图9-1所示。

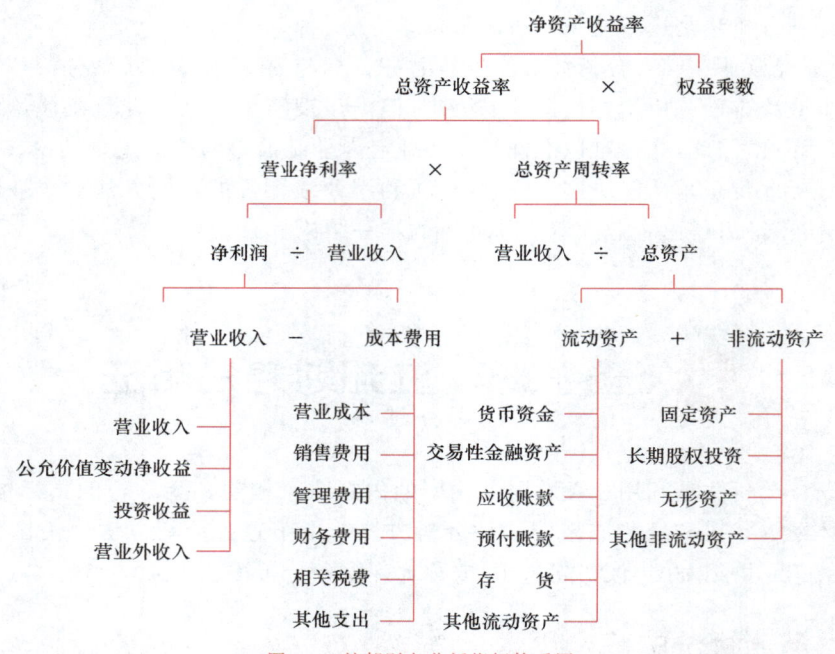

```
                        净资产收益率
                              │
                ┌─────────────┴─────────────┐
            总资产收益率        ×        权益乘数
                │
        ┌───────┴───────┐
     营业净利率    ×    总资产周转率
        │                    │
   ┌────┴────┐          ┌────┴────┐
  净利润 ÷ 营业收入    营业收入 ÷ 总资产
        │                        │
   ┌────┴────┐              ┌────┴────┐
 营业收入 - 成本费用       流动资产 + 非流动资产

  营业收入      营业成本      货币资金       固定资产
  公允价值变动净收益  销售费用   交易性金融资产  长期股权投资
  投资收益      管理费用      应收账款       无形资产
  营业外收入    财务费用      预付账款       其他非流动资产
                相关税费      存  货
                其他支出      其他流动资产
```

图9-1 杜邦财务分析指标体系图

杜邦财务分析体系为企业进行综合分析提供了极具价值的财务信息。

(1)净资产收益率是综合性最强的财务指标,是企业财务报表综合分析的核心。这一指标反映了投资者投入资本获利能力的高低,体现出了企业经营的目标。从企业财务活动和经营活动的相互关系上看,净资产收益率的变动取决于企业的资本经营、资产经营和商品经营。所以净资产收益率是企业财务活动效率和经营活动效率的综合体现。

(2)总资产周转率是反映企业营运能力最重要的指标,是企业资产经营的结果,是实现净资产收益率最大化的基础。企业总资产由流动资产和非流动资产组成,流动资产体现企业的偿债能力和变现能力,非流动资产体现企业的经营规模、发展潜力和盈利能力。各类资产的收益性又有较大区别,如现金、应收账款几乎没有收益。所以,资产结构是否合理以及营运效率高低是企业资产经营的核心问题,并最终影响到企业的经营业绩。

(3)销售净利率是反映企业商品经营盈利能力最重要的指标,是企业商品经营的结果,是实现净资产收益率最大化的保证。企业从事商品经营,目的在于获利,其途径只有两条:一是扩大营业收入,二是降低成本费用。

(4)权益乘数既是反映企业资本结构的指标,也是反映企业偿债能力的指标,是企业资本经营即筹资活动的结果,它对提高净资产收益率起到杠杆作用。适度开展负债经营,合理安排企业资本结构,可以提高净资产收益率。

根据甲电气集团股份有限公司2020年度资产负债表和利润表的有关数据,绘制杜邦财务分析体系图,如图9-2所示。

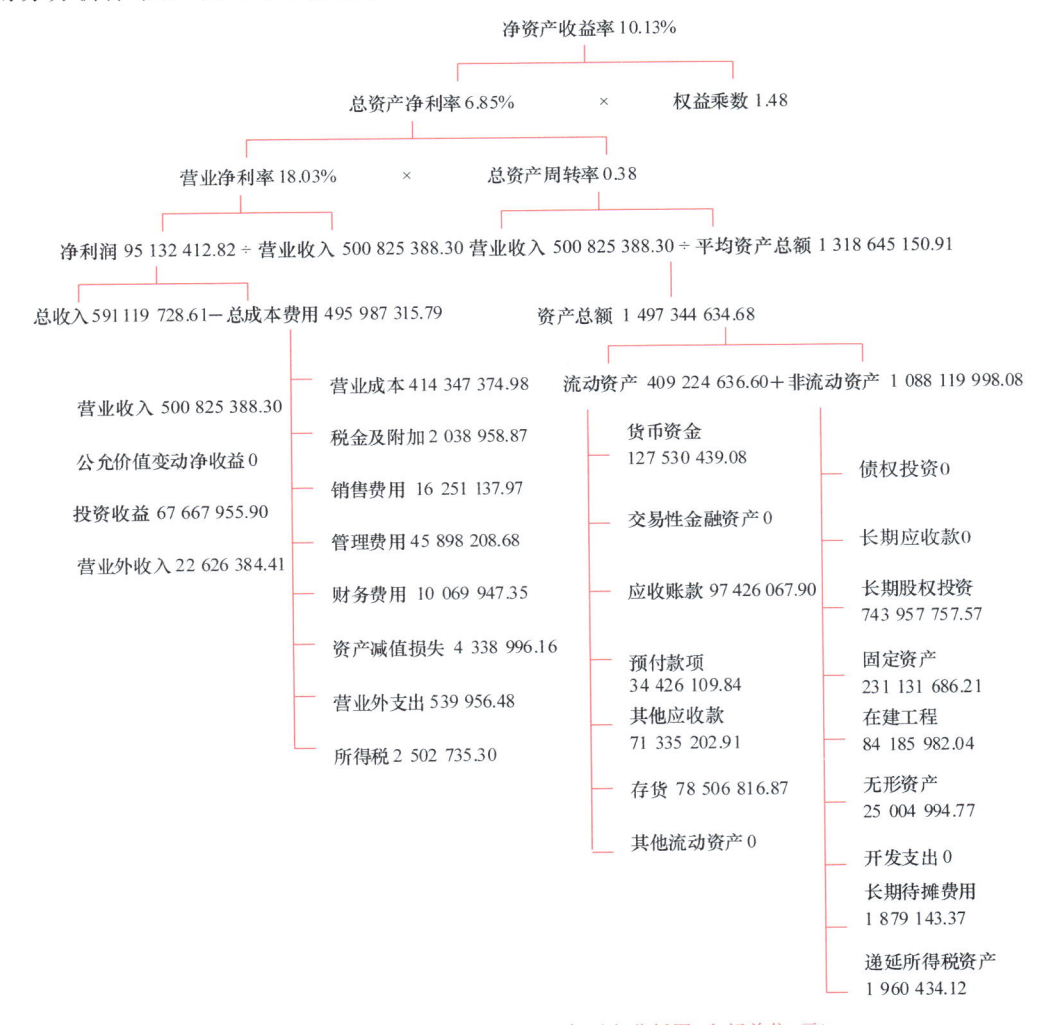

```
净资产收益率 10.13%
├── 总资产净利率 6.85% × 权益乘数 1.48
    └── 营业净利率 18.03% × 总资产周转率 0.38
        ├── 净利润 95 132 412.82 ÷ 营业收入 500 825 388.30
        │   └── 总收入 591 119 728.61 − 总成本费用 495 987 315.79
        │       ├── 营业收入 500 825 388.30          营业成本 414 347 374.98
        │       ├── 公允价值变动净收益 0              税金及附加 2 038 958.87
        │       ├── 投资收益 67 667 955.90           销售费用 16 251 137.97
        │       └── 营业外收入 22 626 384.41         管理费用 45 898 208.68
        │                                            财务费用 10 069 947.35
        │                                            资产减值损失 4 338 996.16
        │                                            营业外支出 539 956.48
        │                                            所得税 2 502 735.30
        └── 营业收入 500 825 388.30 ÷ 平均资产总额 1 318 645 150.91
            └── 资产总额 1 497 344 634.68
                └── 流动资产 409 224 636.60 + 非流动资产 1 088 119 998.08
                    ├── 货币资金 127 530 439.08      债权投资 0
                    ├── 交易性金融资产 0              长期应收款 0
                    ├── 应收账款 97 426 067.90       长期股权投资 743 957 757.57
                    ├── 预付款项 34 426 109.84       固定资产 231 131 686.21
                    ├── 其他应收款 71 335 202.91     在建工程 84 185 982.04
                    ├── 存货 78 506 816.87           无形资产 25 004 994.77
                    └── 其他流动资产 0                开发支出 0
                                                     长期待摊费用 1 879 143.37
                                                     递延所得税资产 1 960 434.12
```

图9-2 甲电气集团股份有限公司杜邦财务分析图(金额单位:元)

同时,根据甲电气集团股份有限公司2019年度资产负债表和利润表的有关数据,可计算出以下指标:销售(营业)净利率=18.02%;总资产周转率=0.45次;权益乘数=1.31;总资产净利率=8.11%;净资产收益率为10.40%。

从图9-2可以看出,2020年该公司净资产收益率为10.13%,较2019年的10.40%略有下降。观察其总资产净利率和权益乘数可以发现,总资产净利率出现下滑,由8.11%下降到6.85%,但权益乘数由1.31上升到1.48,由此可知,净资产收益率的变化是总资产净利率和权益乘数共同影响的结果。

总资产净利率下降的原因在于销售（营业）净利率和总资产周转率的变化，销售（营业）净利率2020年比2019年略有上升，这将导致总资产净利率上升。总资产周转率由2019年的0.45次下降到2020年的0.38次，这一明显下降导致了总资产净利率的降低。由于总资产周转率下降对总资产净利率的影响超过了销售（营业）净利率对总资产净利率的影响，最终导致总资产净利率的下降。可见，该公司2020年净资产收益率的下降主要是由总资产周转率下降引起的，说明公司资产营运能力有所下降，需加强资产管理，提升资产营运效率。

3.杜邦财务分析法的局限性

尽管杜邦财务分析法自产生以来在实践中得到了广泛应用与好评，但随着信息使用者对财务信息质量要求的不断提高，该体系在应用过程中也逐渐显现出一些不足，主要表现在：

（1）涵盖信息不够全面

杜邦财务分析法主要利用的是资产负债表和利润表的项目数据，而没有涉及现金流量表，这样做容易让报表使用者只看到账面利润而忽视了更能反映企业生命力的现金流量信息。

（2）分析内容不够完善

杜邦财务分析法主要从企业盈利能力、偿债能力、营运能力的角度对企业展开财务报表分析，而忽略了对企业发展能力的分析。

（3）对企业风险分析不足

在激烈的市场竞争中，企业的经营风险是不可避免的，且经营风险会导致财务风险。在杜邦财务分析体系中，虽以权益乘数来反映企业资本结构对净资产收益率的影响，但权益乘数只反映负债程度，不能直接体现企业的经营风险和财务风险。

任务3　企业综合业绩评价

企业综合业绩评价就是以投入产出分析为基本方法，运用数理统计和运筹学的方法，通过建立综合评价指标体系，对照相应行业评价标准，定量分析和定性分析相结合，对企业特定经营期间的盈利能力、资产质量、债务风险、经营增长及管理状况进行综合评判。

对企业综合业绩进行评价通常可采用综合评分法，其一般程序或步骤包括选择业绩评价指标、确定各项评价指标的标准值、确定各项评价指标的权数、计算各类业绩评价指标得分、计算经营业绩综合评价分数和确定综合评价结果等级。

下面根据国务院国有资产监督管理委员会发布的《中央企业综合绩效评价实施细则》来说明综合评分法的程序、方法及应用。运用该评价方法中使用的《企业绩效评价标准值》手册由国务院国资委考核分配局每年编制,由经济科学出版社出版,其中数据滞后一年,即《企业绩效评价标准值 2021》手册统计的是 2020 年的数据。

1. 选择业绩评价指标

进行企业综合业绩评价的首要步骤是正确选择评价指标,指标选择要根据分析目的和要求,考虑分析的全面性和综合性。《企业绩效评价标准值 2021》选择的企业综合绩效评价指标包括 22 个财务绩效定量评价指标和 8 个管理绩效定性评价指标,见表 9-4。

表 9-4　　　　　　　　　　企业综合绩效评价指标体系

评价指标类别	财务绩效定量评价指标		管理绩效定性评价指标
	基本指标	修正指标	
一、盈利能力状况	净资产收益率 总资产报酬率	销售(营业)利润率 盈余现金保障倍数 成本费用利润率 资本收益率	战略管理 发展创新 经营决策 风险控制 基础管理 人力资源 行业影响 社会贡献
二、资产质量状况	总资产周转率 应收账款周转率	不良资产比率 流动资产周转率 资产现金回收率	
三、债务风险状况	资产负债率 已获利息倍数	速动比率 现金流动负债比率 带息负债比率 或有负债比率	
四、经营增长状况	销售(营业)增长率 资本保值增值率	销售(营业)利润增长率 总资产增长率 技术投入比率	

根据项目五～项目八的计算结果进行汇总,编制甲电气集团股份有限公司 2020 年度财务绩效基本指标表,见表 9-5。

表 9-5　　　　　甲电气集团股份有限公司 2020 年财务绩效基本指标表

基本指标	2020 年
净资产收益率(%)	10.13
总资产报酬率(%)	8.17
总资产周转率(次)	0.38
应收账款周转率(次)	5.11
资产负债率(%)	32.65
已获利息倍数	10.70
销售(营业)增长率(%)	4.67
资本保值增值率(%)	116.02

根据项目五～项目八的计算结果进行汇总,编制甲电气集团股份有限公司 2020 年财务绩效修正指标表,见表 9-6。

表 9-6　　　　　甲电气集团股份有限公司 2020 年财务绩效修正指标表

修正指标	2020 年
销售(营业)利润率(%)	15.09
盈余现金保障倍数	0.72
成本费用利润率(%)	19.79
资本收益率(%)	14.61
不良资产比率(%)	2.7
流动资产周转率(次)	1.50
资产现金回收率(%)	5.18
速动比率(%)	85
现金流动负债比率(%)	19.6
带息负债比率(%)	53.3
或有负债比率(%)	8.8
销售(营业)利润增长率(%)	−11.99
总资产增长率(%)	31.35
技术投入比率(%)	3.4

注:1.带息负债比率=带息负债总额/负债总额×100%=(短期借款+一年内到期的长期负债+长期借款+应付债券+应付利息)/负债总额×100%=(120 610 000.00+140 000 000.00)/488 924 252.83=53.3%

2.由于数据资料有限,不良资产比率、或有负债比率和技术投入比率都是假设值,取行业平均值。

2.确定各项经济指标的标准值及标准系数

为了准确评价企业综合业绩,对各项经济指标标准值的确定,根据企业类型不同及指标分类情况规定了不同的标准。

2.1　财务绩效基本指标标准值及标准系数

基本指标评价的参照水平即标准值由国务院国资委考核分配局定期颁布,分为五档。不同行业、不同规模的企业有不同的标准值。

2020 年我国电气机械及器材制造业财务绩效基本指标标准值,见表 9-7。

表 9-7　　　　　电气机械及器材制造业财务绩效基本指标标准值表

范围:全行业

档次(标准系数) 项目	优秀值 (1)	良好值 (0.8)	平均值 (0.6)	较低值 (0.4)	较差值 (0.2)
净资产收益率(%)	14.7	8.6	6.5	0.6	−10.2
总资产报酬率(%)	6.3	4.3	4.0	0.5	−2.5
总资产周转率(次)	1.1	0.9	0.6	0.3	0.1
应收账款周转率(次)	5.6	4.1	2.8	1.6	1.2
资产负债率(%)	48.3	53.3	58.3	68.3	83.3

(续表)

档次（标准系数） 项目	优秀值 (1)	良好值 (0.8)	平均值 (0.6)	较低值 (0.4)	较差值 (0.2)
已获利息倍数	9.5	5.5	2.1	1.1	−1.7
销售（营业）增长率(%)	18.9	13.3	5.4	−10.5	−18.8
资本保值增值率(%)	113.7	109.4	103.9	100.0	95.1

2.2 财务绩效修正指标标准值及修正系数

基本指标有较强的概括性，但是不够全面。为了更加全面地评价企业综合绩效，另外设置了4类14项修正指标标准值，根据修正指标的高低计算修正系数，用得出的系数去修正基本指标得分。

2020年我国电气机械及器材制造业财务绩效修正指标标准值，见表9-8。

表 9-8　电气机械及器材制造业财务绩效修正指标标准值表
范围：全行业

档次（标准系数） 项目	优秀值 (1)	良好值 (0.8)	平均值 (0.6)	较低值 (0.4)	较差值 (0.2)
一、盈利能力状况					
销售（营业）利润率(%)	9.2	7.4	5.7	0.2	−2.2
盈余现金保障倍数	3.6	1.5	1.0	−0.3	−1.5
成本费用利润率(%)	10.7	8.4	6.0	0.4	−8.9
资本收益率(%)	12.7	9.3	4.7	0.6	−14.9
二、资产质量状况					
不良资产比率(%)	0.1	1.2	2.7	7.3	14.7
流动资产周转率(次)	1.4	1.1	0.9	0.4	0.2
资产现金回收率(%)	8.7	5.1	2.1	−0.7	−3.7
三、债务风险状况					
速动比率(%)	146.6	119.3	87.4	68.7	42.4
现金流动负债比率(%)	18.9	9.8	7.8	−1.3	−7.0
带息负债比率(%)	0.6	16.6	29.4	44.5	51.6
或有负债比率(%)	3.2	4.0	8.8	17.2	26.6
四、经营增长状况					
销售（营业）利润增长率(%)	17.5	11.0	1.8	−16.4	−30.2
总资产增长率(%)	13.5	9.8	6.9	−4.8	−10.3
技术投入比率(%)	5.0	4.3	3.4	2.7	2.0
五、补充资料					
存货周转率(次)	10.3	7.0	4.2	2.3	1.7

(续表)

档次(标准系数) 项目	优秀值 (1)	良好值 (0.8)	平均值 (0.6)	较低值 (0.4)	较差值 (0.2)
两金占流动资产比重(%)	39.4	44.4	50.6	59.7	66.7
成本费用占营业总收入比率(%)	93.5	94.5	95.5	100.7	107.0
经济增加值率(%)	12.0	6.3	2.5	−3.5	−12.0
EBITDA率(%)	16.4	10.0	6.9	2.6	−6.8
资本积累率(%)	17.8	9.5	4.4	−3.0	−21.0

注:不良资产比率=(资产减值准备余额+应提未提和应摊未摊的潜亏挂账+未处理资产损失)/(资产总额+资产减值准备余额)×100%

或有负债比率=或有负债余额/股东权益总额×100%,其中:或有负债余额=已贴现商业承兑汇票余额+对外担保金额+未决诉讼、未决仲裁金额(除贴现与担保引起的诉讼与仲裁)+其他或有负债余额

技术投入比率=当年技术转让费支出与研究开发投入/营业收入×100%

两金占流动资产比重=(应收账款余额+存货余额)/流动资产总额×100%

经济增加值(EVA)=税后净营业利润−调整后资本总额×加权平均资本成本率

EBITDA(息税折旧摊销前利润)率=(净利润+所得税+利息+折旧+摊销)/营业收入

3.确定各项经济指标的权数

指标的权数根据评价目的和指标的重要程度确定。企业综合绩效评价指标体系中各类及各项指标的权数或分数,见表9-9。

表9-9　　　　　　　　企业综合绩效评价指标及权重表

指标类别(100)	财务绩效定量指标(权重70%)				管理绩效定性指标(权重30%)	
	基本指标(100)		修正指标(100)		评议指标(100)	
一、盈利能力状况 (34)	净资产收益率 总资产报酬率	20 14	销售(营业)利润率 盈余现金保障倍数 成本费用利润率 资本收益率	10 9 8 7	战略管理 发展创新 经营决策 风险控制 基础管理 人力资源 行业影响 社会贡献	18 15 16 13 14 8 8 8
二、资产质量状况 (22)	总资产周转率 应收账款周转率	10 12	不良资产比率 流动资产周转率 资产现金回收率	9 7 6		
三、债务风险状况 (22)	资产负债率 已获利息倍数	12 10	速动比率 现金流动负债比率 带息负债比率 或有负债比率	6 6 5 5		
四、经营增长状况 (22)	销售(营业)增长率 资本保值增值率	12 10	销售(营业)利润增长率 总资产增长率 技术投入比率	10 7 5		

4.计算各类业绩评价指标得分

4.1 财务绩效基本指标得分计算

基本指标反映企业的基本情况,是对企业绩效的初步评价。它的计分是按照功效系数法计分原理,将评价指标实际值对照行业评价标准值,按照规定的计分公式计算各项基本指标得分。其计算公式如下:

(1)单项指标得分的计算

$$单项基本指标得分 = 本档基础分 + 调整分$$

其中:

$$本档基础分 = 指标权数 \times 本档标准系数$$
$$调整分 = 功效系数 \times (上档基础分 - 本档基础分)$$

其中:

$$上档基础分 = 指标权数 \times 上档标准系数$$

$$功效系数 = \frac{实际值 - 本档标准值}{上档标准值 - 本档标准值}$$

本档标准值是指上、下两档标准值中居于较低等级的一档。

根据表9-5甲电气集团股份有限公司2020年财务绩效基本指标,结合表9-7我国电气机械及器材制造业财务绩效基本指标标准值及系数,按上述公式可计算甲电气集团股份有限公司各项指标得分。例如,2020年净资产收益率为10.13%。此时,该公司的净资产收益率已超过"良好值"(8.6%)水平,处于"良好值"档,因此可以得到"良好值"档基础分。另外,它处于"优秀值"(14.7%)档和"良好值"(8.6%)档之间,同时需要调整。

本档基础分 = 指标权数 × 本档标准系数 = 20 × 0.8 = 16(分)

$$本档调整分 = 功效系数 \times (上档基础分 - 本档基础分) = \frac{10.13 - 8.6}{14.7 - 8.6} \times (20 \times 1 - 20 \times 0.8)$$

$$= 1.00$$

净资产收益率指标得分 = 16 + 1 = 17(分)

其他基本指标得分的计算方法与此相同,不再举例。

(2)财务绩效基本指标总分的计算

甲电气集团股份有限公司单项指标得分、分类指标得分及基本指标总分见表9-10。

表 9-10　　　　　甲电气集团股份有限公司基本指标得分计算表　　　　　单位:分

类别	基本指标	单项指标得分	分类指标得分
一、盈利能力状况	净资产收益率(20) 总资产报酬率(14)	17.00 14.00	31.00
二、资产质量状况	总资产周转率(10) 应收账款周转率(12)	4.54 11.21	15.75
三、债务风险状况	资产负债率(12) 已获利息倍数(10)	12.00 10.00	22.00
四、经营增长状况	销售(营业)增长率(12) 资本保值增值率(10)	7.08 10.00	17.08
基本指标总得分			85.83

4.2 财务绩效修正指标修正系数计算

对基本指标得分的修正,是按指标类别得分进行的,需要计算"分类的综合修正系数"。分类的综合修正系数由"单项指标修正系数"加权平均求得,而单项指标修正系数的大小主要取决于基本指标评价分数和修正指标实际值两项因素。

(1)单项指标修正系数的计算

单项指标修正系数的计算公式为

单项指标修正系数=1.0+(本档标准系数+功效系数×0.2-该类基本指标分析系数)

单项指标修正系数控制修正幅度为 0.7~1.3。

下面以盈余现金保障倍数为例说明单项指标修正系数的计算。

①标准系数的确定

根据表 9-6 可知,甲电气集团股份有限公司盈余现金保障倍数为 0.72,查表 9-8,发现该指标的实际值介于平均值和较低值之间,其标准系数应为 0.4。

②功效系数的计算

$$功效系数=\frac{指标实际值-本档标准值}{上档标准值-本档标准值}$$

盈余现金保障倍数指标的功效系数 $=\frac{0.72-0.3}{1.0-0.3}=0.60$

③分类基本指标分析系数的计算

$$某类基本指标分析系数=\frac{该类基本指标得分}{该类指标权数}$$

根据表 9-10 可知盈利能力类基本指标得分为 31,其权数为 34,则:

盈利能力类基本指标分析系数=31÷34=0.91

根据以上结果,可以计算出盈余现金保障倍数的修正系数为:

盈余现金保障倍数指标的修正系数=1.0+(0.4+0.60×0.2-0.91)=0.61

在计算修正指标单项修正系数过程中,对于一些特殊情况作如下规定:

第一,如果修正指标实际值达到优秀值以上,其单项修正系数的计算公式如下:

单项修正系数=1.2+本档标准系数-该部分基本指标分析系数

第二,如果修正指标实际值处于较差值以下,其单项修正系数的计算公式如下:

单项修正系数=1.0-该部分基本指标分析系数

第三,如果资产负债率≥100%,指标得 0 分;其他情况按照规定的公式计分。

第四,如果盈余现金保障倍数的分子为正数,分母为负数,单项修正系数确定为 1.1;如果分子为负数,分母为正数,单项修正系数确定为 0.9;如果分子分母同为负数,单项修正系数确定为 0.8。

第五,如果不良资产比率≥100%或分母为负数,单项修正系数确定为 0.8。

第六,对于销售(营业)利润增长率指标,如果上年主营业务利润为负数,本年为正数,单项修正系数为 1.1;如果上年主营业务利润为零,本年为正数,或者上年为负数,本年为零,单项修正系数确定为 1.0。

按照上述方法,由于 2020 年该公司的销售(营业)利润率、成本费用利润率和资本收益率均超过行业优秀值,所以三项修正指标的单项修正系数均为 1.29。

(2)分类综合修正系数的计算

$$\text{分类综合修正系数} = \sum \text{类内单项指标的加权修正系数}$$

其中,单项指标加权修正系数的计算公式是:

$$\text{单项指标加权修正系数} = \text{单项指标修正系数} \times \text{该项指标在本类指标中的权数}$$

例如,盈余现金保障倍数指标属于盈利能力指标,其权数为 9,盈利能力指标总权数为 34。

$$\text{盈余现金保障倍数指标的加权修正系数} = 0.61 \times \frac{9}{34} = 0.16$$

盈利能力类修正指标有 4 项,已计算盈余现金保障倍数指标的加权修正系数为 0.16。按此方法逐一计算出销售(营业)利润率指标的加权修正系数为 0.37,成本费用利润率指标的加权修正系数为 0.31,资本收益率指标的加权修正系数为 0.27,则:

$$\text{盈利能力类修正系数} = 0.16 + 0.37 + 0.31 + 0.27 = 1.11$$

其他类别指标的综合修正系数计算与上述方法相同,在此不再举例。

4.3 修正后得分的计算

$$\text{修正后总分} = \sum (\text{分类综合修正系数} \times \text{分类基本指标得分})$$

甲电气集团股份有限公司各类基本指标和分类综合修正系数见表 9-11,可计算出修正后定量指标的总得分。

表 9-11　　　　　　　　　　　　修正后得分的计算

类别	类别综合修正系数	基本指标得分(分)	修正后得分(分)
盈利能力状况	1.11	31.00	34.41
资产质量状况	1.11	15.75	17.64
债务风险状况	0.61	22.00	13.42
经营增长状况	0.95	17.08	16.23
修正后定量指标总分	—	—	81.70

4.4 管理绩效定性指标的计分方法

(1)管理绩效定性指标的内容

管理绩效定性指标的计分一般通过专家评议打分形式完成,聘请的专家应不少于 7 人。评议专家应当在充分了解企业管理绩效状况的基础上,对照评价参考标准,采取综合分析判断法,对企业管理绩效指标做出分析评议,评判各项指标所处的水平档次,并直接给出评议分数。表 9-12 是一位评议专家给出的各项管理绩效定性评价指标的等级。

表 9-12　　　　　　　　　　管理绩效评价定性评价指标等级表

评议指标	权数	等级(参数)				
		优(1)	良(0.8)	中(0.6)	低(0.4)	差(0.2)
战略管理	18		√			

(续表)

评议指标	权数	等级（参数）				
		优(1)	良(0.8)	中(0.6)	低(0.4)	差(0.2)
发展创新	15	√				
经营决策	16		√			
风险控制	13		√			
基础管理	14			√		
人力资源	8		√			
行业影响	8	√				
社会贡献	8		√			

（2）单项评议指标得分

单项评议指标分数＝∑（单项评议指标权数×各评议专家给定的等级参数）÷评议专家人数

假设评议专家有7人，对"战略管理"的评议结果为：优等4人，良等3人。

战略管理评议指标得分＝(18×1＋18×1＋18×1＋18×1＋18×0.8＋18×0.8＋18×0.8)÷7＝16.46（分）

其他指标的计算方法与上述方法相同，不再举例。

（3）评议指标总分的计算

前面已计算出"战略管理"评议指标分数为16.46分，假设其他7项评议指标的单项得分分别为14.00、14.20、11.00、12.00、6.50、7.50和7.20，则：

评议指标总分＝16.46＋14.00＋14.20＋11.00＋12.00＋6.50＋7.50＋7.20＝88.86（分）

5.计算经营业绩综合评价分数

在得出财务绩效定量指标评价分数和管理绩效定性指标评价分数后，应当按照规定的权重，耦合形成综合绩效评价分数。其计算公式为：

企业综合绩效评价分数＝财务绩效定量评价分数×70%＋管理绩效定性评价分数×30%

根据以上有关数据，甲电气集团股份有限公司的综合评价得分计算如下：

综合评价得分 ＝ 81.70×70%＋88.86×30%＝83.88（分）

在得出评价分数后，应当计算年度之间的绩效改进度，以反映企业年度之间经营绩效的变化状况。其计算公式为

绩效改进度＝本期绩效评价分数÷基期绩效评价分数

绩效改进度大于1，说明经营绩效上升；绩效改进度小于1，说明经营绩效下滑。

6.确定综合评价结果等级

企业综合绩效评价结果以85、70、50、40分作为类型判定的分数线。具体的企业综合绩效评价类型与评价级别，见表9-13。

表 9-13　　　　　　　企业综合绩效评价类型与评价级别一览表

评价类别	评价级别	评价得分
优（A）	A++	A++≥95 分
	A+	95 分＞A+≥90 分
	A	90 分＞A≥85 分
良（B）	B+	85 分＞B+≥80 分
	B	80 分＞B≥75 分
	B−	75 分＞B−≥70 分
中（C）	C	70 分＞C≥60 分
	C−	60 分＞C−≥50 分
低（D）	D	50 分＞D≥40 分
差（E）	E	E＜40 分

本例中甲电气集团股份有限公司综合得分为 83.88 分，其综合绩效等级属于 B+级。

任务 4　撰写财务报表分析报告

1. 财务报表分析报告的类型及特点

财务报表分析报告是在财务报表分析的基础上，概括、提炼出的反映企业财务状况和财务成果意见的说明性和结论性的书面文件。

了解财务报表分析报告的类型有助于掌握各类不同内容分析报告的特点，按不同的要求撰写财务报表分析报告。财务报表分析报告可按一定标准进行分类。

1.1　财务报表分析报告按其分析的内容范围分类

企业一般都应结合其业务的特点，既要对企业的财务活动进行综合分析，又要进行专题分析，有时根据具体需要进行简要分析，相应的财务报表分析报告也就有全面分析报告、专题分析报告和简要分析报告，并各有不同的特点。

（1）全面分析报告

全面分析报告，是企业通过资产负债表、利润表、现金流量表、会计报表附注及财务情况说明书、财务和经济活动所提供的信息及内在联系，运用一定的科学分析方法，对企业的业务经营情况、利润实现情况、分配情况、资金增减变动、周转利用情况、税金缴纳情况及对本期或以后时期财务状况将发生重大影响的事项等做出客观、全面、系统的分析和评价，并进行必要的科学预测和决策而形成的书面报告。一般进行年度或半年度分析时采用这种类型。

（2）专题分析报告

专题分析报告又称单项分析报告，是指针对某一时期企业经营管理中的某些关键问题、重大经济措施或薄弱环节等进行专门分析后形成的书面报告。它具有不受时间限制、一事一议、易被经营管理者接受、收效快等特点。因此,专题分析报告能总结经验,引起领导和业务部门重视报分析的问题,从而提高管理水平。专题分析报告有助于宏观、微观财务管理问题的进一步研究,为做出更高层次的财务决策开辟有价值的思路。

专题分析的内容很多,比如关于企业清理积压库存、处理逾期应收账款的经验,对资金、成本、费用、利润等方面的预测分析,处理母子公司各方面的关系等问题均可进行专题分析,从而为企业管理者作出决策提供现实的依据。

(3)简要分析报告

简要分析报告是对主要经济指标在一定时期内,对存在的问题或比较突出的问题,进行概要的分析,进而对企业财务活动的发展趋势以及经营管理的改善情况进行判断而形成的书面报告。

简要分析报告具有简明扼要、切中要害的特点。通过分析,能反映、说明企业在分析期内业务经营的基本情况,以及企业累计完成各项经济指标的情况并预测今后的发展趋势。简要分析报告主要适用于定期分析,可按月、按季进行编制。

1.2　财务报表分析报告按其分析的时间分类

(1)定期财务报表分析报告

定期财务分析报告一般是由上级主管部门或企业内部规定的,每隔一段相等的时间应予编制和上报的财务报表分析报告,如每半年、年末编制的综合财务分析报告就属定期分析报告。

(2)不定期财务报表分析报告

不定期分析报告,是从企业财务管理和业务经营的实际需要出发,不作时间规定而编制的财务报表分析报告,如上述的专题分析报告就属于不定期分析报告。

2.财务报表分析报告的格式和内容

严格地讲,财务报表分析报告没有固定的格式。财务报表分析的格式与内容,根据分析报告的目的和用途的不同可能有所不同。如专题分析报告的格式与内容和全面分析报告的格式与内容就不同。这里仅就全面分析报告的一般格式与内容加以说明。

全面分析报告的格式比较正规,内容比较完整。一般来说,财务报表分析报告的格式与内容如下:

2.1　提要段

提要段即概括企业的综合情况,让财务报表分析报告使用者对企业有一个总括的认识。

2.2　说明段

说明段是对企业运营及财务状况的介绍。该部分要求文字表述恰当,数据引用准确。对经济指标进行说明时可适当运用绝对数、比较数及复合指标数。该部分特别要关注企业当前运作上的重心,对重要事项要单独反映。企业在不同阶段、不同月份的工作重点有所不同,所需要的财务分析重点也不同。

2.3 分析段

分析段是对企业的经营情况进行分析研究。分析段要求在说明问题的同时,还要分析问题,寻找产生问题的原因,从而达到解决问题的目的。财务分析一定要有理有据,要细化各项指标,因为有些报表的数据是比较含糊和笼统的;要善于运用表格、图示,突出表达分析的内容;分析问题一定要善于抓住当前的要点,多反映企业的经营焦点和易于忽视的问题。

2.4 评价段

评价段就是在做出财务说明和分析后,财务分析人员还应对企业的经营情况、财务状况、盈利业绩等从财务的角度给予公正、客观的评价。财务评价不能运用似是而非、可进可退、左右摇摆等不负责任的语言,评价要从正面和负面两方面进行。财务评价既可以单独分段进行,也可以将评价内容穿插在说明段和分析段。

2.5 建议段

建议段即财务分析人员在对企业的经营运作、投资决策等进行分析后形成的意见和看法,以及对运作过程中存在的问题所提出的改进建议。值得注意的是,财务报表分析报告中提出的建议不能太抽象,而应该要具体化,最好有一套切实可行的方案。

3.财务报表分析报告的撰写要求

明确了财务报表分析的格式与内容,并不意味着能撰写出合格的财务报表分析报告。撰写财务报表分析报告的人员不仅需要具备财务报表分析知识,而且要具有一定的写作水平。在此基础上,撰写财务报表分析报告还要满足以下基本要求:

(1)突出重点、兼顾一般

撰写财务报表分析报告,必须根据分析的目的和要求,突出分析的重点,不能面面俱到。即使是撰写全面分析报告,也应有主有次。但是,突出重点并不意味着可以忽视一般,企业经营活动和财务活动都是相互联系、互相影响的,在对重点问题进行分析时,兼顾一般问题,有利于做出全面正确的评价。

(2)观点明确、抓住关键

对财务报表分析报告每一部分的撰写,观点都应明确,指出企业经营活动和财务活动中取得的成绩和存在的问题,并抓住关键问题进行深入分析,搞清楚主观原因和客观原因。

(3)注重时效、及时编报

财务报表分析报告具有很强的时效性,尤其对一些决策者而言,及时的财务报表分析报告意味着事半功倍,过时的财务报表分析报告将失去意义,甚至产生危害。在当今信息社会中,财务报表分析报告作为一种信息媒体,必须十分注重时效性。

(4)客观公正、真实可靠

撰写财务报表分析报告必须客观公正、真实可靠,这是充分发挥财务报表分析报告作用的关键。如果财务报表分析报告人为地夸大或缩小某些方面,甚至弄虚作假,则会使财务报表分析报告使用者得出错误结论,造成决策失误。

（5）报告清楚、文字简练

报告清楚，一是指财务报表分析报告必须结构合理、条理清晰；二是指财务报表分析报告的论点和论据清楚；三是指财务报表分析报告的结论要清楚。文字简练是指在财务报表分析报告撰写中，要做到言简意赅，简明扼要。当然，报告清楚与文字简练应相互兼顾，做到简练而又清楚，清楚而又简练，既不能为了清楚做长篇大论，也不能为了简练而报告不清楚。

4.财务报表分析报告样本

甲电气集团股份有限公司2020年度财务报表分析报告

一、公司简介

甲电气集团股份有限公司创建于2001年，2005年6月在上海证券交易所挂牌上市，员工3 000多人，旗下拥有3个事业部、6家控股子公司和四大生产基地。

截至目前，该公司已形成电机与控制、输变电、电源电池三大产品链，产品涵盖各类电机及其控制、超特高压电力变压器、高速铁路牵引变压器、城市轨道交通地铁成套牵引整流机组、UPS电源、电动自行车、工程机械等40大系列2 000多个品种，具备年产600万KW各类电机生产能力，0.8亿KVA各类电力变压器制造能力，90万KVAH铅酸蓄电池和70万KVAH锂离子电池生产能力，主导产品电机与控制，引领国际国内主流市场并配套多个国家重点工程项目，部分产品市场占有率25%以上，综合实力位居中国电机制造行业领先地位。

二、公司财务指标对比分析

（一）资产负债表分析

资产负债表水平分析表和资产负债表垂直分析表分别见表2-2和表2-3。

从资产负债表水平分析表可以看出，该公司总资产本期增加357 398 967.54元，增长幅度为31.35%，说明该公司本年资产规模有较大幅度的增长。进一步分析可以发现：非流动资产本期增长了206 992 948.09元，增长幅度为23.49%，使总资产规模增长了18.16%。流动资产增长150 406 019.45元，增长幅度为58.11%，使总资产规模增长了13.19%。两者合计使总资产增加了357 398 967.54元，增长幅度为31.35%。

本期总资产的增长主要体现在非流动资产的增长上。尽管非流动资产的各项目都有不同程度的增减变动，但其增长主要体现在以下四个方面：一是长期股权投资的大幅度增加。长期股权投资增加了171 891 952.69元，增长幅度为30.05%，对总资产的影响为15.08%。长期股权投资与企业经营战略取向密切相关。长期股权投资的增加，说明该公司对外扩张意图明显。二是固定资产的增加。固定资产增加22 406 172.29元，增长幅度为10.73%，对总资产的影响为1.97%。固定资产规模体现了一个企业的生产能力，这说明该公司的未来生产能力会有一定程度的提高。三是在建工程的增加。在建工程增加了2 320 707.90元，增长幅度为2.84%，对总资产的影响为0.20%。在建工程项目的增加虽然对本年度的经营成果没有太大的影响，但随着在建工程在今后的陆续完工，有助于扩张该公司的生产能力。四是无形资产的增加。无形资产增加9 722 256.68元，增长幅度为63.62%，对总资产的影响为0.85%。该公司无形资产的增加，这对公司未来经营有积极作用。流动资产的增长主要体现在五个方面：一是货币资金的增长。货币资金增加了52 764 874.43元，增长幅度为70.57%，对总资产的影响为4.63%。货币资金的增长，意味着企业经营状况良好和资金流动性增强，这将对企业的短期偿债能力产生正面影响。当然，对于货币资金的这种变化，还应结合该公司现金需要量，从资金利用效果方面进行分析，做出是否合适的评价。二是应收账款的增加。应收账款增加12 114 313.43元，增长幅度为15.19%，对总资产的影响为1.06%。应收账款的增加，这表明企业在销售环节遭受不利局面：采用更为宽松的销售政策以取得客户，或者客户偿付货款的能力和意愿下降。三是预付款项的增加。预付款项增加了15 006 752.97元，增长幅度为77.28%，对总资产的影响为1.32%。这说明企业除因商业信用预付部分款项外，还可能是企业向其他有关单位提供贷款、非法转移资金或抽逃资本。四是其他应收款的增加。其他应收款增加了68 186 875.39元，增长幅度高达2 165.81%，对总资产的影响为5.98%说明该公司内部控制制度执行不力，不必要的资金占用大幅增加。五是存货的增加。本期存货增加15 606 000.81元，增长幅度为24.81%，对总资产的影响为1.37%。存货增加可能是未预期的销售收入下降，企业的生产环节受到影响。

该公司权益总额较上年同期增加357 398 967.54元，增长幅度为31.35%，说明该公司本年权益总额有较大幅度的增长。进一步分析可以发现：本年度负债增加了218 162 095.77元，增长幅度为80.57%，使权益总额增加了19.14%；股东权益本期增加了139 236 871.77元，增长幅度为16.02%，使权益总额增加了12.21%。两者合计使权益总额本期增加357 398 967.54元，增长幅度为31.35%。流动负债本期增加78 162 095.77元，增长幅度为28.87%，对权益总额的影响为6.86%。流动负债的增长主要表现在三个方面：一是应付款项的增长。应付票据本期增长465 796.68元，应付账款本期增长37 085 636.08元，其增长幅度分别为17.07%和42.83%，使权益总额增长了3.29%。该项目的增长给公司带来了一定的偿债压力，如不能如期支付，将对公司的信用产生严重的不良影响。二是预收款项的增长。预收款项本期增长4 677 780.03元，增长幅度为346.33%，使权益总额增加了0.41%。这种增长对公司来说是有利的。三是其他应付款的增长。其他应付款本期增长63 793 985.01元，增长幅度为298.83%，使权益总额增加了5.60%。该款项一旦不能如期偿还，其隐含的风险值得关注。非流动负债本期增加140 000 000.00元，对权益总额的影响为12.28%。这主要是长期借款增加引起的。本年度股东权益增加了139 236 871.77元，增长幅度为16.02%，对权益总额的影响为12.21%，主要是由资本公积、盈余公积和未分配利润的较大幅度增长引起的，其增长幅度分别为23.20%、16.34%和25.97%，三者合计对权益总额的影响为12.06%。

从资产负债表垂直分析表可以看出，该公司本期流动资产比重只有27.33%，非流动资产比重却有72.67%。由此可以认为，该公司资产的流动性不强，资产风险较大，资产结构不太合理。该公司本年所有者权益比重为67.35%，负债比重为32.65%，资产负债率较低，财务风险相对较小。这样的财务结构是否合适，仅凭以上分析难以做出判断，必须结合企业盈利能力，通过权益结构优化分析才能予以说明。

（二）利润表分析

利润水平分析表和利润垂直分析表分别见表3-3和表3-4。

从利润水平分析表可以看出,该公司 2020 年度实现净利润 95 132 412.82 元,比上年增长了 8 914 645.34 元,增长率为 10.34%。从水平分析表来看,公司净利润增长主要是由利润总额比上年增长 9 206 558.05 元引起的;由于所得税费用比上年增长 291 912.71 元,二者相抵,导致净利润增长了 8 914 645.34 元。该公司 2020 年利润总额比 2019 年增长了 9,206,558.05 元,关键原因是营业外收入比上年增长了 18 861 792.81 元,增长率为 501.03%。同时营业外支出下降也是导致利润总额增长的有利因素,营业外支出减少了 638 604.16 元,下降率为 54.19%。但公司营业利润的减少的不利影响,使利润总额减少了 10 293 838.92 元。增减因素相抵,利润总额增长了 9 206 558.05 元。必须指出的是,尽管营业外收入的增长和营业外支出的下降对利润总额的增长是有利的,但其毕竟是非常项目,数额过高是不正常现象。该公司 2020 年营业利润减少主要是由于成本费用过高所致。营业收入比上年增长 22 321 709.58 元,增长率为 4.67%;税金及附加和财务费用的下降,增利 2 414 395.80 元;投资收益的增加,增利 552 249.89 元。但由于其他成本费用均有不同程度的增加,抵消了营业收入的增长。营业成本、销售费用、管理费用增加了 33 882 474.44 元;资产减值损失增加,减利 1 699 719.75 元,增减相抵,营业利润减少 10 293 838.92 元,下降率为 11.99%。值得注意的是,销售费用、管理费用及资产减值损失的大幅度上升,可能是不正常的现象。该公司 2020 年营业毛利是 86 478 013.32 元,2019 年营业毛利是 74 795 490.30 元,2020 年营业毛利比上年增长 11 682 523.02 元,增长率为 15.62%,其中最关键的影响因素是营业收入大幅增加 22 321 709.58 元,增长率为 4.67%。

从利润垂直分析表可以看出,该公司本年度各项财务成果的构成情况:营业利润占营业收入的比重为 15.09%,比上年的 17.94% 下降了 2.85%;利润总额占营业收入的比重为 19.49%,比上年的 18.48% 增长了 1.01%;净利润占营业收入的比重为 18.99%,比上年的 18.02% 增长了 0.97%。由此可见,从企业利润的构成上看,利润总额和净利润结构都有所增长,说明盈利能力比上年有所增强。但营业利润的结构下降,说明企业利润的质量不容乐观。各项财务成果结构增减的原因,从营业利润结构下降看,主要是销售费用、管理费用和资产减值损失的比重上升以及投资净收益比重下降所致。利润总额结构增长的主要原因就是营业外收入比重增长所致。营业成本、税金及附加、财务费用、营业外支出下降,对营业利润、利润总额和净利润结构都产生了一定的有利影响。

(三)现金流量表分析

现金流量水平分析表和现金流量结构分析表分别见表 4-3、表 4-4 和表 4-5。

从现金流量水平分析表可以看出,该公司 2020 年净现金流量比 2019 年增加 103 638 778.49 元。其中,经营活动产生的现金流量净额比上年增长了 43 579 724.95 元,增长率为 176.38%。经营活动现金流入和现金流出分别比上年增长 28.73% 和 20.62%,增长额分别为 136 272 034.77 元和 92 692 309.82 元。经营活动现金流入量的增加主要是因为收到其他与经营活动有关的现金增加了 112 959 781.90 元,增长率为 410.53%;还有销售商品、提供劳务收到的现金增加了 28 004 887.86 元,增长率为 6.35%。经营活动现金流出量的增加主要是受支付其他与经营活动有关的现金增加 76 448 782.54 元、增长率 117.02% 的影响;另外,购买商品、接受劳务支付的现金和支付给职工以及为职工支付的现金亦有不同程度的增加。投资活动产生的现金流量净额比上年减少 86 732 071.45 元，主要原因是由于投资支付的现金和购建固定资产、无形资产和其他长期资产支付的现金分别比上年增加 95 092 063.25 元和 14 747 159.07 元；而处置固定资产、无形资产和其他长期资产收回的现金净额却只有 24 045 264.76 元，取得投资收益收到的现金只增加了 11 886.11 元，微不足道到可以忽略不计。筹资活动产生的现金流量净额比上年增长了 146 791 124.99 元，主要是本年取得借款收到的现金较上年增加了 223 730 000.00 元。

从现金流量结构分析表可以看出，该公司 2020 年现金流入总量为 1 161 574 422.56 元，其中经营活动现金流入、投资活动现金流入和筹资活动现金流入所占比重分别为 52.57%、6.88% 和 40.55%。可见企业的现金流入量主要是由经营活动产生的，其次是筹资活动中的借款，而投资活动的现金流入相对较少。经营活动现金流入中的销售商品、提供劳务收到的现金所占比重高达 40.40%，说明企业的主营业务较为稳定，这对于企业的可持续发展是有利的。投资活动现金流入不仅所占比重极小，而且只有取得投资收益收到的现金和处置固定资产等收到的现金，取得投资收益收到的现金越多，说明企业对外投资的决策正确；而处置的资产是多余或闲置的，这种变现对企业的经营和理财有利，否则可能说明企业经营或偿债出现了困难。筹资活动现金流入中取得借款收到的现金的比重高达 38.58%，而"吸收投资收到的现金"的比重仅为 1.97%，其结构不太合理。

该公司 2020 年现金流出总量为 1 108 809 548.13 元，其中经营活动现金流出、投资活动现金流出和筹资活动现金流出所占比重分别为 48.91%、16.80% 和 34.29%。可见，在现金流出总量中经营活动现金流出量所占的比重最大，筹资活动现金流出量所占比重次之。在企业现金流出中，购买商品、接受劳务支付的现金占较大比例，为 30.16%，结合资产负债表和利润表，主要原因是企业当年销售上升，增加了当年采购和生产方面的支出。企业偿还债务支付的现金比重也较大，达到 30.42%，与取得借款收到的现金相比较，可以明显看出，产生的原因是企业借款为短期所致，每期内企业借新债还旧债，以解决流动资金的需求。投资活动现金支出占 16.80%，它表明企业的投资活动处于良性循环状态下。由于投资支付的现金数额较大，也表明该企业对外扩张的意图明显，企业极具发展潜力。

三、财务能力的分析

（一）偿债能力分析

1. 短期偿债能力分析

表 9-1　　　　　　　　　　　短期偿债能力分析表

项　目	2020 年	2019 年	增减变动	2020 年行业平均值
流动比率（%）	117.0	96.0	21.0	—
速动比率（%）	85.0	65.0	20.0	87.4
现金比率（%）	37.0	28.0	9.0	—
现金流动负债比率（%）	20.0	9.0	11.0	7.8

该公司 2020 年所有衡量短期偿债能力的指标较 2019 年均有提高，这表明企业的短期偿债能力明显增强。2020 年的现金流动负债比率远高于行业平均值，现金比率也明显高于经验标准值（20%），这表明该公司具有较强的短期偿债能力。

2.长期偿债能力分析

表 9-2　　　　　　　　　　长期偿债能力分析表

项　目	2020 年	2019 年	增减变动	2020 年行业平均值
资产负债率(%)	32.65	23.75	8.9	58.3
已获利息倍数	10.7	8.41	2.29	2.1

该公司 2020 年的资产负债率较 2019 年提高了 8.9%,但仍然远低于行业平均值。一方面,表明所有者对债权人权益的保障程度较高,长期偿债能力较强;另一方面,表明该公司没有充分发挥负债的财务杠杆效应。已获利息倍数较 2019 年提高了 2.29,且远高于行业平均值 2.1,也充分表明该公司的长期偿债能力较强。

(二)盈利能力分析

表 9-3　　　　　　　　　　盈利能力分析表

项　目	2020 年	2019 年	增减变动	2020 年行业平均值
销售(营业)利润率(%)	15.09	17.94	−2.85	5.7
成本费用利润率(%)	19.79	19.34	0.45	6.0
总资产报酬率(%)	8.17	9.43	−1.26	4.0
净资产收益率(%)	10.13	10.4	−0.27	6.5
盈余现金保障倍数	0.72	0.29	0.43	1.0

该公司 2020 年的成本费用利润率较上年提高了 0.45%,也高于行业平均值,这表明商品经营盈利能力有所增强。销售(营业)利润率、总资产报酬率和净资产收益率均较上年有所下降,这表明企业盈利能力有所下降,但这三项指标均高于行业平均值,说明企业盈利能力仍然较强。盈余现金保障倍数较上年提高了 0.43,这表明 2020 年的获现能力强于 2019 年,但明显低于行业平均值,其收益质量有待进一步提高。

(三)营运能力分析

表 9-4　　　　　　　　　　营运能力分析表

项　目	2020 年	2019 年	增减变动	2020 年行业平均值
应收账款周转率(次)	5.11	5.42	−0.31	2.5
存货周转率(次)	5.86	6.92	−1.06	4.2
流动资产周转率(次)	1.50	2.07	−0.57	0.9
总资产周转率(次)	0.38	0.45	−0.07	0.6

该公司 2020 年的应收账款周转率、存货周转率和流动资产周转率较 2019 年均有所下降,表明营运资产管理效率在下降,但指标实际值高于行业平均值,说明企业营运能力依然较强。总资产周转率较 2019 年均有所下降,且明显低于行业平均值,说明其营运能力在下降。

（四）发展能力分析

表 9-5　　　　　　　　　　　发展能力分析表

项　　目	2020 年	2019 年	增减变动	2020 年行业平均值
销售（营业）增长率(%)	4.66	4.08	0.58	5.4
总资产增长率(%)	31.35	15.43	15.92	6.9
资本积累率(%)	16.02	10.19	5.83	4.4
资本保值增值率(%)	116.02	110.19	5.83	103.9
销售（营业）利润增长率(%)	－11.99	－0.6	－11.39	1.8

该公司 2020 年的销售（营业）增长率、总资产增长率、资本积累率、资本保值增值率较 2019 年均有所提高,除销售（营业）增长率外,其他指标均高于行业平均值,这表明企业的发展能力有所增强。销售（营业）利润增长率较上年下降了 11.39%,其增长率为负增长,且远低于行业平均值,说明该公司成本费用的增长速度大于营业收入的增长速度,公司的持续增长能力有所下降。

四、综合评价及建议

该公司 2020 年的流动资产占总资产的比重只有 27.33%,非流动资产所占比重却有 72.67%,说明该公司资产的流动性不强,资产风险较大,资产结构不太合理。为此,公司应提高流动资产占总资产的比例,使企业不仅保持较强的资产流动性和变现能力,同时还使企业具有了适应生产经营规模的生产资料,这样便可以保持较强的市场竞争力和应变能力。

2020 年的所有者权益占总权益的比重为 67.35%,负债所占比重为 32.65%,说明该公司资产负债率较低,负债的财务杠杆作用没有充分地发挥出来。若想要提高公司的 EVA,可以考虑在保持税后净营业利润增长的同时,适当提高负债比例,进而降低权益资本比例,降低加权平均资本成本率。

由于该公司市场占有率较高,公司不断扩大生产规模以满足需求,造成公司投资活动产生的现金流量净额为负数,这是扩展中的企业表现出来的常态。同时,值得肯定的是,该公司取得投资收益收到的现金较为稳定且金额巨大,说明对外投资成效显著。

该公司的盈利能力虽较上年有所下降,但依然保持强劲的势头,主要财务指标的数值均高于行业平均值。值得注意的是,该公司的营业利润较上年下降了 11.99%,致使销售（营业）利润率下降了 2.85%。对此,公司应加强期间费用的管理,在保证正常生产经营的前提下,尽量减少销售费用和管理费用的支出。

该公司无论短期偿债能力还是长期偿债能力都比较强,能确保公司避免陷于资不抵债的困境。

该公司主要的问题在于企业营运能力的各项指标均逐步下降,且总资产周转率明显低于行业平均值,说明公司资产营运效率不够理想。为此,公司应尽可能地加快营业收入的增长速度,做到各项资产的规模适当、结构合理,以提高各项资产的营运效率。

项目小结

业绩评价是指在综合分析的基础上,运用业绩评价方法对企业财务状况和经营成果所得的综合结论。业绩评价以财务报表分析为前提,财务报表分析以业绩评价为结论,财务报表分析离开业绩评价就没有太大的意义了。在前述的财务报表分析中,都曾在分析的基础上做出了相应的评价,那只是就单项财务能力所做的分析及评价,其具有片面性,只有在综合分析的基础上进行业绩评价才能从整体上全面、系统地评价企业的财务状况及经营成果。

杜邦财务分析法是指根据各主要财务比率指标之间的内在联系,建立财务分析指标体系,综合分析企业财务状况的方法。杜邦财务分析法的特点是将若干反映企业盈利状况、财务状况和营运状况的比率按其内在联系有机地结合起来,形成一个完整的指标体系,并最终通过净资产收益率这一核心指标来综合反映。杜邦财务分析法也存在一些不足:(1)涵盖信息不够全面;(2)分析内容不够完善;(3)对企业风险分析不足。

对企业综合绩效进行评价通常可采用综合评分法,其步骤包括选择业绩评价指标、确定各项业绩评价指标的标准值、确定各项业绩评价指标的权数、计算各类业绩评价指标得分、计算经营业绩综合评价分数和确定经营业绩综合评价等级。

财务报表分析报告是在财务报表分析的基础上,概括、提炼出的反映企业财务状况和财务成果意见的说明性和结论性的书面文件。财务报表分析报告分为全面分析报告、专题分析报告、简要分析报告和定期财务报表分析报告、不定期财务报表报告。财务报表分析报告的格式与内容包括提要段、说明段、分析段、评价段和建议段。财务报表分析报告的撰写要求:第一,突出重点、兼顾一般;第二,观点明确、抓住关键;第三,注重时效、及时编报;第四,客观公正、真实可靠;第五,报告清楚、文字简练。

练习题

一、单项选择题

1.杜邦财务分析体系的核心指标是(　　)。
A.净资产收益率　　　　　　B.总资产净利率
C.总资产周转率　　　　　　D.销售净利率

2.从杜邦财务分析体系中可以看出,若要提高企业的经营业绩,应该(　　)。
A.降低资产负债率　　　　　B.降低资产周转率
C.提高销售净利率　　　　　D.提高销售费用的投入

3.某企业2020年和2021年的营业净利率分别为7%和8%,总资产周转率分别为2和1.5,两年的资产负债率相同,与2020年相比,2021年的净资产收益率变动趋势为(　　)。

A.上升 B.下降
C.不变 D.无法确定

4.在下列各项指标中,其算式的分子、分母均使用本年数据的是( )。
A.资产保值增值率 B.技术投入比率
C.总资产增长率 D.资本积累率

5.以下指标中,属于正指标的是( )。
A.资产负债率 B.流动资产周转天数
C.资本收益率 D.不良资产比率

6.某修正指标的实际值是90%,其上档标准值是100%,本档标准值是80%,其功效系数是( )。
A.40% B.50%
C.60% D.80%

7.在企业财务绩效的定量评价指标中,衡量企业盈利能力的修正指标不包括( )。
A.营业利润率 B.成本费用利润率
C.总资产报酬率 D.资本收益率

8.下列各项中,不属于财务业绩定量评价指标的是( )
A.盈利能力指标 B.资产质量指标
C.经营增长指标 D.人力资源指标

9.在下列财务绩效评价指标中,属于企业盈利能力状况基本指标的是( )。
A.资本保值增值率 B.总资产报酬率
C.营业利润率 D.总资产增长率

10.企业综合绩效评价指标由财务绩效定量指标和管理绩效定性指标两部分组成。以下指标中属于管理绩效定性指标的是( )。
A.盈利能力 B.资产质量
C.债务风险 D.社会贡献

二、多项选择题

1.综合分析评价的目的是( )。
A.明确企业财务活动与经营活动的相互关系
B.为投资决策提供参考
C.评价企业的财务状况及经营业绩
D.为完善企业管理提供依据

2.根据杜邦财务分析体系,影响净资产收益率的因素有( )。
A.销售利润率 B.总资产周转率
C.总资产增长率 D.权益乘数

3.杜邦财务分析体系的局限性包括( ).
A.涵盖信息不够全面 B.分析内容不够完善
C.未包含偿债能力分析 D.对企业风险分析不足

4.经营业绩评价综合评分法所选择的业绩评价指标包括( )
A.盈利能力状况指标 B.资产质量状况指标

C.债务风险状况指标　　　　　D.经营增长状况指标

5.反映资产质量状况的修正指标有(　　)。
A.不良资产比率　　　　　　　B.流动资产周转率
C.总资产周转率　　　　　　　D.资产现金回收率

6.关于业绩评价标准值,下列说法中,正确的有(　　)。
A.一般地说,当评价企业经营计划完成情况时,可以企业计划水平为标准值
B.当评价企业经营业绩水平变动情况时,可以企业前期水平为标准值
C.当评价企业在同行业或在全国或国际上所处地位时,可用行业标准值或国家标准值或国际标准值
D.设置标准值时,可适当参照国际上通用标准

7.在财务绩效定量评价指标中,反映企业债务风险状况的基本指标包括(　　)。
A.资产负债率　　　　　　　　B.速动比率
C.已获利息倍数　　　　　　　D.带息负债比率

8.在财务绩效定量评价指标中,反映企业经营增长状况的指标包括(　　)。
A.销售利润率　　　　　　　　B.销售增长率
C.总资产增长率　　　　　　　D.资本保值增值率

三、判断题

1.在其他条件不变的情况下,权益乘数越大则财务杠杆作用就越大。(　　)
2.最能体现企业经营目标的财务指标是净资产收益率。(　　)
3.只要期末所有者权益大于期初所有者权益,就说明企业通过经营使资本增值了。(　　)
4.某企业去年的营业净利率为5.73%,总资产周转率为2.17;今年的营业净利率为4.88%,总资产周转率为2.88。若两年的资产负债率相同,今年的净资产收益率比照去年的变化趋势为上升。(　　)
5.流动资产周转率是反映企业资产质量状况的基本指标。(　　)

四、计算分析题

1.某企业2021年12月31日资产负债表(简表)如下表所示。

表9-6　　　　　　　　　　　资产负债表(简表)　　　　　　　　　　　单位:万元

资产	年末数	负债及所有者权益	年末数
流动资产:		流动负债合计	300
货币资金	90	非流动负债合计	400
应收账款净额	180	负债合计	700
存货	360	所有者权益合计	700
流动资产合计	630		
非流动资产合计	770		
总计	1 400	总计	1 400

该企业2021年度营业收入为840万元,税后净利润为117.6万元。已知该企业2020年销售净利率为16%,总资产周转率为0.5次,权益乘数为2.2,净资产收益率为17.6%。

要求：
(1)计算2021年该企业的销售净利率、总资产周转率、权益乘数和净资产收益率；
(2)利用因素分析法分析销售净利率、总资产周转率和权益乘数变动对净资产收益率的影响（涉及资产负债表的数据均采用期末数）。

2.某公司净资产收益率指标资料如下表所示。

表9-7　　　　　　　　　　　　净资产收益资料　　　　　　　　　　　　　单位：万元

项　目	2020年	2021年
平均总资产	46 780	49 120
平均净资产	25 729	25 051
营业收入	37 424	40 278
净利润	3 473	3 557

要求：根据上述资料，按照杜邦财务分析体系对净资产收益率变动原因进行分析。

五、案例分析题

1.案例资料：沿用项目二、三、四练习题中ZSJ地产控股股份有限公司的资产负债表、利润表和现金流量表。

要求：对ZSJ地产控股股份有限公司的整体状况进行综合分析和评价。

2.LJ公司2021年营业收入为15亿元，营业利润为1亿元，净利润0.65亿元，当年资产负债情况如下：

表9-8　　　　　　　　　　　　资产负债表（简表）　　　　　　　　　　　单位：亿元

资产	年初数	年末数	负债及所有者权益	年初数	年末数
应收账款	2.5	3.5	流动负债	1.4	2
			长期负债	3.2	4
固定资产合计	6.5	7.5	所有者权益合计	4.4	5
资产总计	9	11	负债及所有者权益合计	9	11

表9-9　　　　　　　　　　　　　行业的基本指标标准值

| 档次（标准系数） | 优秀 | 良好 | 平均 | 较低 | 较差 |
项目	(1)	(0.8)	(0.6)	(0.4)	(0.2)
净资产收益率（%）	16.5	9.5	1.7	−3.6	−20.0
总资产报酬率（%）	9.4	5.6	2.1	−1.4	−6.6
总资产周转率（次）	0.7	0.5	0.3	0.1	0.0
应收账款周转率（次）	1.2	1.0	0.6	0.3	0.2
资产负债率（%）	45.0	52.0	70.0	98.0	99.0
已获利息倍数	6.0	2.5	1.0	−1.0	−4.0
销售（营业）增长率（%）	38.0	10.0	−9.0	−20.0	−30.0
资本保值增值率（%）	110.4	100.4	85.5	65.5	50.7

表 9-10　盈利能力状况修正指标标准值表

区段(基本分) 项目	5 100～80 分	4 80～60 分	3 60～40 分	2 40～20 分	1 20 分以下
销售(营业)利润率(%)	30	25	18	11	4
盈余现金保障倍数	1.18	1.06	1	0.9	0.65
成本费用利润率(%)	20	12	4	−3.5	−17
资本收益率(%)	15	8	3	−4	−15

要求：

(1) 计算该公司的净资产收益率、资产负债率和销售(营业)利润率；

(2) 填写下列表中用字母表示的空缺数(假设该公司流动资产中仅有应收账款)；

表 9-10　绩效评价表(定量指标部分)

类别	基本指标(分数)	单项指标得分	分类指标得分	修正指标	单项系数	类别修正系数	修正后得分
盈利能力状况	净资产收益率(20)	A	B	销售(营业)利润率(10)	C	D	G
				盈余现金保障倍数(9)	0.964		
				成本费用利润率(8)	0.962		
	总资产报酬率(14)	12		资本收益率(7)	1		
资产质量状况	总资产周转率(10)	8.75	17.15	—	—	102%	17.5
	应收账款周转率(12)	8.40					
债务风险状况	资产负债率(12)	E	F	—	—	90%	I
	已获利息倍数(10)	8					
经营增长状况	销售(营业)增长率(12)	7.5	16	—	—	95%	15.2
	资本保值增值率(10)	8.5					
总分			H				J

(3) 若管理绩效定性指标综合评价得分为 90 分，计算该公司的综合评分。

参考文献

1. 张先治.财务分析(数智版).大连:东北财经大学出版社,2021
2. 鲁学生,赵春宇.企业财务报表分析(微课版第2版).北京:人民邮电出版社,2021
3. 曹军.财务报表分析(第四版).北京:高等教育出版社,2021
4. 刘义鹃.财务分析:方法与案例(第三版).大连:东北财经大学出版社,2019
5. 夏利华.财务报表分析(第2版).北京:清华大学出版社,2021
6. 池国华.财务报表分析(第4版).北京:北京交通大学出版社,2021
7. 张新民,钱爱民.财务报表分析(第5版).北京:中国人民大学出版社,2019
8. 于久洪,宋磊.财务报表分析.大连:东北财经大学出版社,2021
9. 国务院国资委考核分配局.企业绩效评价标准值2021.北京:经济科学出版社,2021